U0594452

高校体育专业人才培养及教学课程设置研究

王冬梅　著

辽宁大学出版社 | 沈阳
Liaoning University Press

图书在版编目（CIP）数据

高校体育专业人才培养及教学课程设置研究/王冬梅著. --沈阳：辽宁大学出版社，2023.10
ISBN 978-7-5698-1323-4

Ⅰ.①高… Ⅱ.①王… Ⅲ.①高等学校－体育－人才培养－研究②体育教学－教学研究－高等学校 Ⅳ.①G807.4

中国国家版本馆 CIP 数据核字（2023）第 131946 号

高校体育专业人才培养及教学课程设置研究
GAOXIAO TIYU ZHUANYE RENCAI PEIYANG JI JIAOXUE KECHENG SHEZHI YANJIU

出　版　者：辽宁大学出版社有限责任公司
　　　　　　（地址：沈阳市皇姑区崇山中路 66 号　　邮政编码：110036）
印　刷　者：河北万卷印刷有限公司
发　行　者：辽宁大学出版社有限责任公司
幅面尺寸：170mm×240mm
印　　张：15.25
字　　数：260 千字
出版时间：2023 年 10 月第 1 版
印刷时间：2023 年 10 月第 1 次印刷
责任编辑：渠铖铖
封面设计：韩　实
责任校对：吴芮杭

书　　号：ISBN 978-7-5698-1323-4
定　　价：88.00 元

联系电话：024-86864613
邮购热线：024-86830665
网　　址：http://press.lnu.edu.cn

知识经济时代，人口结构的变化、人们对体育需求的改变，以及娱乐、康复、健身事业的飞速发展，均对体育专业的发展产生了巨大的冲击，也对体育人才的数量及质量提出了更高要求。而高校是社会发展进步的重要文化源头，承载着人才培养的历史使命。体育人才作为高校人才培养的一个重要分支，不容忽视。新时代下的体育院校要把体育人才培养作为学校的重点工作来开展，注重培养具有坚毅信念、渊博知识、高尚品德、过硬素质的专业人才和创新人才。

体育教学工作是体育人才培养的基本途径，人才培养质量与水平主要是通过教学工作的质量和水平来体现的。体育院校应重视教学改革。教学改革就是要改革与现代经济社会发展和人才市场需求不相适应的人才培养模式、教学内容、教学模式与方法以及教学管理体制，为高质量人才培养奠定坚实基础。

课程是教学工作的重要载体，课程设置是学校体育教学工作开展的基础环节。良好的体育课程设置可以使体育教学变得更加高效、合理，是体育教学目标顺利实现的保障。需要明确的是，体育课程设置是一项科学严谨的工作，不能随意进行，而是要在正确的理论指导下认真完成。

课程设置体系对学生能力的形成、知识结构的广度和深度、人才培养的质量、就业方向以及就业率等起着重要的作用，同时课程设置的内容对学生学习的积极性、主动性、创造性有重要的影响。

本书内容分为两大部分：第一部分为体育人才培养，在阐述高校体育专业人才培养相关理论的基础上，分析了高校体育专业人才培养的教学体系，进一步研究了竞技体育人才、体育教育人才及创新创业型体育人才等不同类型体育人才的培养策略；第二部分为体育课程设置，结合体育专业人才培养目的和要求，分析了民族传统体育、田径类、球类、健美操、游泳、体育舞蹈等课程设置的对策。

由于笔者水平有限，书中难免存在不足之处，恳请广大读者批评指正。

目　　录

第一章 高校体育专业人才培养概述

本章首先阐述了高校人才培养的理论基础，然后对体育人才进行了介绍，最后分析了体育专业人才培养的原则及评价。

第一节 高校人才培养理论基础

一、人才培养的概念

人才培养是高校的主要任务。人才培养涉及以下几个方面的问题：一是人才培养理念的提出与确立；二是人才培养对象的确定；三是人才培养目标的确立；四是开发人才培养的主体；五是人才培养的途径和方法；六是优化人才培养过程；七是人才培养制度的确立。

由此可见，人才培养是一个整体的工程，包括理念、对象、主体、目标、途径、模式与制度等要素。人才培养理念的具体内涵是"在什么思想指导下培养什么样的人才"，它是对教育的本质特征、职能任务、目标价值、活动原则等方面的认识和理解，主要解答了"为谁培养人才""人才应是怎样的""应该如何培养人才"等问题。

哲学意义上的人才培养主要揭示了人才培养的内在规律、价值追求与终极理念；操作意义上的人才培养主要描绘了理想状态下人才培养模式的系统构想，确立人才培养的程序与环节，指导人才培养的实践活动。

下面对人才培养的理念、主体、对象、目标、途径、模式与制度等要素进行简要阐述，便于读者进一步理解人才培养的概念。

（一）人才培养的理念

人才培养的理念包括国家、高校等多个层次。国家层面上的人才培养理念是整个国家人才培养活动的总指挥，它起着领导作用，对高等教育的发展甚至对国家的发展都具有十分重要的意义。国家意义上的人才培养理念是指国家对教书育人活动的功能和价值，以及建成什么样的人才培养生态，如何进行人才培养活动管理，包含对预算投入、领导机制、管理体制等的认知。高校层面上的人才培养理念主要反映在学生观、教师观、教学观、活动观、质量观、科研观以及评价观等多个方面，既受国家层面教育理念的影响，也受客观条件和高校主体的思想认识的制约。

（二）人才培养的主体

人才培养的主体具体是指由谁来培养人才。高校人才培养的主体主要有培养活动的设计者、组织者和实施者。高校是学生培养活动的设计主体，院系则是学生培养活动的组织主体，而教师与导师则是学生培养活动的实施主体。

（三）人才培养的对象

人才培养的对象是指培养谁。高校人才培养的对象是高校中接受教育的学生，而学生是指接受他人的教导并进行传播和实行的人。在高校中，学生是有着发展潜力的独特个体，学生的地位和身份非常特殊。其一，作为受教育者和质量需求的主体，学生对高校的教育水平和教育质量有着较高的期望和需求；其二，学生在高校中掌握的知识和能力体现了高校的教学质量和水平，并且学生在一个阶段掌握的学习技巧是他们继续学习的重要动力。身份和地位的特殊性决定了学生在人才培养工作中的重要作用，他们也是影响高校人才培养的重要因素。因此，高校人才培养质量的提升有助于学生充分发挥在整个教育过程中的作用。

（四）人才培养的目标

人才培养的目标是指具体要培养什么样的人才，它是一个纯粹的目的范畴，如通用型人才、专门型人才、学术型人才、应用型人才、创新型人才等。

（五）人才培养的途径

人才培养的途径是指通过什么样的方式、借助哪些工具来培养人才，例如课堂教学、学术活动、科学研究和社会实践活动等，它强调的是认识与实践活动的关系。

（六）人才培养的模式

人才培养的模式也就是培养过程是采取什么模式去实现人才培养目标的，是对培养过程的设计和建构，包含教师在课堂教学、科学实验、学术活动和实践活动中到底采取什么样的形式，依据什么样的程序以及如何安排等问题。

（七）人才培养的制度

人才培养的制度在高校制度中处于核心地位。人才培养制度是指用什么样的制度来保证人才培养工作的进行，即培养时探索其内部组织和运行变化的规律，遵循相应的规律和采用相关的手段，以实现特定的目标。它有着狭义与广义之分。狭义的人才培养制度和人才培养的具体过程息息相关，主要类型有专业与课程设置制度、导师制度、选课制度、日常教学管理制度、学分制度、实习制度、分流制度等。它包含高校教育教学活动过程中产生的相关规定、具体程序和实施体系。广义层面的人才培养制度和高校的整体人才培养过程相关。从人才培养的具体过程看，受教育者通过考试进入高校，学校对其进行一系列的培养，他们最终选择继续深造，或者进入社会，从而形成人才培养的完整过程。在学生成长的过程中，一直有学校制度的陪伴。这与人才培养的广义制度有关，主要有教学制度、招生制度、考试制度、研究制度、就业制度等。这些制度事实上组成了一种相互关联的制度链与相互交织的制度网，最终构成了现代高校制度体系。

二、高校在人才培养结构体系中的定位

我国高等教育已经初步形成了多层次、多类型、多形式的高等教育结构体系。高校人才培养的清晰定位将更加有利于社会经济的发展。系统论认为，任何复杂的事物都是一个系统，是由若干要素组成的相互联系、相互作用、不断发展变化的整体。从整个社会系统来看，高校的系统层次结构、隶属关系为人类社会系统—文化系统—教育系统—高等教育系统—普通高等教育系统。普通

高等院校要培养怎样的人才，明确其自身在整个系统中的位置，即定位，是高校实现人才培养任务的基础和前提。

如果将国家人才结构体系比作一座金字塔，那么位于塔尖的创新人才决定着 21 世纪国家的核心竞争力；各级专门人才位于塔身，是国家发展的中坚力量；塔的底座则是大量高素质劳动者。而针对每一类人才，培养模式是各不相同的。因此，高等学校应根据各自承担的人才培养职能，有选择地开展研究性教育、应用性教育或实用技术性教育。我国人才培养结构体系也相应分为三类：第一类是国家重点高校，主要开展研究性教育；第二类是普通本科院校，主要开展应用性教育，培养各行各业应用型高级专门人才；第三类是高等职业学校和高等专业学校，以开展职业教育为主。地方本科院校的首要职能是创新多样化的人才培养模式，以适应社会发展对应用型高级专门人才的需求。

（1）从高等教育在整个社会系统中的定位看，高校人才培养目标总是与其在高等教育系统内所处的层次和地位密切相连的。就我国现阶段高等教育体系而言，高等学校大致可分为三个层次。一是设有研究生院、本科教育与研究生教育并重、教学与科研并重的重点院校。二是以教学为主、以本科教育为主的一般院校。三是以培养应用型、技艺型人才为主的专科院校。在这里，高校或者地方院校主要是指地方本科院校，属于第二层次的高校，即通常所说的教学型高等院校，其人才培养目标既不同于重点院校，也与专科学校、职业技术学院有区别。因此，高校人才培养才呈现出一种较为复杂的状况，但对它的分析离不开高等教育在整个社会系统中的定位。

（2）从高校在整个社会系统中的定位看，高等教育的多样性既需要高等学校之间的自由竞争，又需要避免这种竞争的无序化。这就需要强调高等学校的分层次发展和同层次竞争。高等学校之间人才培养层次理应有差别，即有不同的定位。在我国的高等教育系统中，存在着重点高等院校和普通高等院校。重点高校研究实力雄厚，在师资队伍条件、科研环境、教学资金等方面存在较大优势，应主要培养基础理论科学和应用科学的研究型人才。而普通地方高等院校受研究基础、教学资金、师资条件等多方面因素限制，其人才培养目标应定位于培养应用型人才，主要为地方经济、区域经济的发展服务。这符合系统论的原理，系统是有层次、有功能的；从社会经济结构来说，应用型人才是社会需求量最大的。

（3）从学校内部各要素在学校发展中的定位看，当一所高等院校有了明晰的发展定位，学校内部各要素在学校发展中的定位也就清楚了，一切都是围绕定位目标进行的，学校应充分考虑自己的办学规模、师资条件、服务对象、学科布局、专业建设、课程体系、管理模式等具体要素，进行人才的培养。多样化教育的核心内涵则是构建多样化的人才培养质量观。在经济、社会高速发展的今天，社会对人才的需求是多样的，学校学科专业门类、人才培养目标、培养方式是多样的，学生的个性、志向、潜力也是多样的，这些都决定了质量标准的多样化。

三、高校人才培养的理论依据

（一）人的全面发展理论

人的全面发展是包含德、智、体、美多维度又有重心的结构和整体统一的发展，是个体实现的一种充分的、自由的、统一的、和谐的发展。

首先，人的全面发展的核心在于人的体力和智力得到充分和自由的发展，旧式的劳动分工主要靠体力的劳动而忽视了脑力劳动和智力的开发。机器大工业和新的知识经济时代的到来使劳动的类型由体力劳动逐渐向脑力劳动过渡，要求人们在劳动中充分利用他们的体力和智力，从而摆脱劳动的控制，变为自主地控制劳动，真正地成为劳动的主人，不仅要知道怎样工作，还要知道怎样才能更好地工作，这在一定程度上实现了劳动自由。

其次，人的全面发展是道德品质和美德情操的高度发展。人是社会的人，人的存在和发展与整个社会的运动和发展是密切相关的，包括对道德美感的制约和规范。人是有情感的，高品质的生活离不开良好的道德素质和高尚的情操。人们不仅是物质财富和精神财富的创造者，也是一切社会财富的拥有者和享受者。生产力高度发展，人的个性得到最大限度的解放，真正实现个性自由，道德品质和美德情操也必然会得到更好的发展。

最后，人的全面发展是多维度的，不仅包括人的德、智、体、美等方面的发展，还包括人的个性、潜质和一切兴趣爱好的发展。人应该尽可能地发展自己的一切能力，发掘各方面的潜质，包括与生俱来的某种天赋和在生活中培养的兴趣爱好，成就丰富人生，这也是实现个性的充分发展。这样在社会交往中才能更自由，生活才更有价值、更有意义。

总之，人的全面发展是理想的教育目的，也是当代教育所要追求的完美状态。生产力的发展和科学技术的进步为人的全面发展提供了必要的社会条件，使人的全面发展变为可能。随着社会财富的增加和各方面制度的不断完善，人们会最终实现全面的、自由的、和谐的发展，真正地进入自由王国。

（二）劳动力市场分割理论、工作匹配模型理论

劳动力市场分割理论认为，整个劳动力市场可以分为性质不同的两部分，即主劳动力市场和次劳动力市场，二者的人员构成和运行规则有着明显的不同。在主劳动力市场内部，劳动力市场的特征也是不同质的。主劳动力市场又可以分为两个相互分割的部分，即独立主劳动力市场和从属主劳动力市场。独立主劳动力市场的工作主要是专业性、管理性和技术性的，个人有很大的自主权，鼓励创造、自主等个人品质；而从属主劳动力市场通常是完成某个专门领域的某项专门任务，管理方式常常是制度化和程序化的。

高校人才培养的目标市场大都选择独立主劳动力市场和从属主劳动力市场。工作匹配理论强调个人能力和工作特征的交互作用是个人在某个工作岗位上的生产率的决定因素。因此，在一个岗位上的生产率是个人能力和工作岗位特性联合作用的结果。在个人能力既定的情况下，一些人更适合做某些工作，而不适合做其他的工作。工作匹配模型认为，某些类型的教育比起其他类型的教育在某些职业岗位上具有比较优势，突出了每种类型的教育都有自己的职业域，都有一组在其中有比较优势的职业，只有当某种类型或层次的教育与某个岗位域的特征相匹配时，接受教育的劳动者才能获得比较优势。工作匹配模型要求教育系统按照发挥某一类型教育在某些职业域中的比较优势的方式来运行。这就要求教育系统更加关注劳动力市场的需求，主动寻找自身在劳动力市场中的位置，针对该类职业域的特征调整专业设置、培养目标、能力要求等。

第二节　体育人才概述

一、体育人才的概念

人才是指在某个领域中有突出才能的人。由此可知，体育人才指的是具有一定体育学识水平和技能，并能在体育领域里作出创造性贡献的人。

二、体育人才的特征

体育人才具有以下几点特征。

（一）先进性

体育人才就是体育群体中的杰出人才。这体现出了体育人才的先进性特征。具体来说，体育人才的先进性特征主要表现在两个方面：一个是意识上的先进，即体育人才的思想与观念是比较超前的；另一个是知识和技能方面的先进。一般来说，体育人才在体育理论知识的掌握方面是非常熟练的，并且具有专业性和多样性。与此同时，体育人才所具有的运动技能比他人更先进，这也就决定了体育人才在比赛中取得的成绩也比他人要更加优异一些。体育人才之所以能够很好地服务于社会体育事业，满足社会发展对优秀人才的需求，主要是因为体育人才具有聪明的头脑与高超的技能。

体育人才的先进程度并不是固定不变的，而是会根据体育专业知识的积累和运动实践的锤炼而不断提升的。另外，体育人才先进的层次也是受这方面影响的。

（二）竞争性

竞争是体育的灵魂，体育本身就具有显著的竞争性特点，因此这一特征在体育人才身上也有着充分体现。体育人才的竞争性主要源自体育比赛所具有的特点，这也是体育人才所特有的。如果一个人没有竞争的意识和精神，那么，首先他是无法成为人才的，更不用说成为体育人才了。体育人才的产生，实际上就是人们在体育领域通过竞争所产生的结果，同时，体育人才也在不断升级的竞争过程中进一步提升自身的素质和运动水平。

需要注意的是，竞争性只是体育人才的一个必要特征。换句话说，并不是只要具备了竞争精神就一定能够成为体育人才，但是，体育人才必须具有卓越的竞争精神。在体育工作和运动训练中，体育人才的竞争性在很多方面都有所体现，如努力工作、勤奋学习、刻苦锻炼、顽强拼搏以及勇于献身等。

（三）创造性

人才的创造能力通常会在发现、发明、创新这几个方面得到体现，可以说，这是人才所固有的一个本质特征。一般来说，体育人才首先要对前人的知识加以学习了解，然后在此基础上发展新的理论知识和技术技能。这就在很大程度上体现出了人才的创造性特征。

体育自产生至今，已经有了非常大的演变与发展，运动水平的提升较为显著，运动技艺也不断完善，这些都与人才的发现、发明和创造有着密切的关系。体育发展至今，已经具有非常强烈的竞争性，这对于体育人才创造性的发挥和提升会起到积极的催化作用。体育人才所具有的知识水平和能力从很大程度上决定着其创造能力的大小。

（四）社会性

对于在社会中存在的个体来说，每个人都具有社会性的属性与特征，作为社会上的杰出者，体育人才也不例外。体育人才有着鲜明的社会性特点，主要表现在为自己所属阶级的社会提供服务，同时为自己所属阶级的政治利益做贡献。尽管说体育是没有国界之分的，但是体育人才是有国界之分的。体育人才的社会性特征在很多方面都有所体现，比如在体育事业中，体育人才所表现出来的对祖国、对人民的热爱，以及为国争光、努力拼搏的精神等。

三、体育人才的分类

（一）竞技体育人才

竞技体育人才，是指在体育竞技领域内，专门从事运动训练和参加体育竞技比赛的人才。竞技体育人才主要来源于各级专业运动队、专业和业余体育学校以及大中学校业余训练队的运动员以及裁判员。他们是发展体育事业的一支重要的人才队伍。

竞技体育人才包括裁判员、运动员（业余运动员、职业运动员）、教练员（临场指挥）。其中，裁判员在体育竞赛中根据体育运动的竞赛规则，保护运动员的身体和心理健康，保证竞赛的公平，鼓励运动员、运动队发挥真实水平，促进运动技术、战术水平的提高，对运动员的道德品质、思想作风起着一定的教育作用。随着运动竞技水平的提高，规则更新速度加快，裁判员必须不断掌握新规则和运动项目的发展规律，树立终身学习体育的观念，以适应现代体育发展的需要。运动员是我国社会主义建设事业中一个特殊的群体，在竞技体育中处于十分重要的地位。他们在赛场上奋力拼搏，以自身的机能、身体素质和运动技术创造优异的运动成绩，争取比赛的胜利，达到为国家、为集体争取荣誉的目的，并以竞技水平的提高推动体育事业的发展。教练员是运动竞赛尤其是集体项目竞赛的指挥策划者，他们决定着运动员的训练水平能否在激烈的竞争中真实体现，甚至超常发挥。教练员是发展竞技体育运动的主导力量，他们依据理论与实践相结合的原则，不断地探索、研究提高运动技术和运动成绩的方法途径，改善和挖掘运动员的生理机能，提高运动员的竞技能力。

（二）体育教育人才

体育教育人才，是指那些在体育教育领域内直接或间接从事育人工作的人才。体育教育人才主要包括学校体育师资（体育教师）和教练员。

体育教师是体育教育的骨干人才。在体育教学活动中，体育教师首先是体育文化的传授者，是学生学习体育知识、掌握运动技术和技能的鼓励者、指导者和评价者。在这个过程中，体育教师不仅要把人类优秀的体育文化成果传授给学生，更应该培养学生树立"关心自己的身体健康、增强体质是一种社会责任"的观念，并指导学生学会科学健身的方法。体育教师对学生行为习惯的养成有着十分重要的影响。因为体育教师授课班级多，而且教学对象来自不同年级、不同学科，更为重要的一点是学校的早操、课间操、课余体育活动以及全校大型活动的策划、组织和具体实施都是由体育教师承担的，所以体育教师的行为对学生的影响较大，体育教师的形象、精神面貌、言谈举止、治学态度等往往会成为学生学习的榜样。体育教师是学生学习体育知识、掌握运动技术和技能、从小形成健康体育生活方式的领路人，体育教师应该成为学生所敬慕的体育专家，并具备多学科的知识修养。体育学科的性质要求体育教师不仅要会做技术动作的示范，还要会运用多学科的知识阐明技术动作的科学原理、健身价值及其在人类文化发展中的作用。现代体育科学发展日新月异，体育运动的社会功能在不断扩大，社会成员的体育健身意识进一步增强，参与体育活动的人口在不断增多，这就要求体育教师要不断更新自己的知识结构，并结合体育教学研究提高自己的职业水平。

教练员在运动队中决定运动技术水平的因素是多方面的，而且具有不同的层次。教练员是运动训练过程中的控制部分，是决定训练水平的主要因素。由此可见，在运动队内，教练员是领导者、组织者，同时教练员还要服从上级主管部门的安排，达到上级布置的训练目标和竞赛目标，即比赛中表现出优异的成绩或名次，并得到社会的承认。教练员是运动管理的主体，是进行科学化管理并不断提高运动技术水平的主要依靠力量。在体育科学日益发展、各学科知识相互交叉综合的今天，教练员仅负责运动员的技术训练是不够的。教练员应该在运动队中充当多种角色，多角色模式的优势在于能够让教练员从运动员的训练、比赛、生活、学习中获取各种信息。教练员能够统揽全局，从跨学科的高度对运动员的训练进行调控，充分发挥教练员的潜能和才智，同时可以提高运动训练、竞赛的实际效果。

总之，体育教育人才是发展体育事业的基础力量，是培养人才的人才，因此必须给予足够的重视，使其得到相应的发展。

（三）体育科技人才

体育科技人才是指能揭示体育活动发展的客观规律，有一定的知识和技能，在体育工作领域内从事体育科学研究工作和从事体育科学技术工作的人才。体育科技人才主要来源于各级体育科学研究所的体育研究人员、体育情报人员，从事体育器材设计和制造工作的工程技术人员，运动队的保健医生和营养师等。

体育科技人才包括运动科学研究人才（运动医学、运动生理、运动生化）、体育人文研究人才（体育哲学、体育管理、体育新闻）、体育关联技术人才（体育建筑、体育雕塑、体育文艺）。

体育科技人才根据体育事业发展的需要，探索研究和解决体育领域内科学性和技术性较强的各方面问题。例如，研究人体发展的规律，提高运动技术水平的方法；研究增强人民体质、提高健康水平的途径；研究制造现代化的体育器材和仪器，协助教练员解决运动训练中的各种实际问题；等等。体育科技人才是发展体育事业的前沿力量，是建设体育强国不可忽视且必须得到迅速发展的人才队伍。

（四）体育管理人才

体育管理人才，是指在各级体育组织中从事行政工作、在各种体育团体内从事体育领导工作和体育管理工作的人才。体育管理人才的主要来源是各级体育行政机关、体育专业学校、体育科研部门、各级运动队伍及体育教学组织的领导和体育行政管理工作者。

体育管理人才包括体育党务管理人才、体育行政管理人才（体育部门业务领导）、体育事业管理人才（办事机构领导、运动队领队）。

作为体育管理人才，除了要有一般领导所必备的组织领导能力外，还应熟悉相应领导区域的体育专业知识，了解、掌握体育教学、训练、竞赛及发展的一般规律。体育管理人才负责制定和掌管体育方针政策，依据国家或上级的体育方针政策，对体育工作中的重要问题进行决策、领导和组织，以及协调体育领域内各系统、各单位的工作，使其灵活运转。

（五）体育产业人才

体育产业人才，是指从事体育服务行业的人才，也就是专门负责与体育运动有关的一切生产经营活动的人才。体育产业结构的分类随着体育产业的发展逐步向精细化和专业化方向发展，因此体育产业人才的需求也向精细化和专业化方向发展。体育产业人才的主要来源是健身娱乐业、竞赛表演业、咨询培训业、体育旅游业、体育经纪业等方面的各级人员。

体育产业人才包括竞赛组织策划人才、体育用品业人才、健身服务业人才、体育营销业人才、体育经纪人。其中，体育用品业人才除了指人们熟悉的从事体育服装业和饮料业方面的人才外，还包括为各种体育场馆设施进行规划、设计、施工、维修的体育建筑业，以及为各种体育活动提供运动、健身、娱乐器材设备的生产和流通等体育设施生产业的人才。体育服务业人才是指通过体育表演或运动竞赛向社会提供观赏、娱乐方面的人才。体育经纪人是以获得佣金为目的，与体育相关人员或组织签订委托合同，充当委托人与第三人之间有关职业运动、体育竞赛等事宜的签订媒介，或为委托人提供通过体育获益机会的自然人、法人或其他经纪组织。从组织形态上看，体育经纪人有如下几种：经纪公司、经纪事务所、个体经纪人。他们可以为运动员个人、体育组织或体育比赛从事经济活动，可采用体育推销、体育代理、法律咨询等方式开展经济活动。

（六）体育媒体人才

体育媒体人才，是指在体育新闻媒体领域内，从事体育新闻报道和体育新闻工作的专门人才。体育媒体人才主要来自体育平面媒体、体育电视媒体、体育网络媒体。

体育媒体人才包括体育平面媒体人才（包括体育报刊记者、体育专栏写手）、体育电视媒体人才（包括主持人、采访人、评论员）、体育网络媒体人才（包括网络管理人才、网络撰稿人才）。

21世纪新闻事业更加发达，人们的信息更加灵通，体育新闻媒体的竞争也变得日益激烈。为适应时代的节奏和体育新闻媒体事业的发展，首先，体育新闻记者必须学会用更快的速度来完成采编任务，用最快时效来赢得受众，因为尽管体育新闻记者可借助网络争取多一点时间，但可供其思考的时间依旧在大幅缩短。其次，体育新闻记者必须学会用更加简单明了的词句来报道事实，使读者一目了然。理想的体育媒体人才应具有广博的基础文化知识和相当高的新闻水平，并受过短训。21世纪的体育新闻记者还应该是一位专家，是一位名副其实的传播专业人员，必须具有高度的分析能力，善于分析从经济、政治和其他各界人士那里获取的各种消息。

第三节　体育专业人才培养的原则与评价

一、体育专业人才培养的原则

（一）与时俱进原则

教育与社会的生产力发展水平和政治经济制度是密切联系的，教育是随着社会的发展变化而变化的。所以，在当今信息化、知识经济和全球化时代，体育人才的培养就必然要考虑时代的发展，考虑社会政治、经济、文化尤其是科学技术的发展，以便体育人才的培养跟上时代的步伐。体育人才培养要关注时代的发展、弘扬时代精神，就必须做到以下几点。

1.面向现代化

抓住现代化，就抓住了体育人才培养的方向，反之，就会迷失方向。当今世界，新的科技革命方兴未艾，知识经济时代已经降临，社会现代化要求培养出来的人才能适应现代化发展的需要，即具有现代化的科学思维和素质，包括渊博的知识、丰富的想象力和创新精神。

2.面向世界

在经济全球化的背景下，各国竞争日趋激烈，体育人才的培养要时刻关注世界的发展和变化，顺应世界体育人才培养的发展潮流，绝不能闭关自守、闭目塞听，而必须学习借鉴他国优秀的东西，并同本国实际结合起来加以运用和发展，同时要增强自身免疫力，抵御和拒绝一切坏的东西，避免走弯路。总而言之，要博采众长、择善而从，培养出来的体育人才要具有国际精神，不仅能参与国际竞争，还能参与国际合作。

3. 面向未来

这就要顺应未来体育人才培养发展趋势，使培养出来的体育人才在未来的社会发展中具有高度的适应能力和应变能力。

总之，与时俱进的原则是未来体育人才培养的出发点和归宿。

（二）学生发展原则

体育人才的培养要关注学生的发展，遵循学生发展的原则。学生的发展不仅包括知识的不断积累，还应当包含创新能力的发展。知识就是力量，智慧、创新同样是无穷的力量。在追求知识、开发智力的同时，也不应忽视道德、人格、感情、理想的力量。某种技能可以速成，但良好人格的形成是难以速成的。社会道德水平的提高应与经济的发展和生活水平的提高同步进行。由此可见，学生发展的内容极为丰富，它包括知识、智力、身体、人格、感情、心理等诸多方面。只有树立了正确的学生发展观，才能更好地理解基础教育，才能更好地理解学生发展的概念。学生发展的原则并不排斥国家利益，而是把个人利益和国家利益紧密联系在一起，以个人的充分发展来保证国家的兴旺。总之，应把学生的可持续发展作为人才培养的原则和着眼点，培养学生具有初步的创新精神和实践能力、科学和人文素养，以及环境意识，使之具有适应终身学习的基础知识、基本技能和方法；具有健壮的体魄和良好的心理素质，养成健康的审美情趣和生活方式，成为与时代发展要求相一致的新人。

（三）社会需要原则

无论采取什么样的人才培养方法，高校培养出来的人才最终都要进入人才市场，接受市场的检阅。若高校培养出来的人才不符合市场需求，被无情地淘汰，那就说明这样的人才培养就是失败的。因此，市场经济形势下体育人才的培养应根据市场法则来确定类型和规模。但是，市场也有一定的滞后性，市场需要可能是今天的需要也可能是昨天的需要，它不可能代表着明天的需要，所以，在社会需要原则的指导下，也要采取适度超前的原则，去预测市场变化和需求趋势，以免造成体育人才培养的浪费。

二、高校体育专业人才培养质量评价体系

在高校对体育专业人才进行培养的过程中，全面、客观、准确、科学地选取各项适宜的指标，是建立体育专业人才培养质量评价体系，保证评估机制符

合客观性原则、整体性原则、可操作性原则、导向性原则、层次性原则、合理性原则、可行性原则的关键所在。

（一）体育专业人才培养质量评价体系的构建原则

1.客观性原则

评估指标的设定必须符合客观性原则，根据体育专业学生培养方案和学科课程的设置，建立起一套能够直观检验培养成果的量化指标。并且具体的量化指标之间要保持有机联系，每一个具体的量化指标都要与考评的整体方向和目标保持一致，形成一个统一的考核体系，不能相互矛盾冲突，不能相互重复或者存在偏差。保证从客观实际出发，科学全面、真实有效地反映出体育专业学生在受教育中所获得的实际效果。

2.整体性原则

在保证指标选取的客观性的前提下，通过科学合理的编排和具体量化，使各项指标数据能够保持有机统一，对体育专业学生在培养过程的各个环节中的表现能进行适当的考评，形成一个完整的考评机制，从而能全面、直观地体现出体育专业学生在培养中所存在的普遍问题和重点难点问题。

3.可操作性原则

具体指标的设定必须具备可操作性。在保证评估科学客观的前提下，指标的选取一定要便于从体育专业学生培养各环节中体现并且具体量化，从而保证实际操作过程中尽可能方便快捷，节省人力物力，达到精简、高效、实用的使用效果。

4.导向性原则

体育专业学生人才培养质量评估指标的选取，要切实符合人才培养的目的，并且每个量化指标的选取都要对体育专业学生的培养起到一定的导向性作用。即体育专业学生在用这些具体量化的指标进行对照学习研究的时候，它们能起到一定的引导作用和检测作用，从而在评估的过程中反作用于学生自身，使其不断完善和弥补研究学习中的不足，以此来达到促进体育专业学生培养的指导作用。

5.层次性原则

在选取具体考评指标时，要结合本学科所指定的人才培养方案，在大的框架内进行梳理和细化，根据学科内不同的研究方向，将考核指标细化为相对应的层次，从而更科学更合理地构建评估体系，实现对体育人才培养各环节、各层次方向的逐一考量。

6.合理性原则

指标确定和权重赋值，要综合考虑不同体育专业人才培养的特点和要求，尽可能合理地选定指标与分配权重，所选择的指标要尽可能符合人们直观理解，而且稳定性要强。

（二）体育专业人才培养质量评价体系的主要内容

1.思想道德素质

高校体育专业学生思想道德素质的评价内容主要包括政治素质评价、道德素质评价与法律素质评价。其中，政治素质包括政治态度和党团荣誉；道德素质包括道德认知与道德修养；法律素质包括遵纪守法和法律知识。

（1）政治素质评价。政治态度主要表现为热爱祖国，拥护中国共产党的领导，贯彻党的路线、方针和政策，积极进取，具有分辨是非的能力；党团荣誉主要表现为学生获得的各种荣誉称号，比如优秀共产党员与党务工作者、优秀团员和团干部等。获奖可按获奖级别进行打分，评价项目可先由学生本人自评打分，再由学校（学院）学生管理部门进行审核认定。

（2）道德素质评价。道德认知主要表现为学生具有良好的社会公德心，熟知各种社会道德规范，关注社会道德发展现状，熟悉校规校纪，熟知学术道德规范。道德修养主要表现为学生具有良好的品德习惯，道德情操高尚，在道德上能够不断进行自我锻炼，具备较高的道德水平和道德境界。这两个评价项目可先由学生本人自评打分，再由学校（学院）学生管理部门进行审核认定。

（3）法律素质评价。遵纪守法主要表现为学生遵守劳动纪律，遵守财经纪律，遵守保密纪律，遵守组织纪律，遵守群众纪律，遵守法律规范，明礼诚信，具有较强法律意识，能够用法律维护正当权益，自觉维护社会稳定。法律知识主要表现为学生认真学习各种法纪和法规，参加学校（学院）纪律委员会组织的各种法律、法规教育专题活动。这两个评价项目可以先由学生本人自评打分，再由学校（学院）学生管理部门进行审核认定。

2.社会实践素质

社会实践素质主要是反映高校体育专业学生对学生工作是否有积极性，是否具有社会责任感，是否支持社区（群众）体育健身事业的发展，有无教学和训练方面的实践工作经验等，评价内容主要包括学生工作素质评价、教学实践素质评价与训练实践素质评价。

（1）学生工作素质评价。①担任学校（学院）学生会干部。学生在学校或学院担任学生会主席（副主席）、各社团部长（副部长）、团总支干部（干事）等职务，可以根据学生工作完成的数量和质量，先由学生本人自评打分，再由学校（学院）学生管理部门进行审核认定。②参加各种学生集体活动。学生参加全国、省部级、市区级、校级、院级的文艺表演、知识竞赛、创业挑战杯、辩论大赛、演讲比赛等活动，可依据学生取得的成绩和名次，给出相应评价指标的得分。③参与校内（外）各种体育比赛的裁判工作。学生参加不同类型、不同级别、不同主办方发起和筹备的各种体育竞赛活动，可以根据赛事级别或学生完成的工作量及效果、担任的裁判角色等，对相应评价指标进行打分。

（2）教学实践素质评价。①承担校（院）内体育课程。学生在学校或者学院内部承担公共体育、专业体育理论、专业体育术科等课程的教学实践工作，可以根据学生完成教学的工作量及效果，给出相应评价指标的得分。②开设（参与）体育运动项目培训计划。学生自己开办或作为工作人员参与篮球、羽毛球、乒乓球、跆拳道、游泳、健美操、网球、足球等项目的培训班，可以依据培训班的学员规模和学生完成的工作量，对相应评价指标进行打分。③参与校外体育课程教学和实习。学生作为外聘教师或实习教师参与其他高职院校、中小学校的体育课程教学实践工作，可以根据学生完成的教学工作量及效果，先由学生本人自评打分，再由该校教务管理部门进行审核认定。

（3）训练实践素质评价。①自身参与运动项目的训练计划。学生作为运动员亲身参与各竞技体育项目的运动训练计划，可根据学生的训练计划完成状况及效果，由专项教练给出相应评价指标的分值。②作为教练（助理）参与运动队的训练工作。学生作为教练员或助理教练员参与校内外各体育项目运动队的训练工作，可依据学生完成的训练工作量及带队成绩，由学校竞训管理工作部门对相应评价指标进行打分。

3.专业竞赛素质

专业竞赛素质主要反映的是高校体育专业学生的专业理论与术科水平、外语等级水平、计算机等级水平和竞技能力比赛水平等，评价内容主要包括专业成绩素质评价与竞技水平素质评价。

（1）专业成绩素质评价。各门专业课程加权平均成绩主要是以课程学时数为权重系数，对学生的各科专业课成绩求加权平均数，然后对其进行排名，并按照名次先后顺序，对相应评价指标进行打分。通过考试（培训）获取的裁判员（指导员）等级证书主要是指学生经过培训、考试及实践操作等环节获取的不同运动项目、不同等级水平的裁判员证书或体育指导员证书等，可以依据裁判员（指导员）证书的级别，给出相应评价指标的得分。外语等级水平与计算机等级水平能通过学生的国家外语等级考试成绩和国家计算机等级考试成绩得以体现，并据此对相应评价指标进行打分。

（2）竞技水平素质评价。参加省部级及以下各种体育运动比赛获奖情况主要是指学生参加省级、市级、区级、校级和院级等体育竞赛所取得的成绩和奖励，可根据比赛名次、奖牌及获奖证书，给出相应评价指标的分值。参加全国（国际）各种体育运动比赛获奖情况主要是指学生参加全国性或国际性体育竞赛所取得的成绩与奖励，依据比赛名次、奖牌及获奖证书，对相应评价指标进行打分。参加其他文体活动竞赛的获奖情况是指学生获得的比赛名次、奖牌和获奖证书等，可据此给出相应评价指标的得分。

4.创新素质

创新素质主要是反映高校体育专业学生有无创新意识与个性，是否在科研、教学及训练等方面具有创新性，创新程度如何等，评价内容主要包括创新意识素质评价和创新能力素质评价。

（1）创新意识素质评价。批判性思维与创造性个人倾向主要表现为学生善于发现问题、挖掘问题、分析问题，好奇心强，能够主动捕捉各种信息，信息加工能力强，信息检索与收集能力较突出，独立追求价值目标的个性鲜明，抽象思维和发散思维能力较强等。据此可先由学生本人自评打分，再由导师、教练或辅导员进行审核认定。

（2）创新能力素质评价。科研、教学与训练实践创新及程度主要表现为学生在进行学术科研、教学和训练实践过程中，能够运用新的理论、新的方法、新的数据、新的观点等，解决其所遇到的相关问题，善于探索一些尚无人涉足的领域或方向，并不断地努力尝试，最终取得了一定的成就和突破，可以先由学生本人自评打分，再由导师、教练或辅导员等进行审核认定。

5.身心素质

身心素质主要是反映高校体育专业学生有无健康的体魄，锻炼是否积极，是否养成健身的习惯，是否具备良好的运动素质，是否熟练掌握体育专项技能，是否具有积极的生活态度，是否有明确的目标追求，是否自尊、自信、自爱、自立、自强，有无良好的心理调节能力、临场应变能力和心理承受能力等，对自我的身体素质与心理状况是否具有清晰的认识。身心素质的评价内容主要分为身体状况素质评价与心理状况素质评价，可以根据相关记录，结合心理测量，先由学生本人自评给分，再由学生管理工作部门进行审核认定。

（三）体育专业人才培养质量评价体系的施行要点

第一，在实施评价工作之前，应通过广泛的校内和校际宣传，让参评的体育专业学生能够充分认识到综合素质评价工作的目的与意义、具体测度指标的含义及详细操作流程，从而认真、实事求是地参与评价工作。同时，要组建由学生工作管理部门、教学教务管理部门、导师、教练、专业教师、学生代表等组成的综合素质评价工作小组，以确保能公正、公平、公开、客观、细致地开展相关工作。

第二，在开展评价工作过程中，对该评价指标体系中的四级评价指标进行量化打分时，要兼顾灵活性、具体性和特殊性。各高校可以根据自身的实际发展现状及未来发展需求，对各项四级评价指标的量化分值进行合理设置和适时调整。综合素质评价工作程序要公开，评价结果需公示，对于学生提出的各种异议要给出明确、合理、及时的解释。

第三，该评价指标体系能为体育专业人才培养单位提供一定参考。考虑到学生综合素质评价的重要意义，建议将此项工作制度化、常态化及规范化，不能只为评奖、评优或者选拔而评价，应始终立足于切实提高我国体育专业学生的综合素质，充分调动其学习、科研、训练及竞赛积极性，系统、有序、稳妥地开展该项评价工作。

第二章 高校体育专业人才培养的教学体系

高校体育专业的人才培养主要是通过教学过程来实现的，而教学过程是遵循一定的教学目标，依照一定的教学内容，通过一定的教学方法与模式，在一定的教学管理体系中进行的。教育实践证明，科学的教学体系，能提升人才培养的效果。因此，本章针对体育专业人才培养的教学体系进行论述。

第一节　教学目标体系

一、体育教学目标概述

（一）体育教学目标的概念

体育教学目标是体育教学活动预期达到的学习结果和标准，是体育教学指导思想的具体体现。"健康第一"的指导思想规定了体育课程的性质、目标任务、内容及评价标准等，体育教学目标是依据教育部制定的学校体育教学目的而提出的，教学目标可以分为不同的层次：课程教学目标、学段教学目标、单元教学目标和课时教学目标，教学目标是教师组织和进行教学的出发点和归宿，是评价体育课程教学质量的重要依据。

我国的体育教学目标分为阶段性体育教学目标和最终体育教学目标。阶段性体育教学目标是体育教学不同阶段的体育目标，阶段性体育教学目标的总和就是最终的体育教学总目标。体育教学的总目标是体育教学目的得以实现的标志。换句话说，体育教学的总目标，是体育教学的管理者与实施者对参与体育教学过程的学生的期望性标准。

（二）体育教学目标的特点

体育教学目标具有以下几个特点：

1. 预期性

教学活动开始之前，教育者就可以预见到学习者将在哪些方面、什么情境下发生多大程度的变化。也就是说，在教学活动开始之前，就预见到体育教学活动能促使学生在掌握体育知识、技术、技能以及身心发展等方面发生哪些变化。预期要达到的目标是否科学、具体、明确，会直接影响体育教学活动的成效。

2. 具体性

体育教学目标必须具体、可行，才具有应用价值。体育教学目标最终要落实到师生具体的教学活动中，因此只有在目标中详细说明学生应该做什么、在什么条件下做、做到什么程度，才能为教学活动的具体操作提供导向，也才能为教学评价提供可测量的标准。

3. 结合性

体育教学目标是一个纵横交错、互相衔接的有机整体。横向上，对不同的学习领域将有不同的教学目标，各目标既互相独立又彼此呼应；纵向上，体育教学目标是由学段教学目标、学年教学目标、单元教学目标和课时教学目标构成，各目标之间层级分明、连续递增。下位目标是上位目标的具体化，上位目标在下位目标达成的基础上才能最终实现。

4. 灵活性

体育教学目标应根据确切的教学内容、具体的教学条件、学生的学习特点、课时分配等因素综合制订。这就要求教师必须因校、因课、因班制宜，依据教学实际编制，内容和水平应有一定弹性，以便灵活掌握。具有灵活性的教学目标对于更好地适应学生的身心特点，使其通过教学目标的实现而获得相应的身心方面的发展，具有不可忽视的重要意义。体育教学目标是教与学双方合作实现的共同目标，对体育教师而言是教授目标，对学生来说是学习目标；但是，体育教学目标表现为体育教师教学活动所引起的学生终极行为的变化，即着眼于教而落脚于学。

（三）体育教学目标的功能

教学目标具有多方面的功能，概括起来主要有三个：导向功能、激励功能、标准功能。在高校体育教学中为使学生在不同的方面达到不同的目标，需要高校确立明确、具体、合理的教学目标。体育教学目标的主要功能表现在以下几个方面：

1.对体育教学实践活动具有导向功能

教学目标用来指导特定时间内的教学实践活动，通常被教育理论家称为"教育活动的第一要素"。根据所要完成的教学任务来确定合理的教学目标被认为是教学计划的首要环节。在体育教学活动中，如果有明确的教学目标，那么教学内容的选择和组织、教学方法的选择与运用乃至整个教学工作的开展，都可以围绕着预定好的教学目标进行。体育教学目标的导向作用具体表现为体育教学目标能避免体育教学活动陷入盲目的状态，从而有助于体育教学活动有序进行；体育教学目标能够使体育教学活动集中于有意义的方面，从而有助于积极结果的达成；体育教学目标能够提高体育教学活动的效率，使教学活动事半功倍。

2.激发学生的运动兴趣和学习兴趣

在体育教学过程中，体育教学目标的制定可以激发学生的学习动机和学生的运动兴趣，使其努力达到这种目标。特别表现为以下三种情况：首先，当学生对体育运动技能和运动知识的需要与体育教学目标相互吻合时，学生内心的潜在驱动力就会使学生产生极大的学习兴趣，使其投入学习；其次，当体育教学目标与学生的兴趣一致时，这种目标将较明显地激发学生参与学习活动的积极性；最后，当体育教学目标的难度适中时，就会发挥较大的激励作用。如果体育教学目标的难度太大，会使学生知难而退，如果难度太低，则缺少体育竞争带来的乐趣，难易适中最能激励学生积极参与学习活动。所以，在制订教学目标之前要对学生的基本情况做充分的了解，这样才能确保教学目标与学生的实际情况相互吻合。

3.为评价教学质量提供评价标准

在体育教学过程中，通常要对教学情况作出评价。教学目标为教学评价活动提供了准确的衡量标准。首先，在体育教学效果评价中，最重要的就是要评判体育教学活动在多大程度上达到了预期的教学目标。其次，在体育教师授课质量评价和体育课程评价中，教学目标可作为评价的依据。因为教学目标在教学评价中具有标准功能，所以人们往往为了更好地进行教学评价而精心研究教学目标，如布卢姆的教育目标分类学主要是为进行教学评价而做出的教学目标分类。以往的教学评价以终结性评价为主，这种评价方法忽略了教学过程中的质量评价，在今后的评价和教学目标的制订中要使评价和教学目标相互结合，并且注重过程性评价，这样学生的学习成果在每一个评价过程中都会有所体现。

二、高校体育教学目标制定的依据

体育教学目标的制定并不是仅凭体育教师的主观感受，体育教学目标是体育教学过程的参考，是保证教学正常开展和实施的前提。因此，体育教学目标的制定需要有一定的依据。这种依据约束着体育教师制定目标时的思想和方向，保证体育教学目标的合理性。笔者通过对体育教学目标制定的研究和考察，以及对体育教学特点的分析得出，体育教学目标制定的依据有以下几点。

（一）国家的教育方针和政策

我国在制定体育教学课程的大纲时，是以坚持国家的教育方针和相关教育政策为基本前提的，体现了现阶段国家和社会对体育教学的总要求。教学目标只有建立在国家教育方针和政策的基础上，才能保证教学大纲的实现，才能保证教学目标符合社会实际的需求。在此基础上制定教学的总目标和各级目标，有助于形成完整的教学目标，促进体育教学的统一和完善，保证教学总目标和各阶段体育教学目标的科学性。因此，国家的教育方针和政策是体育教学目标制定的直接依据，也是体育教学目标制定的基础。

（二）学生身心发展的特点以及其他规律

学生是体育教学的主体，是体育教学目标实施的对象，是体育教学过程的重要组成部分。因此，在制定体育教学目标的时候，为了保证教学目标的科学性和有效性，应该以学生的身心发展特点以及规律为依据。体育本身就是一门十分复杂的学科，对学生的实践性要求又特别严格，如果教学目标的制定脱离了学生的身心发展特点和规律，那么教学目标就无法指导教学过程，教学目标也就失去了意义。体育教学目标的完成程度主要是根据学生通过教学之后达到的水平表现的，因此体育教学目标与学生自身的特点有着十分密切的联系，只

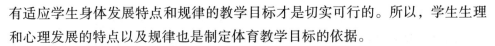

有适应学生身体发展特点和规律的教学目标才是切实可行的。所以，学生生理和心理发展的特点以及规律也是制定体育教学目标的依据。

（三）体育教学的具体实际

体育教学的具体实际是保证体育教学目标完成的根本条件，同时也是制约体育教学目标完成的重要因素。虽然我国体育课程的开展和普及针对的是全国范围的学校教育，但是每个地区的发展不一致，并且地域之间的气候、条件也存在差异，再加上教师自身水平的不同，因此，教学目标的制定也存在着一定差异。例如，一些教学条件相对齐全、教师队伍的专业水平相对较高的地区的体育教学目标，与教学资源匮乏、体育专业教师队伍缺乏的地区的教学目标存在着很大的差别。如果在教学目标制定的过程中，不联系教学实际情况，那么有些地区的教学目标将不可能实现。这就要求体育教师在制定教学目标的时候必须从实际出发，充分考虑各地区的状况和教学条件，具体的教学实际是制定体育教学目标的重要依据。

（四）社会发展的需要

开展体育教学的目的就是培养德、智、体、美全面发展的高素质人才，这也是社会发展的需要。任何一门学科的教学目标的制定都是围绕社会的发展需要进行的。因为学生首先是一个社会人，其与社会的发展息息相关，只有根据社会的发展需要制定体育教学目标，才能与时俱进地开展教学，保证教学的质量，提高学生的社会适应能力。如果在制定体育教学目标的时候，没有围绕这一因素进行，那么所培养的学生将有可能不适应社会的发展需求，最终被社会淘汰。社会是学生实现目标、评价目标完成效度的一个舞台，所以社会需求也是体育教学目标制定时的重要依据。

（五）教学内容

教学内容是体育教学过程中的参考，也是体育教学工作者制订体育教学目标的依据之一。教学目标是为了保证实现教学目的，教学内容是教学过程的依据，因此教学内容也理所应当是教学目标制定时的依据。如果教学目标脱离了教学内容，那么教学目标就失去了实现的可能，不仅会使教学的方向发生改变，还会对教学造成一定的困扰，使教师无法按照教学大纲的标准实施教学。例如，某一教学内容是开展对学生足球技能的培训，而教学目标却定为提升学生的篮球技能和技术，那么这样的教学目标就失去了意义，也不可能实现。为了保证体育教学目标的有效性，就必须根据体育教学内容进行教学目标的制定。因此，教学内容也是制定体育教学目标的重要依据。

三、高校体育教学目标的设计

（一）体育教学目标设计的基本要求

1.设计体育教学目标要系统把握

设计体育教学目标要系统把握，体育教学目标应具有整体性，注意不同层次和序列的体育教学目标之间的协调与衔接。不仅要设立各类各层具体体育教学目标，还要使各层各类体育教学目标纵贯横联，形成一个完整和谐的系统，使之较好地体现体育教学目标的系统性、层次性、递阶性和联系性的特点。体育教学目标只有形成一个纵横连接的网络系统，才能充分发挥体育教学目标的系统功能。

2.体育教学目标的表述要明确

体育教学目标的语言要力求明确、具体，尽可能量化，避免一些模糊不清的语言。体育教学目标设计是为了解决教和学要"达成什么"的问题，如果体育教学目标的表述含糊不清，不便理解、把握，势必会影响体育教学内容的选择和体育教学方法的运用，以及体育教学策略的制定和体育教学评价。这样，体育教学目标作用的发挥就受到了限制，从而影响体育教学效果。

3.体育教学目标必须分解成细致的操作目标

体育教学目标必须分解成细致的操作目标，这样才可使教学目标的要求落到实处。具体的体育教学目标包括学习目标（母目标）、依据学习目标界定和编写行为目标（子目标）。行为目标是衡量学习目标达成与否的具体目标，学习目标的达成有赖于行为目标的逐一实现。所以，体育教学目标的细目分解直接关系到体育教学效果的优化和体育教学质量的提高，每个体育教师都应该具备细目分解的能力。

4.体育教学目标要有一定的弹性

体育教学目标受多种因素的影响，而诸多因素都在不断变化。体育教学目标的稳定性是相对的，而体育教学目标的发展、变化是绝对的。这就要求人们在制定体育教学目标时，要保持一定的弹性，以便依据实际情况进行必要的修改或调整。

（二）体育教学目标设计的步骤和方法

体育教学目标实际上有学校体育目标、课程目标、教学目标、单元教学目标和课时教学目标五个层次，它们"由上而下"，通过不断具体化，从而形成一个完整的体系。学校体育目标、课程目标都已由国家的教育方针、课程计划、课程标准规定，对于广大体育教育工作者来说，主要是设计单元教学目标和课时教学目标，又考虑到单元教学目标设计的步骤、方法与课时教学目标设计大致相同，下面主要讨论课时教学目标设计的步骤和方法。

1.目标分解

任何一级教学目标的确定必须以其上位目标为依据，下位目标是为实现上位目标服务的，教学目标自上而下的分解过程就是一个不断具体化的过程。课时教学目标是教学目标体系中最为具体的目标，要设计课时教学目标，就必须明确其上位目标与单元目标及其相互关系，这就涉及教学目标的分解过程。广大教师只需要通过查阅课程计划、课程标准即可了解到学校的学段课程教学目标，因此这里的教学目标分解，实际上只是将学段课程教学目标再分解为单元教学目标，以便为课时教学目标的设计提供依据。

2.任务分析

单元目标确定后，就可以根据单元目标进行任务分析。这里的任务分析实际上就是指对学习者为了达到单元目标所需学习的从属知识（技能、能力、态度、情感）以及它们的相互关系进行具体的剖析。根据单元目标来确定课时教学目标时，这种任务分析往往是与单元教学内容结合进行的，所以这种任务分析又被称为教学内容分析。通常的做法是从已确定的教学目标开始提问和分析，如果要求学习者获得教学目标规定的能力，他们必须具备哪些次一级的从属能力？而要培养这些次一级的从属能力，又需具备哪些再次一级的从属能力？这种提问和分析要一直进行到教学起点为止。单元教学目标可分为认知的、情感的、动作技能的几种类型。单元教学目标的类型不同，据其进行的任务分析就具有不同的特点，也就形成了任务分析的多种方法，如归类分析法、图解分析法、层级分析法等。然后对任务分析的结果进行评价，即对所剖析的从属知识与技能及其相互的联系进行评价，删除与实现单元目标无关的部分，补充可能遗漏的内容。

3.起点确定

教学目标不是对教师的教学行为的描述，而是指学习者的学习结果。既然如此，要设计出合适的教学目标，就不能忽视对学习者的分析。对学习者的起点能力进行分析，即确定教学的起点。

教学起点的确定，直接关系到教学目标的作用发挥和教学的有效性。教学起点定得太高，可能导致课时教学目标过高，使教学脱离大多数学生的实际需要，教学目标不但不能有效实现，反而有可能带来副作用；教学起点定得太低，则会在学生已掌握的内容上或教学活动上浪费时间和精力。

4.目标表述

进行教学目标设计时，必须对学习者通过每一项从属知识和技能的学习后应达到的行为状态作出具体、明确的表述，再将这些表述进行类别化和层次化处理。课时教学目标的表述除前面要求的需要非常具体、可操作、可测量和必须陈述学生的学习结果而不是教师打算做什么这几点外，还应反映学习结果的类型。

四、高校体育教学目标的构建设想

本书构建的体育教学目标有以下几点。

（一）提高大学生的体育文化素养与培养大学生的体育能力

体育文化素养主要包括体育哲学知识、体育社会学知识、体育美学知识、体育心理学知识、体育卫生学知识、体育保健学知识、体育欣赏知识等，体育能力主要包括体育锻炼能力、体育组织指导能力、体育欣赏能力等。

（二）提升大学生体育的认知水平与技能水平

对体育的认知就是比较全面地认识和了解体育，包括知识、内容、功能、方法等，大学生的体育认知越全面深刻，就越容易转化为体育行为，可以说认知是实践行为的基础。体育技能就是从事体育实践应具备的技术与能力。它是在充分认识体育并学习掌握相关动作技术的基础上进行体育实践所获得的体育能力，也就是说是体验体育并产生兴趣从而自觉参与体育锻炼的行为表现。体育技能是正确完成体育行为和达到目标的重要因素和条件。

（三）增强体质、增进健康

增强体质和增进健康的具体目标是全面发展大学生的身体素质、改善生理

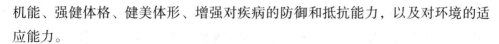

机能、强健体格、健美体形、增强对疾病的防御和抵抗能力，以及对环境的适应能力。

（四）健全大学生的人格品质

全面发展大学生的人格品质主要包括德育、智育、美育和育心等目标。体育教育中的德育目标是培养大学生良好的道德品质，使大学生具有爱国主义精神、责任感，能团结协作、遵纪守法、公平公正、文明礼貌；体育教育中的智育目标就是发展学生的智力品质，培养大学生的创新精神和能力；体育教育中的美育目标就是培养大学生鉴赏美、表现美和创造美的能力；体育教育中的育心目标就是培养学生具备良好的心理品质，使大学生具有宽广的胸怀、坚强的毅力，有承受压力和挫折的能力，热爱生活，勇于竞争，乐群合群。

以上体育教学目标内容克服了以往教学目标缺乏科学依据和主观色彩较强的不足，将所构建的目标建立在遵循体育教学原则、依据的基础上，把握目标的研究方法和策略，进而提出符合现代体育教育特点的高校体育教学目标，使之更具科学性、针对性、全面性、合理性和创新性。

五、高校体育教学目标的实施

（一）认真备课，定标导向

课时计划是体育教学目标的实施方案，每一位体育教师在备课时都应严格按照教学目标的指向进行，脑中要有大纲、教材，心中要有目标、学生，进行教学活动时要有方法、程序，力求做到单元、课时目标明确、适当，课堂教学设计科学合理，课时计划规范化。教学目标既是教师教的目标，也是学生学的目标，明确教学目标，使体育教学活动紧紧围绕教学目标来进行，有效减少和控制体育教学过程中的干扰因素和无效劳动。良好的定标导向，有助于学生在学习之前形成正确的学习定势，提高体育教学质量和效率。

（二）围绕目标，指导转化

教学目标只有转化成学生的学习目标，才能真正为学生所掌握，因此体育教师要在指导学生学习方面多做工作，促使教学目标转化为学生的学习要求。一是教师要最大限度地调动学生的学习积极性，让学生主动参与教学活动；二是根据不同的教学目标采用不同的教学策略，使体育教学符合现代教育思想，符合学生身心发展的特点和认知、技能、情感发展的规律；三是教学方法、手段要多样化，抓住教学重点、难点，增强教学的针对性和适应性；四是从实际出发，因材施教，分类指导，循序渐进地实现教学目标，使学生获得成功的体验，发展学习能力并提高学习的效率。

（三）反馈矫正，达标整合

教学目标在实施过程中，教师应及时获得反馈信息，及时发现教学中存在的问题，纠正失误，弥补不足。这对教学活动能否顺利达成预期目标具有调节和控制作用。既要重视学对教的反馈，又要重视教对学的反馈，把教学与学生的需要联系起来，以取得更好的协同效应，保证反馈矫正的准确、及时、充分。实现教学的全面达标，并使达标所获得的新知识与原有旧知识重组整合，形成新的知识结构和能力结构。

（四）总结评价，矫正补救

教学目标成为评价标准，被用来反映整个目标的实施过程，对体育教学目标的达成程度、教学目标本身的合理程度、教学目标实施过程中存在的问题等作出全面的总结性评价。总结性评价可采用多种方式结合的形式进行，使所获得的结果尽可能客观、准确、全面，为今后调整教学目标提供依据，使下一个教学目标的实施更富有成效。

第二节　教学内容体系

一、体育教学内容概述

（一）体育教学内容的概念

体育教学内容是体育教学目标与体育教学实施的中介，是体育课程内容的一个有机组成部分。体育教学内容主要涉及的是在体育教学中教师教授行为的具体内容和学生学习行为的具体内容，以及二者互动的具体内容等。体育教学内容不仅包括体育教学过程中所有"教"与"学"的具体内容，还包括各种"教"与"学"活动的具体组织步骤。因此，体育教学内容就是在体育教学环境下传授给学生的体育与健康基础知识、运动技能和健身方法等体育知识体系、学生所获得的体育与健康生活经验和体育学习经验等"教"与"学"的具体内容，以及"教"与"学"活动的具体组织步骤。

同一般教学内容以及竞技运动内容相比，高校体育教学内容有所不同。一方面，区别于语文、数学等一般教育内容。学校体育教学内容在选择和加工上有一定要求，它需要以学校体育教学目标为基础，根据学生发展需要和教学条件来完成，主要以大肌肉群活动的形式进行教学，以达到锻炼学生身体素质、运动能力和提高学生比赛能力的目的。同时它也是在学校体育教学条件下进行教授的。另一方面，区别于竞技运动内容。竞技运动不是教学，它更多的是通过竞技达到竞赛和娱乐的目的，而高校体育的主要目的是教学。学校体育教学内容是以学生教育需要为依据，经过改造、组织和加工而成的，而竞技运动内容不需要这样的改造。学校体育教学内容是教育内容的重要组成部分，但在形式上与其他教育内容有较大差异。也正是这个原因使学校体育教学内容形成了独特的性质并在教育内容中处于独特位置，同时也使其在内容的选择、加工以及教学过程中都变得更加复杂和困难。

（二）高校体育教学内容的特性

1. 科学性

因为体育教学本身就是一种以学校教育为主要形式而进行的一种有计划、有组织、有目的的教育活动，所以体育教学内容也应该与学校教育范畴中的其他教学内容一样，保证具有很强的科学性和严谨性。通过多年来对体育教学经验和教学内容的研究和分析，笔者总结出以下体育教学内容的科学性表现。

（1）保证内容的内涵性。体育教学的对象是广大青少年，其目标是培养社会所需要的身心健康、全面发展的人才。体育教学内容是对人类文明的反映和表现，体育锻炼具有实践性。体育教学内容是从实践中逐渐总结和积累起来的，具有很强的科学性。

（2）教学内容符合学生的需求。为了保证体育教学内容更好地为学生服务，体育教学研究者会对教学内容进行反复的筛选，注意使体育教学内容符合学生的身体发展需求和社会需求，并且有很高的指导性，以便为教学的过程提供参考和依据。

（3）遵循体育教学的规律和原则。任何一门学科的教学都要遵循其特定的规律和原则，这是保证教学目标顺利实现的基本条件之一。体育教学牵涉的内容较多、较为复杂，为了保证教学过程按照目标要求的方向进行，在选择教学内容时应该遵循体育教学中特定的科学规律和原则，保证体育教学内容的科学性。

2. 实践性

体育教学内容主要包含一些具有教育意义的运动项目，需要学生肢体和肌肉群共同作用才能完成。因此，实践性是体育教学内容一个较为突出的特点。一般学科是以教师的课堂讲授为主，通过听、说、读、写等一系列训练完成教学任务的，而体育教学任务仅仅依靠听、说、读、写这些相对静态的方式是无法完成的，需要在特定的场地通过一定的体育运动才能达成。由此可见，体育教学内容具有实践性的特点。

3. 娱乐性

体育教学内容的主要来源是体育运动项目，体育运动项目大多具有较强的运动性及竞技性。同时，体育运动项目也具有趣味性、娱乐性特点，所以体育教学内容应当具备一定程度的趣味性与娱乐性。体育教学内容的学习方式是运动学习以及运动比赛，只有在这一过程中体育教学内容才能得到真正体现。这些运动之所以具备乐趣，就是因为运动学习和运动竞赛过程中存在着诸如竞争、合作、表现欲等一系列的心理过程。这些心理过程能够使学生体会到很多的乐趣，同时，学生对运动的新体验和学习的成就感也会增强这种乐趣。除此之外，运动的环境、场地、比赛规则、比赛形式等的变化也能够体现体育教学内容的娱乐性。学生在追求运动乐趣的过程中，会得到一些从其他教学内容中无法得到的体验，从而陶冶情操、愉悦身心。

4. 健身性

体育教学的目的之一，便是增强学生的体质，保证每一位学生都能拥有健康的体魄。体育教学内容有很大一部分是以肌体的大肌肉群运动为形式的技能传授与练习，很多能为身体带来动能的体育运动都会增加学生身体的运动负荷。学生在对体育教学内容进行学习和练习的过程中，能够通过肌肉群的运动对肌体进行锻炼。

5. 人际交流的开放性

体育教学内容的主要形式是集体活动，并在集体的基础上进行运动学习和竞赛。在体育教学的学习、练习和比赛中，学生之间有着非常频繁的交流，所以相比其他学科的教学内容，体育教学内容在人际交往方面具有更加明显的开放性。体育教学内容正是由于人际交流的开放性，而体现出其对集体精神、竞争精神进行协同培养的独特功能。在以小组为单位进行教学时，组内成员必须密切合作。在体育教学内容的学习过程中，学生、教师在角色变化上相较其他学科来说会更多。这些都体现了人际交流的开放性。因此，体育教学内容能够促使学生提升社会适应能力。

6.非逻辑性

体育教学内容与其他学科教学内容的不同之处还体现为，体育教学内容往往不存在一般学科教学内容之间的由易到难、由简到繁的阶梯性结构，在逻辑结构上没有明显地存在从基础到高级的体系结构，体育教学内容的排列并不是直线递进式的，而是复合螺旋式的。体育教学内容是众多相互平行、可以替代的运动项目以及身体练习，其中有着丰富的体育与健康的理论知识。这种特性使得体育教学内容在选择时的灵活性更强。

二、高校体育教学内容的层次

体育教学内容的层次可以从宏观和微观两个层面来进行分析。从宏观层面来看，体育教学内容包括上位层次（国家课程和教学内容）、中位层次（地方课程和教学内容）以及下位层次（学校课程和教学内容）。而从微观层面对体育教学内容进行分析则又包括课程标准所规定的学习领域、课程标准所示的水平目标、教学硬件与软件、具体练习方法与手段四个层次。下面就从宏观和微观两个层面来对体育教学内容的层次进行分析。

（一）宏观层面

我国的基础教育课程模式将从单一的模式转向多元化的模式。因此，以这一基本思想为依据，从宏观层面将体育教学内容的层次划分为上位层次（国家课程和教学内容）、中位层次（地方课程和教学内容）、下位层次（学校课程和教学内容）。这三个层次的体育教学内容的建设是由国家、地方、学校共同完成的，三个层次的职责不同，所以其所涵盖的范围和在教学当中所占的比重也有所不同。

（二）微观层面

课程的实现以教学内容为载体，根据教学内容论的观点，教学内容是包含多层意义的。从微观层面来看，根据教学内容的具体化程度，体育教学内容的微观层次包含以下四点：

1.第一层次

微观层面的第一层次是体育课程标准所示的学习内容。以体育与健康课程标准规定为例，运动参与、运动技能、身体健康、心理健康、社会适应这五个学习领域就是根据这一层次而进行的分析。这种分析实际上是活动领域的一种表述，并非常规意义上的体育教学内容。

2.第二层次

第二层次详细来说就是第一层次形式上的具体化。第二层次属于能力目标分析，同样并非常规意义上的体育教学内容。例如，体育与健康课程标准明示的水平目标：获得运动的基础知识，说出简单运动动作的术语（转体、侧平举、体前屈、踢腿等）。

3.第三层次

第三层次指的是教学中需要具体用到的硬件与软件等物质设施，属于普遍意义上的教学内容中使用的教具，如篮球、足球、体操、武术等运动项目，以及与这些项目相关的场地、器材。这一层面是常规意义上所说的体育教学内容。

4.第四层次

第四层次指的是具体的练习方法和手段，也就是某项教学内容下位的具体教学内容，如某项运动的具体练习教学内容、游戏教学内容以及认知教学内容等一系列拆分开来的教学内容。

三、高校体育教学内容体系的构建

（一）高校体育教学内容体系构建的要求

1.应符合现代高校学生的特点

高校学生的身心发展日趋成熟，这为他们在大学的独立生活和学习提供了必要的生理基础，但他们的心智还未真正成熟，他们的价值观、世界观正处于逐步形成的阶段。高校学生作为已经掌握了一定社会规范、有着较强的独立意识、具有较高智力发展水平的群体，他们有各自的兴趣和需要，对各种事物

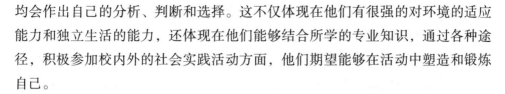

均会作出自己的分析、判断和选择。这不仅体现在他们有很强的对环境的适应能力和独立生活的能力，还体现在他们能够结合所学的专业知识，通过各种途径，积极参加校内外的社会实践活动方面，他们期望能够在活动中塑造和锻炼自己。

2. 应符合高校学生对体育知识的需求

随着社会文明程度不断提高，现代大学生的体育意识也得到了进一步增强，他们已经不能满足于仅仅掌握一些一般性的体育基本技术和基本技能，而是更希望掌握一定的专业体育知识。他们需要用这些体育知识武装自己的头脑，为树立现代的体育观打下坚实的基础。

3. 应符合高校学生对健身的需求

随着经济的迅猛发展和社会的进步，社会各个领域的竞争日益加剧，而生活节奏的加快，也使人们承受的心理压力不断增大。现代文明病和各种职业病越来越泛滥，大学生开始认识到健身是提高生活质量的保障。与此同时，"健康第一"的教育指导思想正在大学生的头脑中逐渐形成，大学生的健身意识也大幅增强了。

4. 应符合高校学生对终身体育和竞技体育的需求

现代大学生在终身体育思想的影响下，在追求体育锻炼健康效益的同时，也开始重视培养自己的体育兴趣和特长，并学习和掌握一些运动知识和运动技能。竞技体育具有鲜明的娱乐性、竞争性和人文性等特征，它所表现出来的竞争意识、群体意识、协作精神、拼搏精神等，都是大学生的身心发展所迫切需要的。

5. 应符合高校学生对健美的需求

随着大学生的体育意识不断增强，健美已逐渐成为现代大学生喜爱的健身方式之一。以往的体育教学以传授体育的"三基"为中心，旨在增强学生的体质，几乎没有向学生传授任何有关健美的知识和技能。改革开放以来，我国人民的物质生活和精神生活都有了很大程度的提升，高校学生的体育观念也有了巨大的变化，健美在高校校园里已成为一种时尚，健美操、韵律操、形体训练等健身项目深受广大学生的喜爱。

6. 应符合高校学生对娱乐的需求

为了进一步贯彻实施《全民健身计划纲要》，现代大学生会主动、积极地去学习和掌握娱乐体育的知识和技能。娱乐原本就是体育的本质属性，如果体育失去了娱乐的功能，那么体育也就失去了它的魅力。大学生参加各种体育活动不仅是为了锻炼身体，也是为了愉悦身心和陶冶情操。培养学生的体育兴趣，让学生从体育运动中寻找乐趣，满足大学生身心发展的需要，是学校体育的主要目标之一。

（二）高校体育教学内容体系构建的设想

1.增加趣味性强的项目

如今，学校体育主体的需要发生了很大的变化，为了适应这种变化，高校应增加趣味性强的项目，如健美舞蹈、韵律体操、轮滑等，使之更贴近学生的生活实际，从而丰富学校体育的内容，提高广大学生的积极性，培养他们对体育的兴趣，真正实现终身体育的目标。

2.增加健康教育的内容

学校体育的根本任务是增强学生的体质，但学校体育又不能"管终身"。为此，学校体育必须走锻炼与养护相结合的道路，增加健康教育的内容。为了实现这一目标，学校应对教材内容进行增减，在选择教材内容时，增加那些学生乐于参加、有利于身心健康的体育项目，删去那些技术难度大、单调枯燥、学生不感兴趣的项目，要根据学生身心发展的特点以及知识和能力的水平，安排教学的内容，增强教学内容的实用性和趣味性，激发学生的学习兴趣。

3.体现地区与学校特色

各地区、各学校可以结合本地区和本学校的气候特点、师资水平、教学条件、体育传统、学生基础等情况，自主选择和确定教学内容，体现地区与学校的特色，从而促进学生的个性发展。

社会的发展对教育提出了更高的要求：教育要培养学生的创新能力，要促进学生的全面发展。因此，学校体育必须转变观念，树立"健康第一"的指导思想，根据学生身心发展的客观规律，合理选择和安排教学的内容，使教学内容体现知识性、科学性、健身性、娱乐性、基础性和时代性，让学生掌握体育锻炼的基本知识和基本技能，使他们养成终身锻炼的习惯，培养他们良好的品德和个性，促进他们的身心健康发展，以适应未来社会生活的需要。

第三节　教学方法体系

一、体育教学方法的概念

教学方法是师生为实现课堂教学目标和完成教学任务而采用的教学活动的总称。它是一种行为或操作体系，包含着"教师的教"和"学生的学"两个层面的具体方法。体育教学方法就是实施体育活动所有的手段和方式的总和。具体可以从以下几个方面来理解体育教学方法的概念：

（一）体育教学方法是"教"与"学"的统一

体育教学方法体现了"教"与"学"的统一，只有通过师生间的双边互动，才可以将体育教学方法的价值与作用更好地发挥出来。体育教学活动可以简单地被理解为两个方面的内容，即"教师的教"和"学生的学"。在体育教学活动中，教师和学生都是以主体的角色发挥作用的。教师在体育教学中选用具体的教学方法和手段都是以学生为主要对象的，教师和学生之间的关系极为密切。只有在师生的双边互动中，体育教学任务和目标才能顺利实现。因此，教和学两方面的内容应贯穿体育教学方法实施的整个过程。

（二）体育教学方法是师生互动和行为的总和

体育教学方法的贯彻与实施是在师生互动中实现的，体育教学方法也是师生行为动作总和的体系。体育教学方法与其他科目教学方法的主要不同之处在于，体育教学方法不仅对教学语言要素较为重视，还对动作要素有更加突出的强调。在体育教学过程中，学生掌握各种动作都离不开教师的讲解、示范以及纠正。只有在此基础上，学生进行重复练习，才能对相应的技术动作进行准确且熟练的掌握。所以，体育教学方法是教师和学生双方动作和行为的总和。

（三）体育教学方法和教学目标不可分割

所有的体育教学方法都具有目标性，如果没有明确的目标，那么体育教学方法的存在就毫无意义，其作用也就无法发挥。体育教学方法与体育教学目标之间具有密切的联系，教学方法的选择与实施主要就是为实现体育教学目标和任务而服务的。体育教学方法和体育教学目标之间具有不可分割性，如果强行将两者割裂，那么体育教学方法就失去了明确的方向，在具体的运用中就会表现出一定的盲目性。反过来，如果体育教学目标与任务没有体育教学方法的贯彻实施，也将无法顺利实现与完成。

（四）体育教学方法的功能具有多样性

现代体育教学不仅注重学生动作和技术的掌握，以及各方面身体素质的增强，更加注重学生的全面发展。因此，体育教学方法的功能也具有了多样性的特点。多功能的体育教学方法不仅能够在一定程度上促进学生运动能力的增强，还能够促进学生思想道德品质、心理素质等方面的发展。这对于学生的全面发展具有积极意义。

二、高校体育教学的典型方法

（一）语言教学法

1.讲解法

作为一种基础的语言教学方法，讲解法在体育教学过程中的运用十分广泛。几乎整个体育教学过程都会运用到语言讲解的教学方法。在体育教学中，教师通过语言描述的方式向学生说明教学的任务、内容、要求、动作名称、动作要领等，以达到预期教学效果的方法就是所谓的讲解法。这种教学方法一般在体育教学的初期具有非常重要的作用。在初步学习技术动作时，体育教师需要先通过讲解法向学生描述这一技术的基本动作和难点、要点，使学生对该动作技术形成一个初步的认识和了解，从而为进一步的学习与练习奠定一定的基础。教师在对讲解法进行运用时，要对该方法的科学性和艺术性特点予以重视，以促进该方法运用效果及整个教学效果的提高。

教师应在教学过程中不断进行经验总结，在语言表达上要做到精益求精。体育教师在运用讲解法进行教学的过程中，应注意以下几个方面的要点：

（1）要有目的地讲解，在对讲解内容、方式进行选择，对讲解语气、速度进行调整时，应依据学生的特点、教学的目标和教学内容来进行，抓住讲解的重点和难点。

（2）讲解的理论知识要准确、权威，所讲解的技术内容要与技术原理相符，并充分考虑学生的接受能力。

（3）讲解的方式和广度要以学生的实际情况为依据来调整。

2.口令法

口令法是指有确定的内容和一定的顺序与形式，并以命令的方式对学生活动进行指导的一种语言教学方法。在体育教学活动中，口令法一般运用在队列练习、队形练习、基本体操、队伍调动等活动中。在具体运用中，教师应准确、清晰、洪亮、及时地发出口令，并注意从人数、形式、内容、对象等特点出发对自己的语调和语速进行控制。

3.指示法

指示法是指体育教师通过简明的语言来指导学生进行活动的语言教学方法。教师在运用指示法时，应注意做到准确、简洁、及时等几方面的要求，且尽量用正面词。指示法主要有以下两种运用形式：第一，在学生练习未能意识到的、关键的动作时运用；第二，在组织教学中运用，如场地布置、器材收拾等。

4.口头评价法

口头评价法是指体育教师在一定的标准和要求下，对学生的练习或比赛进行客观评价的方法。教师对学生掌握运动技能和思想作风等方面的情况所做出的反馈，集中通过口头评价反映出来，通常在学生结束练习后马上进行指导或提出新要求。因为学生对动作的记忆大多是在大脑皮层的短时间储存，25 ～ 30 秒就会消退 25% ～ 30%，因此教师的口头评价最好在学生完成动作后的 25 ～ 30 秒内采用，这样效果更好。

（二）直观教学法

在体育教学中，教师通过实际的演示或外力帮助，借助学生的视觉、听觉、触觉、肌肉本体感觉等来对动作进行直接感知的教学方法即直观教学法。体育教学中常用的直观教学法可细分为以下几种具体方法：

1.动作示范法

在体育教学中，教师为帮助学生对技术动作进行认识和了解，经常使用动作示范法。具体就是教师以具体动作为范例，帮助学生对动作规范、结构、要领和方法进行直观的掌握。学生通过观看教师正确优美的动作示范，可以建立正确的动作表象，学习的兴趣也会因此而提高。

教师在运用动作示范法进行教学的过程中，应着重注意以下几个方面：

（1）教师在示范时，不要一味展示自己的技术水平，要明确示范要达到什么目标，要使学生从中获取什么信息，要考虑如何示范才更容易使学生清楚动作要点。

（2）注意对动作示范位置与方向的选择。教师要先让学生按照一定的队形排列，然后根据该队形的特点来选择示范的位置与方向。教师进行这一选择的关键就是要让全体学生都能观察到自己的动作示范。

（3）教师的示范动作要准确、熟练、轻快、优美，从而激发学生的学习兴趣。

（4）在示范的过程中配合语言讲解。因为如果单纯示范，学生不容易理解其中的要点，这时就需要教师通过语言讲解来提醒学生哪些是重点，哪些是容易出错的地方。

2.多媒体教学法

随着现代化技术的不断进步与发展，越来越多的现代化技术逐渐被运用到了体育教学中。多媒体教学法就是在此环境中被广泛运用的，它是教师通过给学生播放幻灯片、投影、电影、电视、录像等进行教学的方法，这种教学方法的主要特点与优势是生动、形象、真实。

在运用多媒体教学法的过程中，教师应注意在综合考虑教学目标及学生特点的基础上，选择适宜的电视、电影、录像等内容来播放。如果将电视、电影、录像等的播放与讲解、示范、练习有机结合，将会取得更好的教学效果。通过边播放边讲解，或适当停顿讲解的方式，学生可以获得直接的思维感受。

3.条件诱导法

以某种条件为诱因，同时与体会动作相联系，达到直观效果的方法就是所谓的条件诱导法。例如，在长跑项目教学中安排一名领跑员，这样不仅有利于形成长跑中一种带领性的速度感，还有利于学生间的相互保护。牵引性的助力和对抗、限制性的阻力，能较快地使学生建立完成动作的时间感与空间感。

此外，为了使某些动作能够更加富有节奏感，可以采用音乐伴奏或借助节拍器的音响。

4.直观教具与模型演示法

教师在体育教学中难免会用到一些教具和模型来进行辅助性教学，这些教具与模型都是具有直观性特征的，如挂图、图表、照片等。通过这些用具来对教学内容进行讲解，有利于帮助学生建立正确、完整的动作表象。

教师不仅可以采用教具让学生进行长时间的观摩，还可根据情况对某个细微的环节进行突出强调。因此，教师应将图表、模型和照片等直观教具充分利用起来。采用直观教具与模型演示方法对于帮助学生直观了解技术动作的全过程非常有效。此外，教具、模型的演示还可以激发学生的兴趣、吸引学生的注意力，从而提高教学效率。

5.助力与阻力教学法

在体育教学过程中，体育教师借助外力使学生通过触觉和肌肉的本体感觉对正确动作的用力时机、用力大小、用力方向、时空特征等进行体验的教学方法就是助力与阻力教学法。

体育动作的技术教学环节一般会比较多地采用助力与阻力教学法，这是一种能够帮助学生掌握正确技术动作的直观的教学方法。

6.领先与定向教学法

教师通过对具体的动态视觉信号加以利用来给学生提供相关指示的教学方法即领先教学法。例如，在体育教学过程中，教师可以对动态的、超前的视觉信号进行利用，给学生施加相应的刺激与激励，帮助学生将技术动作顺利完成。教师通过对具体的静态视觉标准的利用来给学生提供相关指示的教学方法就是定向教学法。例如，在体育教学中，教师为了向学生指示动作的具体方向、轨迹、幅度等，对标志物、标志线、标志点等进行合理的运用。

（三）分解教学法

体育教师在教学中，将完整的动作技术合理地分解成几个部分与段落，将动作的各部分逐个教授给学生，在学生对各部分动作都熟悉后，再完整地向学生教授整个动作技术的教学方法即分解教学法。把动作技术的难度相对降低，便于学生掌握教学重难点，便于突出教学重难点，从而提高学生的学习自信是这种教学方法的主要优点。学生难以对完整动作进行领会，有可能只是单独掌握一些局部和分解动作是这一教学方法的不足之处。运用分解教学法时，应注意以下几点：

（1）体育教师要采取相对合理的分解方式分解动作，具体应根据动作技术的特点进行。

（2）体育教师对动作技术的段落与部分进行划分时，还要对各部分之间以及各段落之间的有机联系进行考虑，尽可能保持动作结构的完整性。

（3）对于完整动作中各部分与各段落的地位与作用，体育教师应有所明确，并为最后的动作组合做好准备。

（四）完整教学法

完整教学法是指体育教师在教学过程中从开始到结束不分解动作，完整地对动作进行传授的教学方法。它主要可用于以下几个方面的教学：首先，动作结构较为简单，对于协调性没有过高要求，方向线路变化较少；其次，动作虽较为复杂，但各部分间密切联系，不宜对其进行分解；最后，虽然动作较为复杂，但学生储备了足够的运动技能，拥有较强的运动学习能力。用于应该分解而又不宜分解的动作时，容易给教学造成不良影响，这是完整教学法的不足之处。

在具体的体育教学实践中，完整教学法的运用主要有以下几个方面的注意事项：

（1）直接运用。在对一些较为简单、容易掌握的动作进行教授时，教师进行讲解与示范后，指导学生直接练习完整动作。

（2）从教学重点进行突破。例如，体操或跳水运动中有一些空中翻腾动作，教师虽然不能对其进行分解，但对于其中的动力、动作时机和动作要领等要素，教师还是可以进行逐一分析的，教师可以用辅助的方法使学生体会动作感觉，并进行重点的练习。

（3）降低难度。在完整练习时，可以减轻投掷器械的重量，降低跳高横杆的高度，缩短跑的距离与降低跑的速度，或徒手完成一些本应持器械完成的完整动作等。

三、高校体育教学方法的科学选用

（一）科学选择体育教学方法的参考依据

1.依据体育教学目标进行选择

体育教学目标具有多层次性的特征，具体体现在身体发展目标、知识发展目标、技能发展目标、社会发展目标以及情感发展目标等方面。为了促进这些不同层次教学目标的实现，教师应采用不同的教学方法。在体育教学中，教学目标并不是孤立的，它是多种目标的综合，而每一单元、每一堂课目标的侧重点是不同的。所以，在教学过程中，教师应以具体的课堂教学目标为依据对重点发展某一方面的教学方法进行合理选择。体育教学总目标是通过一个个课时教学目标的逐步实现而最终实现的。课时教学目标具有一定的指导性，而且其包含着丰富的内容，既有运动技能和运动理论方面的内容，也有心理和品质品格方面的内容，针对这些不同内容的教学目标，教师应选择与之相适应的科学教学方法来进行具体的教学。

2. 依据体育教学内容进行选择

体育教学内容与教学方法之间联系密切，针对不同的教学内容，应采用不同的教学方法。例如，对于理论方面的内容，适合采用语言教学法；对于实践方面的内容，适合采用直观示范教学方法。可见，教学方法的选择受不同性质的体育教学内容的影响。同种教学方法运用于不同教学内容上，会产生不同的效果。所以，在体育教学过程中，教师应注意对教学方法的灵活选择。

3. 依据教师的自身条件进行选择

作为体育教学方法的实施者，体育教师自身的素质对教学效果与质量具有直接且非常重要的影响。倘若体育教师自身的能力和素质水平较低，则其难以将体育教学方法应有的作用很好地发挥出来，从而制约教学活动的顺利进行。因此，体育教师在选择相应的教学方法时，应对自身的专业素养、能力水平以及教法特点有客观的理解。

一般而言，体育教师需要熟练掌握众多的教学方法，这样才可以从自身以及学生的实际情况出发，选择最佳的教学方法。不同教师根据学生实际状况采取同样的教学方法，也会产生不同的教学效果，可见体育教师自身条件在很大程度上影响着体育教学活动。所以，体育教师要有意识地提高自身的素质，优化自己的教学风格，对更多的教学方法加以尝试与熟练运用。

4. 依据学生的实际情况进行选择

在体育教学过程中，教学方法的实施主要是以学生为对象的，促进学生更好地学习是运用各种不同教学方法的最终目的。因此，体育教学方法应与学生特点及其实际情况（年龄特点、性别特征、身心发育状况以及相应的知识储备和学习能力等）相符合。

5.依据体育教学物质条件进行选择

在体育教学活动中，体育教学物质条件对教学方法的选用有很大程度的影响。学校的体育教学器材、场地以及设施等都属于教学条件的范畴。倘若学校拥有完善全面且先进的教学条件，那么体育教学方法的功能与作用就可以得到良好的发挥。相反，倘若学校的教学条件落后且不全面，则会直接影响体育教学方法的作用与价值的充分发挥。

例如，在背越式跳高的教学中，采用海绵块练习的效果要优于采用沙坑练习的效果，这主要是因为海绵块较为干净、比较安全，学生在海绵上练习不会有很大的心理负担，而且神经系统兴奋性会处于较高的水平。在体育馆内进行体育教学，能够避免受到周围环境的影响，能够增强体育教学方法使用效果。充分运用现代化体育教学手段，能够使教师动作示范中的某些缺陷得到有效的弥补，从而促进体育教学质量的提高。所以，体育教师在对教学方法进行选择时，要对体育教学物质条件进行充分考虑。

6.依据不同体育教学方法的功能与适用条件进行选择

不同的体育教学方法拥有不同的特点、功能、适用条件与范围，而且不同的教学方法都具有自身的优点与不足。在体育教学活动中，各要素组合的合理性对体育教学方法的作用与价值的充分发挥具有非常重要的影响。有时，一种教学方法可能适合在某个体育项目的教学中采用，而且效果良好，但不适宜在其他项目的教学中采用，而且会产生制约教学活动顺利开展的影响。同样的道理，对于某一教学内容的教学，有些教学方法是合理且能够产生正效应的，而有些就会产生相反的作用。

例如，讲解法是对新知识进行传授的主要方法，这一方法使用的前提与基础是教学对象已有知识与心理方面的准备，倘若没有做好准备，采用这一方法就无法达到预期的理想效果。讲解法能够将大量的系统知识在短期内传授给学生，有利于体育教师主导作用的发挥。然而，学生的主动性与创新性在这一方法的运用中是难以得到充分发挥的。所以，体育教师在对教学方法进行选择时，对于不同教学方法的功能、应用范围和条件等，一定要进行认真的考虑与分析。

（二）体育教学方法的优化组合运用

体育教学方法的优化组合运用应注意以下原则。

1.启发性原则

不管采用哪一种教学方法，都应该考虑其是否有利于调动学生的学习积极性和主动性，是否可以促进学生进行积极的思考与自主的探索，是否可以促进学生各方面素质的全面提高。在体育教学活动中，对教学方法的优化组合还要注重对学生学习兴趣和动机的培养，从而使学生的自主思维得到充分的发挥。

2.最优性原则

不同的教学方法具有不同的特点、功能和应用范围，而且各自的优势与不足也有差异。因此，在对教学方法进行组合运用时，不同体系的综合教学方法会因此而形成，每一套教学方法的特点也各不相同。对此，教师在进行体育教学方法的优化组合时，应以实际需要为依据，对最符合实际情况的一套教学方法进行选择。教师在选择教学方法时，应从整体入手，将各种适应相关教学内容的教学方法进行有机结合，从而将教学方法体系的整体功能充分发挥出来。

3.统一性原则

统一性原则要求教师在对相应的教学方法进行选择时注重"教"与"学"双边活动的统一，并强调二者的密切结合与相互促进。如果只重视其中的一项活动，则难以使教学活动达到预期的开展目标。另外，贯彻统一性原则还要求体育教师在教学过程中尽可能地将教学方法的多种功能充分发挥出来，从而全面促进学生各方面素质的提高。

体育教学方法的优化组合运用应遵循以下程序：第一，进一步明确体育教学的任务；第二，根据实际情况将总体设想提出来；第三，对多种体育教学方法加以优化组合；第四，对优化组合的教学方法加以实施与评价。

（三）体育教学方法科学运用的注意事项

1.全面考虑影响体育教学方法运用效果的因素

体育教师在对体育教学方法进行科学运用时，为了促进教学效果的加强，应全面分析对教学方法运用效果产生影响的各方面因素。具体涉及的因素有教师自身、学生以及教学条件与环境。

在体育教学过程中，体育教师自身的知识储备、人格魅力以及教学技艺等会对教学方法的运用效果产生不同程度的影响。所以，全面提高教师的素养对于教学方法使用效果的提高非常有益。

体育教学是教师与学生共同参与的活动，学生因素对于教学方法的运用效果同样也会产生影响。因此，教师应注重鼓励学生发挥主观能动性。除教师和学生两方面的影响因素外，体育教学的物质条件和环境也会对体育教学方法的运用效果产生一定程度的影响。因此，在体育教学中，在强调教学主体因素的同时，还要重视对良好教学条件的提供与教学环境的优化。

2.注意对体育教学方法有关理论的运用

体育教学的理论源于实践，但又高于实践。因此，在运用体育教学方法的过程中，教师不仅要注重实践方面的问题，还要重视在理论方面的积极探索。如果对相关理论的研究具有片面性，那么体育教学的方法也会相应表现出片面的缺陷。因此，在体育教学实践中，对体育教学方法的相关理论基础进行探索，应综合考虑辩证唯物主义与唯物辩证法的基本观点，系统论原理，教育学、心理学有关学科理论知识，普通教学论和体育教学论等所有相关的内容。

总而言之，在体育教学过程中，教师应树立新的观念，运用新的理论来对体育教学工作进行指导，不断促进体育教学方法的改革与发展，将各种教学方法的效用充分发挥出来。

第四节　教学模式体系

体育教学模式是在体育基础理论指导下，完成基本体育教学目标的一种教学模型或特定的教学策略组合。在体育专业课程教学过程中，应充分掌握各种教学模式，并积极开拓创新，发展新的教学模式，以提高体育的教学质量，提高体育教学效果，从而提高体育人才培养的质量。

一、体育教学模式概述

（一）体育教学模式的内涵

1.体育教学模式是体育价值观和体育指导思想的外化

体育教学活动是人类在漫长的历史进程中根据自身的需要而创造出来的一种特殊的活动。人们在从事体育活动和接受体育教育的过程中，了解和接纳了体育的属性，逐渐形成了体育的价值观。值得一提的是，不同国家、不同民族的文化观念、习俗在体育价值观的形成过程中起着十分重要的作用。从东西方文化对体育价值观的影响来看，东方的体育价值观重人格的倾向十分明显，而西方的体育价值观重人体胜于重人格。与此相对应，体育价值观向体育指导思想渗透，并成为体育教学模式改革的重要内部因素。从这个意义上讲，体育教学模式是体育价值观和体育教学思想长期作用的产物，是体育价值观的外化。两者之间是体现和被体现的关系。体育价值观和体育指导思想构成了体育教学模式的内涵，我国体育实践的发展即可证明这一点。同时，体育价值观和体育指导思想的多元性使之与体育教学模式之间并非呈现一一对应的僵硬关系。所以，一种体育教学模式中的体育价值观又具有多重性和层次性。

2.体育教学模式是体育教学方法的优化组合

不同的体育教学模式的确立依赖于一系列体育教学方法的优化组合。教学方法是教学模式的重要内容和有力支撑。教学方法改革的目标在于丰富体育理论传播的载体，并形成以实用性为主要特征的教学方法体系，从而全面提升教学质量。教学方法改革的过程与教学模式的形成过程方向一致，两者之间相互依托。教学方法具有新颖性和多样性，在教学实践领域应用广泛，从而推动了体育教学各类活动模型的产生，并使活动模型在教学模式中占有很大的比例。

（二）体育教学模式的要素

1.体育教学理论与体育教学指导思想

体育教学理论与体育教学指导思想是体育教学模式的深层要素。体育教学模式的形成和发展都是在一定的体育教学理论基础或体育教学指导思想指导下完成的。

2.体育教学结构

体育教学结构是体育教学模式的要素之一，体育教学模式通常包括体育教学过程中师生相互作用的活动方式和体育教学的操作程序等。这是体育教学过程中的可见部分，不同于体育教学指导思想是无形的。

3.体育教学方法体系

体育教学模式的核心要素就是体育教学方法体系。不同的体育教学模式都具有与其相匹配的体育教学指导思想和体育教学方法体系。体育教学方法的重组和开发也是区别不同体育教学模式的外在表现，在教法层面上体现出其特定的表现。

4.体育教学条件

体育教学条件也是体育教学模式中不可缺少的要素。比如，某人有一辆跑车，但是如果没有平整的公路，就发挥不出其优越的性能。所以，体育教学模式的实施必须具有与其相匹配的体育教学条件，如学生的体育课学习基础、体育教师的教学水平、场地设施等软硬件设施。如果没有相应的体育教学条件，那么体育教学模式就发挥不了有效作用。

二、高校体育教学的典型模式

（一）启发式教学模式

启发式教学模式重视发挥学生的主体作用，教师不只是单纯的知识技能传授者，而是转变成为学生学习体育的启发者和指导者，从而为学生创造一个有利于发挥个性的环境。在教学活动中应注重自学与指导相结合，引导学生树立角色意识和创造性思维能力的发展。该模式强调教师要发挥引导作用，强调学生的主动学习性，重视提高学生在体育教学中分析问题和解决问题的能力。

1.启发式教学模式的教育理念

与传统以讲授为主的教学不同，启发教学不是把现成的结论提供给学习者，而是从学生好奇、好问、好动的心理特点出发，在教师引导下，依靠教师和教材所提供的材料，让学习者自己去发现问题，回答和解决问题，使他们成为知识的发现者，而不是消极的接受者。启发式体育教学模式的教育理念主要表现在以下几个方面：

（1）以学生为主体、中心。

（2）开发学生的智力，调动学生思维的主动性、积极性。

（3）不给学生现成的答案，而是让学生自己去探索问题的答案。

（4）强调问题情境设置，使学生比较自然地进入情境，增加学习的趣味性，激发学生的学习热情，调动学生学习的积极性，使学生有效学习。

（5）提高学生学习运动技能的效率。

2.启发式教学模式的操作程序

使用启发式教学模式进行高校体育课程教学时，教师应首先紧密结合具体动作技术的关键技术环节设置教学情境；随后，教师提出问题，引起学生兴趣，形成探究动机，并根据学生在练习实践中的体验，让学生思考与比较不同的练习手段完成动作的优劣，让学生进行分析和探究；在教师的引导下，让学生进行初步的尝试性练习，让学生自由发挥自己的想象力，运用不同的练习手段来完成运动动作；经过洞察、分析、比较，提出假说，学生通过相互讨论，运用已学的科学知识与原理，利用直觉思维提出各种有益于问题解决的可能性；教师引导学生运用分析思维对各种可能性进行反复的求证、讨论，并根据学生的"自我发现"提取出解决问题的方法，然后把它付诸实践进行检验；最后，教师再进行正常的运动技术教学，并结束单元教学活动。启发式教学模式的操作程序如图 2-1 所示。

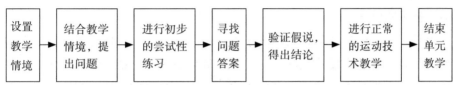

图 2-1 启发式教学模式的操作程序

3.启发式教学模式的应用

在"足球行进间脚内侧传接球技术"的教学中运用启发式教学模式，可取得良好的教学效果，具体应用流程如图 2-2 所示。

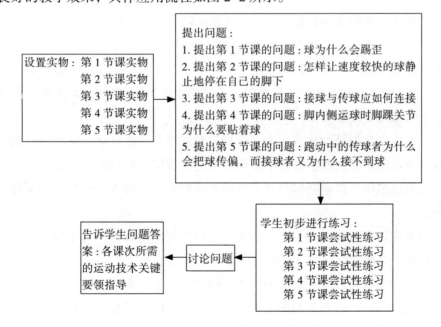

图 2-2 启发式教学模式的应用案例

启发式教学模式适用于具有一定理解能力，已经掌握一定科学知识与原理的学生。在课程教学前，教师需要进行充分的课时准备。同时，该教学模式对教师的教学水平、教学经验以及运用灵活的教学方法、教学组织形式等来设置问题情境的能力要求较高。

启发式教学模式侧重于发展学生的智力，它运用问题情境来激发学生学习的好奇心，调动学生思维的积极性，使学生主动地学习而不是被动地接受，并使其从中理解学习体育运动技能的意义。因此，启发式教学模式有利于发展学生的智力水平，增加其学习体育的热情与积极性，有助于运动技术的学习，提高学习技术的效率。

但是，从教学模式的评价角度来看，由于智力水平、情感体验等心理学指标难以测定，因此启发式教学模式的教学效果短时间内难以判断；此外，启发式教学模式在教学中花费在问题的提出、讨论、解决方面的时间比较多，在运动技能的学习与练习方面的时间则会相对地减少，可能会对学生学习与熟练掌握运动技能产生不利影响。

（二）情境式教学模式

1.情境式教学模式的教育理念

情境式教学模式的教育理念主要体现在以下三个方面：

（1）教学不仅是学生获取知识和技能的过程，更是学生获得生活体验与培养生存能力的过程。情境式教学注重学生个体积极性、自主性的有效发挥，强调学生在情境中感受着形象的同时，愿意对情境持续性地产生注意，全身心地、主动地接受教学。

（2）在学生的社会化进程中，学校教育阶段是学生社会化的关键时期。高校体育专业的情境式教学能为学生创设一定的情境，它以故事的形式，让学生在较好的情绪中，以竞赛与游戏的组织形式发展学生的人际关系，学会合作与竞争。

（3）在体育教学过程中，每节课配上故事性的游戏进行身体练习，能使学生在良好、愉快的情绪中，提高身体素质和运动技术。

总之，情境式教学模式强调学生个性的发展不仅要重视理智活动，还要重视陶冶情感活动，以充分调动无意识心理活动的内在潜能，从而使学生在体育教学活动中能够思想集中、精神放松地进行学习。

2.情境式教学模式的操作程序

情境式教学模式的操作程序主要包括创设体育情境、参与各类活动和总结转化。

（1）创设体育情境。根据体育教学目标，结合课的重点难点，教师通过以生活展现情境、以实物演示情境、以图画再现情境、以音乐渲染情境、以表演体会情境、以语言描绘情境等手段创设体育场景，引导学生从具有典型代表性的情境中受到启发，以激起其学习体育的兴趣，使学生受到美的熏陶与情感的体验并很快地掌握体育知识和技能。

（2）参与各类活动。学生可以通过参与各种游戏、表演、观看影像等活动，在特定的气氛中，在潜移默化中主动积极地从事体育运动的学习。

（3）总结转化。通过教师的启发和总结，使学生领悟所学体育内容主题的情感基调，做到情与理的统一，并使这些认识和经验转化为指导他们思想行为的准则。这一模式有利于学生个性的陶冶和人格的培养。

（三）小群体教学模式

1.小群体教学模式的教育理念

小群体教学模式的基本教学思想是试图通过体育教学中的集体因素和学生间交流的社会性作用，通过学生互帮互学来提高学生的学习主动性，提高学习的质量，并达到对学生社会性培养的目的。具体来说，小群体教学模式的教育理念主要表现在以下四个方面：

（1）强调组内学生的团结精神。

（2）强调组间学生在条件基本均等的情况下合理竞技。

（3）培养学生胜不骄、败不馁的意识。

（4）通过学生的互帮互助、合理公平竞争来提高学生的心理健康水平，发展学生的社会适应能力。

2.小群体教学模式的操作程序

小群体教学模式充分考虑了体育教学中的集体形成和人际交流的规律性。该教学模式的操作程序如图2-3所示。

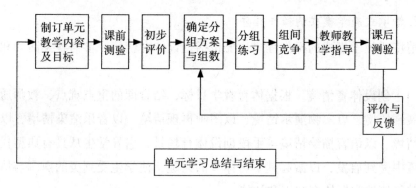

图 2-3　小群体教学模式的操作程序

3.小群体教学模式的应用

在发展学生体能的"鱼跃前滚翻"动作教学中，运用小群体教学模式可以取得良好的教学效果，具体应用流程如图 2-4 所示。

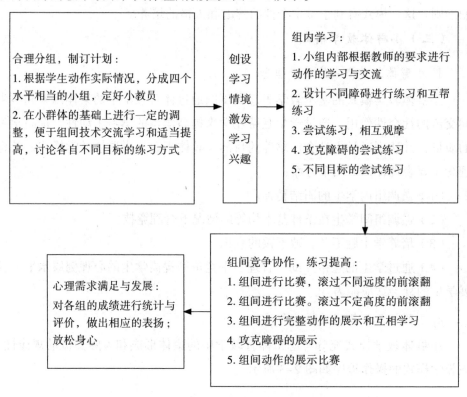

图 2-4　小群体教学模式的应用案例

小群体教学模式具有较强的针对性，它重点在于培养学生的合作能力和社会适应能力，因此比较适用于在该方面能力需要加强的学生。该模式对教学条件的要求较高，需要具备充分的教学器材，同时要求教师将这种课堂合作关系延续到课外。

小群体教学模式十分注重学生之间的合作性和相容性，它要求教师在同等基础条件下将全体学生组成一个集团或小组，能更有效地调动学生学习的积极性，更容易培养学生的合作能力、竞争能力、应对困难和挑战的能力以及发展学生的社会适应能力。

在高校体育教学中应用小群体教学模式，需要教师在教学组织方面花上较长的时间；同时，学生对小群体教学过程需要有一段时间的适应，这种适应过程也可能需要很长的时间，这会导致在既定的课时中牺牲学生的一定练习时间而用于做好学生各种组织工作和培养学生之间的磨合。

（四）领会式教学模式

1. 领会式教学模式的教育理念

领会式教学模式要求学生"先尝试、后学习"，使学生在尝试的过程中了解与明白学习运动技术的重要性，以提高其学习的主动性。

2. 领会式教学模式的操作程序

领会式教学模式的侧重点在于让学生在实践中（活动或比赛中）去发现问题，然后施以有效的教学方法，从而激发学生主动学习的积极性。其课程教学操作程序如图 2-5 所示。

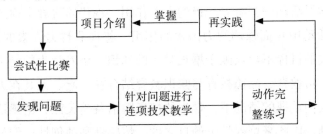

图 2-5　领会式教学模式的操作程序

3. 领会式教学模式的应用

在"行进间运球上篮"的技术教学中运用领会式教学模式，可取得良好的教学效果，基本应用流程如图 2-6 所示。

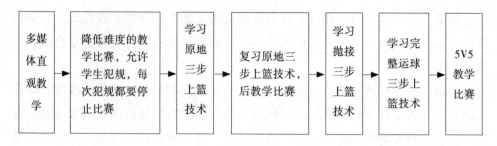

图 2-6 领会式教学模式的应用案例

领会式教学模式的应用目的在于提高学生学习的积极性、实用性，因此多以竞赛的形式开展教学组织活动。

领会式教学模式是让学生在运动的初步体验中，体会出学习正确动作的必要性，然后教师有针对性地施以某些技术环节教学。因此，充分考虑到了学生的学习动机和需要，能极大地调动学生的积极性，并提高了学习的效率。

需要注意的是，领会式教学模式中尝试性的比赛教学活动可能会因学生在运动技术方面的认知较少而造成比赛的混乱、秩序的无常，使课堂教学场面难以控制。这一点需要教师在教学过程中尤其注意。

三、高校体育教学模式的发展趋向

（一）趋向情意化

现代教学理论研究和教学实践活动都已表明，学生的智力因素与非智力因素在他们的学习活动中都有着积极的重要作用。现代体育教学模式的构建改变了传统教学活动中片面强调智力因素的作用，忽视非智力因素的作用的状况，体育教学模式的目标不再仅限于增长学生的知识、培养学生的能力，而是要把情感教育、人格教育、品德教育与知识教育结合在一起。尤其在人本主义心理学日益受到人们重视的情况下，学生的情感陶冶备受关注，情感活动被视为心理活动的基础，以此来培养学生的自立性、情感性和独创性。例如，情境教学模式、快乐体育教学模式，都设有一定的问题情境，使教学过程具有复杂、新奇、趣味等特征，学生在浓厚的兴趣、强烈的动机、顽强的意志状态下学习和掌握体育知识技能，更能激发自身求知的内驱力，有很强的情意色彩。

（二）趋向综合化

体育教学模式的发展趋向综合化的意思是说体育教学模式向课内课外一

体化发展。由于课内学时与时间的限制，要培养与发展学生自动化的运动技能与锻炼身体的习惯，并为终身体育做准备，光靠课内的时间是远远不够的。课内的主要任务是学习一些新的知识点，改进一些错误动作，因而要充分利用课外的时间，增加强化练习、过渡练习，复习与巩固已学的知识与技术，经常锻炼，培养习惯，才能把运动技能上升为熟练化、自动化。

从教学模式角度说，由于目前课外体育活动的不受重视，这方面教学模式的研究也显得很薄弱。关于目前提出的"课内外一体化教学模式"，虽然涉及了课内与课外相结合的教学，但是它在教学实践中还很不成熟，具体的操作模式也不够明确，因此人们暂没有把它列入现有体育教学模式的体系中。当它的理论与实践成熟后，它就自然可以成为一种重要的体育教学模式。

（三）理论研究趋向精细化

精细化是新时期高校体育教学模式研究的必然趋势。教学理论和教学规律对教学模式具有重要的指导作用。随着现代体育教育者对体育教学模式选用的重要教学影响的重视，将有更多更深入的体育教学模式被创造，同时，关于体育教学模式的研究将更加精细化，包括学期教学模式、单元教学模式、课时教学模式，甚至会关注体育教学模式的教学应用的每一个细节的问题。

（四）模式应用的现代化发展

随着现代教育和科技的快速发展，现代教学活动中，先进技术产品和手段的运用也在很大程度上提高了教师的授课效率，也被新时期的学生群体所喜爱，有助于调动学生的体育学习兴趣。现代教学模式的发展创新也更多地与现代教学技术手段相融合，将更多更先进的体育教学技术手段纳入体育教学模式的教学实践中。

四、高校体育教学模式的创新策略

（一）重视教学对象特点的分析

重视体育教学对象特点的分析，是科学选用体育教学模式的重要基础，也是进行体育教学模式创新的一个重要切入点。学生作为体育教学对象，是教学活动的主体，因此体育教学模式的选择应充分考虑学生的具体情况。体育教学工作者应充分了解不同年龄段的学生特点，充分考虑学生的学习需求和体育需要，做到有的放矢，科学选择、组合、改革体育教学模式。

（二）借鉴与创新相结合

体育教学模式创新必须有根基可循，如以一定的教学理论为指导。但是，如果体育教师对体育教学理论的认知和教学实践应用能力有限，那么应重视加强理论学习，加强体育教学模式最新研究和动态发展的学习，积极借鉴国内外的先进教学模式理论与成功教学经验，并结合本校教学条件、教学需求、学生特点等进行教学模式的革新。

（三）加强教学信息建设

体育教学模式的创新，离不开各种新教学技术的应用，为了更好地实现新体育教学技术对体育教学模式实施的支持，高校应加强校园教学信息建设。

（1）各个高校之间应当建立一个公共体育教学资源共享平台，加强各校信息联系，共同提升高校体育教学进程。

（2）借助多媒体，建立校园网，为新时期的体育学习提供更多的便利，为学生的体育参与提供更加广阔的平台，从时间、空间两个方面拓展传统意义上的体育教学格局。

（3）完善校园体育选课信息平台建设，加强对各个体育课程的介绍和推广，为学生的在线体育选课提供及时有效的课程信息和建议。

（四）注重体育教学模式评价

对体育教学模式进行简明、科学、操作性强的评价，以便于教学评价工作的顺利开展。这既是新时期体育教学改革对体育教学模式评价的客观要求，也是发现体育教学模式中存在的教学问题，更是不断完善体育教学模式的有效途径。新时期，建立健全体育教学模式评价体系、不断完善体育教学模式应注重以下几点：

（1）以体育教学应达到的目标为基础评价体育教学模式。

（2）体育教学模式的评价应以便于教师教学和学生学习为依据。

（3）体育教学模式应适于教学记录。

（4）重视评价反馈信息的全面化、真实性。

（5）评价标准的多元化。

（6）以个人或集体的经验为依据，对评价指标进行科学、正确的衡量，对现有体育教学模式的不足进行改革创新。

第五节　教学管理体系

体育教学是一项系统地传授体育知识和技能的活动。体育教学的特殊性使得对体育教学的管理体系进行科学建设显得格外重要。为此，本节就重点对学校体育教学管理体系的建设问题进行探究，以期为体育教学管理工作的顺利开展奠定基础，为体育人才的培养提供保障。

一、高校体育教学管理概述

（一）体育教学管理的概念

体育教学管理是一项系统的、综合的工作，是具有一定的管理权力的组织和个人对体育教学的人、财、物、信息和时间等方面进行的综合性管理。具体而言，其包括控制、监督、组织、协调、计划等方面。

现代体育教学管理是一个系统的过程，并且其工作内容也涵盖了体育事业的各个方面。体育教学管理是一项综合性的活动，其各个子系统与体育管理总目标保持着一定的一致性。在体育教学管理过程中，各个系统之间是相互影响、相互制约的关系，共同促进了体育教学管理总体目标的实现。

体育教学管理是一个周期性的活动，一般可将其分为三个阶段：第一阶段为计划阶段，是体育教学管理的首要阶段。这一阶段的主要工作包括对教学和管理中的问题进行分析和预测，确定体育教学管理的目标，并进行相应的决策等；第二阶段为实施阶段，是管理过程的中心环节。这一阶段的主要工作包括教学管理的组织、指导、协调、检查和监督。第三阶段是体育教学管理的最后阶段。这一阶段的主要工作包括对体育教学管理进行对比、总结和评价等。这三个阶段构成了体育教学管理的管理周期，三者之间相互促进、相互联系。

（二）体育教学管理的特点

1.阶段性

学生的年龄特点以及体育教学的年度教学特征等因素对体育教学管理具有重要的意义。在管理过程中，应根据不同的教学阶段来开展相应的阶段性体育教学管理工作。因此，阶段性是现代体育教学管理的鲜明特点。需要指出的是，虽然体育教学管理具有一定的阶段性特点，但是各个阶段之间还具有一定的连续性特征，管理工作要循序渐进、逐步提高。

2.教育性

体育教学是我国教育系统的重要组成部分，对于改善学生体质健康水平和提高学生素质均具有重要的作用。因此，体育教学管理也呈现出一定的教育性特点。在体育教学管理过程中，应坚持"以人为本"的原则，促进学生各方面的发展和提高。现代体育教育是教育的一个重要组成部分，因此现代体育教学管理也必然离不开一定的教育性。我国体育教育教学的总体目标是"以人为本"。因此，现代体育教学管理也应突出"育人"的特点，在育人的基础上调动管理者的积极性、主动性，从而为现代体育教学管理效益的不断提高创造条件。

3.系统性

体育教学管理系统运行过程中会面临多方面的问题，分析和解决相应的问题是促进体育教学管理系统发展的重要推动力。在现代体育教学管理过程中，应坚持系统性原则，从管理工作的整体进行把握和控制，进行科学、合理的宏观调控，使得系统的各方面都能够良性发展，从而形成一个强有力的整合系统。具体而言，高校体育教学管理包括人力、物力、财力等。在体育教学管理过程中，应灵活协调各方面的关系。

4.方向性

体育教学管理应具有一定的方向性，以科学的理论作为开展工作的指导思想，并且贯穿管理过程的始终。具体而言，就是要在体育教学管理的过程中，以马克思列宁主义、毛泽东思想、邓小平理论、"三个代表"重要思想、科学发展观、习近平新时代中国特色社会主义思想作为指导思想，全面贯彻和执行党的教育方针，为实现学校教育的总目标服务。这也是现代体育教学管理方向性的体现。

（三）体育教学管理的要素

体育教学是一项涉及多方面的复杂活动，为了更好地对其管理工作开展研究，笔者对其基本要素进行了以下几个方面的划分：

1.体育教学管理的对象

体育教学管理的对象即各种管理活动的承受者，但是它不仅指人，还包括财、物、时间、信息等各方面的因素。在体育教学管理中，管理对象所指的人主要是基层学校体育工作的操作者；对财物的管理则主要是指对体育教学经费的管理，保证体育教学经费能够合理使用，并创造一定的经济效益；对物的管理则主要是对体育教学过程中所使用的场地、器材设备进行的管理，科学合理使用这些设备，尽可能提高其使用效率；对时间的管理则是对体育教学的时间和进度进行科学、合理的安排，提高单位时间内的办事效率；对信息的管理则主要是对体育教学过程中的各方面信息，如学生的各项生理指标、运动成绩等，进行有效的整合存储，提高体育教学工作的效率。

2.体育教学管理的主体

体育管理主体主要是指在体育管理活动中承担管理职能的人或组织。具体来说，体育管理主体即体育管理者或学校体育教学管理机构。体育管理者主要包括基层组织管理者和中上层领导者，他们在管理活动中处于主导地位，负责制订计划、组织实施和指导检查等各项工作。管理者根据相应的管理办法来构建相应的管理机构，对教学过程实施科学的管理活动。体育管理机构中管理者的个体素质以及由这些管理者组合起来所形成的集体素质结构，对体育的发展起着十分重要的作用。

3.体育教学管理的手段

所谓体育教学管理的手段，是指管理者为实现体育教学管理的目标所采取的方法和措施。体育管理手段是体育管理活动赖以进行的条件和方式，其主要包括宣传教育手段、行政手段、法规手段、经济手段等。一般而言，人是体育教学管理中的核心要素，体育管理的目标、计划、决策方案等的制订和实施都需要人的参与来实现。因此，人是体育教学管理的核心，对体育教学管理目标的实现有着重要的影响，应通过多种手段提高人的积极性和主动性。

二、高校体育教学质量管理

（一）高校体育教学质量管理体系构建的要求

1.构建现代体育教学质量评估体系

作为学校内部体育教学质量的监控体系，以及为体育教学质量提供重要保证的重要环节，教师教学质量评估是学校教学的主要管理部门经常采用的对教学质量进行管理的主要方式。学校的基本任务就是教书育人，而促进教育质量不断提高也是不变的主题。其中，教学质量的提高是促进教育质量不断提高的重中之重，这也是现代教育进入大众化阶段所产生的社会共识。为了促进现代教学质量的不断提高，相关教育主管部门制定并推行了相应的教学评估制度，同时地方教育部门也将《学校体育工作条例》这一评估制度进行了很好的贯彻。制定并落实评估制度现已成为促进我国体育教学质量不断提高的关键举措。在现代学校教学中，长久以来都是根据人才培养的定位与目标来尝试建立起一个自我约束、自我完善的监控体系和内部教学质量保证体系。在体育教学质量管理方面，对体育教师教学质量进行评估已成为学校教学相关管理部门最主要、最常采用的方式。

2. 构建质量管理反馈系统

在质量管理方面，信息是其中最为主要的依据之一，要确保学校质量管理体系正常运转，就需要构建一个内外信息沟通的反馈系统。只有组建起"教学督导员队伍""教学信息员队伍"，同时借助问卷调查、学生座谈会、网上信箱、网上评教等途径才能对教学与管理方面的信息进行收集与反馈。此外，在固定的时间里还要在教育质量评估和监控例会上对有关教师、学生、专家的质量信息进行汇总，从而促进体育教学工作质量不断提高，这样才能对教师上课的质量和学生的各种需求进行及时、便利、高效的了解和掌握。

3. 设定质量管理目标体系

同其他学科相比，体育学科具有一定的特殊性，并且各个学校的体育教学发展实际情况存在较大差异，公共体育发展相对较慢。这就要求各个学校通过分析具体实际情况来制定质量目标，所制定目标的内容主要包括体育服务质量的全部内容。每一项内容都应规定具体的标准，其中包括定量和定性的规定。所制定的目标要符合实际，切实可行。

（二）高校体育教学质量管理体系构建的程序

1. 对体育教学质量监控体系进行总体策划和设计

所谓对教学质量进行监控的体系，是指为了更好地保障体育教学质量，在教学过程中所采取的一系列教学管理机制和教学质量监控机制。在这些机制的正常运作之下，体育教学质量得到更好的巩固和提高。在这个体系中，其内容主要包括教学质量监控与管理的激励、竞争、创新、约束机制，教学质量评价、监控组织体系，教学基本条件，教学管理规章制度，教学环境建设诸多结构，以及决策、运行，指挥、评价、条件保证和仲裁督导等。对于体育教学质量来说，一个完整的质量管理体系主要包括以下三个方面：

（1）负责对体育教学过程质量进行监控的体育相关部门在内部所进行的自我评价及相关监控系统。

（2）教育部以及省教育厅中有关的权威专业评估机构。

（3）以结果评价为主的包括大众传播媒体在内的民间评估机构。

2.编制体育教学质量管理文件和实施、运行质量管理体系

体育程序文件、作业文件以及质量手册三级文件的建立，促使学校体育教育管理模式更加制度化，进一步明确各个工作岗位的主要职责、权限以及岗位之间的相互关系，从而更好地确定各项工作的程序。在工作过程中，由于各项工作有着各自不同的内容，每个人应根据作业文件以及程序文件的详细要求来做，不能仅依靠领导的责任心以及多年的工作经验来进行协调管理。只有这样，才能使学校各项工作中的每一个环节和管理层面的准确性和高效性得到有效保障，从而更好地避免工作的随意性。这样便使得更多感性的东西逐渐上升到更为理性的层面，以保证各项工作都能做到"有法可依"。在对体育教学质量关系体系进行调试运行的阶段，自查是不可缺少的一个环节，要经常进行自查，从而使体育教学质量管理体系得到正常而有效的运转。

3.对质量管理体系进行持续改进

学校体育所追求的目标是通过对质量管理体系进行调整保持和完善，从而形成一个能够让学生满意，并且能够持续发展的质量管理体系。在对学校体育质量管理体系进行贯彻实施的过程中，学校的各级管理者都应对该体系进行始终关注并持续进行改进，针对现行的质量管理体系运行情况采用系统的方法来进行分析与评价，取其精华，去其糟粕，并对需要改进的目标进行确定，通过多渠道、多途径来找出最有效的解决问题的方法，从而实现这些目标。

三、高校体育教学人力资源管理

（一）体育教师的管理

体育教师是体育教学主体之一，对体育教师进行科学管理对于全面贯彻体

育教育方针和提升体育教师的思想与业务素质水平有很大帮助，同时也能为体育专业人才的培养提供重要的师资力量保障。对学校体育教师的管理主要有以下几个方面：

1.教师规划管理

教师规划管理包含的内容主要有以下几个方面：

（1）制订体育教师编制计划。学校中需要配备体育学科教师，为此在教师编制中都有体育教师的编制，这是学校体育教学工作的基础。学校体育教师编制要与国家教委颁布的相关条例相符。此外，还需要结合学校实际情况，如师生比例和体育教学任务来确定，以确保学校体育教学工作有足够的师资力量。

（2）制订体育课时工作计划。体育课时工作计划的制订依据为学生在校期间的体育学科必修课、选修课、课外活动、学校运动队训练及比赛等教学活动任务。在此基础上，对参与教学指导活动的体育教师合理分配和安排工作。

（3）制订体育教师引进计划。任何事物的新老更替都是自然的、必须的。学校体育教师的引进要以本校体育教师的编制情况、年龄结构等为依据，有计划地引进能力强、学历高的体育教师。

（4）制订体育教师培训计划。尽管体育教师大多出自体育专业院校，拥有一定的体育知识和技能，但这并不代表就可以停止学习。体育学科的发展日新月异，为了保持教学水平始终处于前沿，体育教师需要不断地再学习，这对学校体育水平的提高起到积极的促进作用。常见的体育教师培训计划包括短期培训和长期培训。短期培训一般利用寒暑假等业余时间进行，长期培训是脱离岗位参加专业培训或出国深造。

（5）制订体育学术交流计划。对体育学科的教学工作来讲，为了提升教学质量和开展多元化的教学，安排体育教师参加多种形式的学术交流活动是非常必要的，这有利于提升体育教师的科研水平和综合素质。

2.教师选拔管理

体育教学管理中对教师的选拔是决定一个学校体育师资质量的关键。为此，在选拔体育教师时需要注意以下两个方面：一是注重扩大选拔范围。选拔范围的扩大可以减少错过优秀人才的概率。在选拔范围扩大的同时还要配合新的选拔渠道的开辟，不管是本校还是外校，是本地还是外地，是国内还是国外，对于与体育教师选拔资格相符的人员都应该给予机会，在选拔上秉承"不

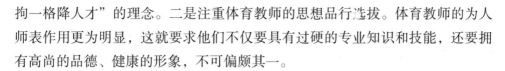

拘一格降人才"的理念。二是注重体育教师的思想品行选拔。体育教师的为人师表作用更为明显，这就要求他们不仅要具有过硬的专业知识和技能，还要拥有高尚的品德、健康的形象，不可偏颇其一。

3.教师聘任管理

在选拔教师的工作完成后就进入教师聘任管理的环节中。为了保证聘任体育教师的质量，需要满足以下几点要求：

（1）职能相称。体育运动项目众多，一些体育教师除了具备基础体育课程教学技能之外还拥有自己的专项运动技能，如篮球、足球、乒乓球等。基于此，就需要在教学任务分配之中使教师各尽其职，发挥各自的特长。

（2）按岗聘任。传统的聘任管理方式是"以人为中心"的，但现如今提倡精简高效，因此应该逐渐转变为"以事为中心"。通过对教师岗位意识的强化以及教师职责的明确，尽量避免岗位设置不明、职责不清的情况。

（3）职称评定。教师职称评定是聘任管理中的重要环节。职称评定是对一名体育教师能力的综合评定。职称评定能够激励体育教师的工作热情，激发他们的工作潜能。

4.教师培训管理

现代体育教学的发展速度飞快，为了适应这种发展，体育教师需要不断完善自我，对所教课程进行再认识和再学习，为此就需要参加体育教师培训。目前，常见的体育教师培训机构主要有体育学院、体育教师进修学校、单位体育机构等。目前，常见的体育教师培训形式主要为在职培训和岗位培训。

（1）在职培训。体育教师在原来职务岗位上继续工作，在业余时间参加的培训即在职培训。其常见方式为业余时间自学、指定专人培训或通过成人继续教育等形式进行的学习。

（2）岗位培训。岗位培训是指以当下体育岗位工作的需要和岗位人员的素质要求为主要依据，对体育教师进行的一种有目的的组织性培训活动。

5.教师考核管理

对体育教师进行考核是检验他们教学水平的重要形式，而考核的内容、方式、评定等环节就成为教师考核管理的关键。为此，在进行考核管理时需要秉承如下原则：

（1）发展性原则。针对教师的考核要本着发展的宗旨进行，考核的目的不是区分优劣，而是使所有体育教师紧跟体育教学发展形势，不断进步。

（2）实事求是原则。要想使对体育教师的考核工作富有实效，就需要秉承实事求是的原则进行考核。为此，测评要从教学的实际出发，结合教学的主客观因素综合考量，切不可片面和脱离实际。

（3）全面性与侧重性相结合的原则。对体育教师考核的全面性原则是指考核指标要全面，定性评价和定量评价兼具，硬指标（工作量、科研成果等）和软指标（科研成果水平、教学效果等）结合，如此更注重体育教师的综合能力。而侧重性原则则是要以具体的考核目标为依据，有针对性地选择具体的指标进行重点考核，如此更注重体育教师的专业能力。

（二）学生的管理

体育教学中针对学生的管理主要是为了更好地通过体育教育提升学生身心健康水平，并且能顺利完成规定的体育教学工作。具体来说，学生的管理涉及的内容有以下几个方面。

1. 学生体质健康管理

学生的身体健康水平直接关系到我国未来社会各方面建设的人才储备质量，因此必须对学生体质健康进行管理。具体管理措施有：积极向学生做好健康宣传教育工作，定期对学生进行体质检查，建立健全学生健康管理制度，将检查结果纳入学生档案，编写登记后汇入总登记册等。此外，对于体弱、伤残等学生要制定特殊的体育活动形态或制度，对这类学生的健康管理不能忽视。同时，还要对全体学生的体质与健康状况进行深入分析和研究，各学校均有责任做好学生体育健康数据收集与定期上报工作。学校领导要对学生体质健康管理工作高度重视，多项措施并举，力争使学生的身体健康水平逐步得到提升。

2. 学生课堂纪律管理

良好的课堂纪律和秩序是体育教学顺利有序开展的基本保障。要想做好学生课堂纪律管理工作，一方面要依靠体育教师的课程组织控制能力；另一方面还要求学校制定统一的规定，使体育教师向学生提出一致的要求，并在各方面给予密切的配合和支持。

3. 学生课外体育活动管理

学校的课外体育活动是学校体育文化的重要组成部分。尽管这类体育活动是在教学内容之外的，但也需要进行正确的指导和管理，以此使课外体育活动成为课堂体育教学的再延伸和再拓展，进而实现发扬学生运动特长、增强学生体质、提高学生素养的目标。为此，对学生课外体育活动进行管理就需要秉承如下原则：

（1）需要性原则。课外体育活动不同于课堂体育教学，它的存在应该以满足学生在课堂体育教学中不能满足的需要为前提，即课外体育活动应该是学生热切盼望开展的项目和方式。

（2）指导性原则。课外体育活动不应是放鹰似的随意活动，应该在符合运动规律的范畴内开展，并有体育教师给予必要的指导，如此也可以使课外体育活动更加安全，促进学生身心健康水平的提升。

（3）多样性原则。学生对体育的需求是多种多样的，因此在安排体育课外活动时应充分考虑大多数学生的运动需要，要更加突出多样性，使学生的参与有更多选择。

（4）可操作性原则。安排的课外体育活动要具有可操作性，为此就需要在项目设置上考虑学校现有的体育资源和教师资源。

第三章 不同类型体育人才的培养

体育人才有不同的类型，每种类型的人才有不同的培养方式，本章主要针对竞技类体育人才、体育教育人才以及创新创业型体育人才的培养展开分析。

第一节 高校竞技体育人才的培养

在狭义范围内，竞技体育人才主要指运动员、教练员以及裁判员。在本节中仅讨论对优秀运动员和后备运动员人才的培养。

一、高校竞技体育人才培养的原则

高校竞技体育人才培养的基本原则主要包括以下几点。

（一）科学性原则

严格按照科学发展观的要求构建人才培养体系，开展各个环节的工作。以人为本是人才培养的根本出发点与立足点，将此作为竞技体育人才培养的指导思想，走可持续发展的培养之路。

竞技体育人才的培养是在实践训练中实现的，在训练过程中要向相关体育科研机构、专业教练员以及运动员提供优良的训练环境与科研条件，改变落后训练方式，使竞技运动训练向科学方向发展，从而培养出符合社会需求以及能够为我国竞技体育事业作出贡献的优秀运动员人才。

（二）协同性原则

在竞技体育人才培养中贯彻协同性原则，要求做到以下两点：第一，将竞技体育人才培养体系的各个环节与各个系统有机结合起来，各系统机构制定统一的培养目标，充分发挥各自的功能，努力实现共同的效益与目的，并将教育训练系统与体育竞赛系统的内外部关系处理好；第二，在招收体育特长生时，要适当扩大招生范围，学校要鼓励运动队多参与一些专业竞赛，并多与专业体育俱乐部合作，使后备人才在不同形式的竞赛中提高实战能力、丰富实战经验、提高运动成绩。

（三）多元化原则

竞技体育人才培养的多元化原则主要表现为培养模式多元化、训练方式多元化以及资金筹备多元化。

1.培养模式多元化

在培养模式方面，包括体育系统专业队依靠学校，在专业队训练，在学校进行学习的模式；学校、专业队一体化的模式；体育学院兴办竞技体校的模式；高校举办高水平运动队的模式；体育试点学校多模式共存的模式。这些模式各有特点与优势，它们相互取长补短，从而提高人才培养质量。

2.训练方式多元化

不同的竞技体育人才在身体素质水平、运动基础、训练水平、技战术能力等方面会存在或多或少的差异，因此面对具有不同个性的后备人才，要坚持因材施训，采取具有针对性和个性化的训练手段，同时注意训练途径的多元化，以提高训练效果。

二、高校竞技体育人才培养的运行机制

为了推动我国高校竞技体育的发展，实现多渠道培养优秀竞技体育人才的目标，我国实施了建设高校高水平运动队以培养竞技体育人才的重要战略措施。经过多年的实践与发展，我国高校高水平运动队的建设在教育层面、竞技层面以及人才培养层面都取得了较大的突破，但是在高水平运动队的管理水平上仍处于成长期和不成熟期，还有待提高。目前，我国高校竞技体育人才培养呈现出以体育系统为主导、教育系统为辅助的发展格局，这是由高校培养竞技

体育人才的时间相对较短、训练和竞赛体系尚不够完善等原因造成的。所以，我国高校竞技体育还无法独立承担起培养国家竞技体育人才的重任。

目前，我国体育事业的深化改革在进一步加强，对高校竞技体育的发展和竞技体育人才的培养来说既是一种机遇，又是一种十分严峻的挑战。这就要求广大体育工作者解放思想、端正态度，既做到严谨务实，又能与时俱进地加强对我国高校竞技体育人才培养运行机制的研究，只有这样才更加有利于开创我国高校竞技体育人才培养的新格局，创造高校竞技体育人才培养工作的新成绩。

（一）高校竞技体育人才培养的选拔机制

我国普通高校高水平竞技体育是在中学竞技体育发展不充分的基础上进行的，同时又是在我国竞技体育由举国体制一元实现形式逐渐向多元实现形式转型的历史条件下展开的。高校竞技体育人才的选拔模式在具体操作与运行中要与我国基本国情相匹配。在这样一个特定的历史大环境下以及不同学校体育传统和条件千差万别的情况下，我国普通高校高水平运动队运动员的来源渠道和构成模式不是单一性的，而是多样性的。目前，我国招收高校竞技体育人才的途径主要包括以下几种：

第一，招收专业体校和运动队的退役运动员。专业运动员分为现役的和退役的，在我国高校开展竞技体育的初始时期，高校通过招收大量专业运动员的方式来快速提高本校的竞技体育水平，同时也可以缓解退役运动员的就业压力。但是，实际上这些运动员大多是受其年龄、伤病困扰的即将退役的运动员或是运动成绩一般未能进入更高级别运动队的运动员，他们的发展潜力和上升空间都较小，或许在短期内能够代表学校参加各类竞技比赛为学校争光，但是过于急功近利的做法既不利于教练员在训练实践中总结积累经验、合理安排训练周期、改革创新训练方法手段等，也不利于发展和完善高校竞技体育人才管理制度。

第二，招收专业运动队的现役运动员。这类运动员是专业运动员，通常是为了取得大学学籍，不会花费很多时间在高校进行文化课学习，其训练、生活、管理等都在专业运动队，几乎没有在校园生活。通过获取学生和运动员的双重身份，这些关系挂靠在高校的竞技体育人才可同时代表省市专业队和所在高校参加国内大型赛事和大学生比赛。在我国高校竞技体育人才来源中，正是由于专业队出身的运动员的存在，才导致通过正常高考体育加试进入高校的学生不可能在短时间内超越他们的水平，这在很大程度上影响了部分学生进行训练和参加比赛的积极性。高校往往寄希望于现役的运动员为他们夺得名次，实现学校和运动员互利共赢，但是长此下去将不利于我国竞技体育的长期稳定与可持续发展。

第三，招收中学体育特长生，即高中校园内体育运动队成员或高中时期参与体育训练的学生。这些学生经过长期系统在学校的学习，文化水平相对更高，但是由于学习任务的繁重、训练的不系统、训练时间的不充分、参与高水平竞赛机会少等原因导致这些学生的运动成绩很普通。由于国家竞技体育的多级训练网络需要不断地从中小学选拔相当数量的优秀苗子来扩充自己的后备力量，这使得本来就较少的生源变得更加匮乏，因此对于高校而言在高中招收具有较高水平的学生运动员是比较困难的。尽管许多学者对我国竞技体育的举国体制提出各种意见，但是举国体制在国际舞台所取得的辉煌成就使人们认识到了其在特定历史阶段的合理性。在今后一段时期，尽管各级专业队与高校竞技体育之间长期存在生源之争，且举国体制对高校竞技体育人才培养发挥的作用则是显而易见的，大学培养的高水平田径运动员就是典型的高校培养竞技体育人才的代表，其代表了高校竞技体育人才培养的方向。高校处于我国教育最顶层，是综合条件最好的人才培养基地，应当为这类体育苗子提供较好的训练场地设施和竞赛保障制度。

（二）高校竞技体育人才培养的动力机制

高校竞技体育对培养全面发展的人才发挥着积极作用，利用教育系统建立新型的竞技体育人才培养机制将会是未来竞技体育人才培养的主要发展方向之一。高校培养竞技体育后备人才必须要有适度的动力机制，才能保证教育系统培养竞技体育人才一条龙体系的持续、稳定、健康发展。而动力来源于三个层面的需要：一是学生运动员个体接受全面教育的需要；二是学校培养全面发展人才的需要；三是国家和社会发展对一专多能复合型人才的需要。

要推进高校竞技体育人才培养动力机制的发展，就需要协调、适度且可持续发展的培养活动。当动力适度时，才能较好地满足各培养主体的需要、维持良好的社会秩序和体育运行机制，保证各培养主体在追求合理利益的同时，能够控制其在一定的社会规则和秩序范围内进行正常活动。因此在构建竞技体育人才培养动力机制时，要用宏观的、系统的思维把握全局，发挥动力机制功效，并对多种资源配置进行优化整合，促使其在高校竞技体育人才培养中的功能得到有效发挥。有中国特色的高校竞技体育人才培养动力机制应该是一种综合性的动力利用机制。在充分发挥政策法规等体制管理功能的同时，又能激发集体与个人的自身内在动力，做到内外兼顾。另外，在不断提高运动员、教练员思想觉悟的同时做到物质动力与精神动力的协调统一。

总之，要建立有中国特色的、符合我国基本国情的高校竞技体育人才培养动力机制，既不能把集体、个人的物质利益乃至金钱作为唯一的动力，又不能忽视个人物质利益对集体利益的促进作用，要努力动员和利用高校竞技体育各领域的共同人力资源，将各种动力的长处结合起来发挥其效能，构建一个综合性、系统化的高校竞技体育人才培养动力机制。

（三）高校竞技体育人才培养的激励机制

实现高校竞技体育人才培养激励机制的良性运行的主要目的在于激发竞技体育人才的积极性和创造性，引导他们形成符合社会运行目标的价值观念和行为规范。虽然我国的体育制度和竞技体育的总目标没有根本性的变化，但高校竞技体育人才的培养方向仍以培养与输送优秀竞技体育人才为主。由于高校竞技体育主体的行为方式更加丰富、价值观念更加复杂，所以激励机制要更加灵活运用。从竞技体育人才培养的激励手段来看，激励手段多种多样，主要体现在由过去的重视精神激励向重视物质激励转变。在物质激励方面，不同的高校采用的激励手段各有侧重。从激励过程看，高校在引导培养竞技体育人才的价值观念和行为方式上与社会经济发展的总目标保持一致，充分发挥了市场选择的积极作用。

激励的标准应综合全面，在用来评判绩效的同时又具备导向作用。所以，在考虑确定激励标准时，应该符合社会运行和体育运行的总目标，同时评判标准应该是综合和全面的。以往人们仅从竞技能力高低、取得成绩好坏的单一维度来评判奖励标准，今后应设计一些可量化的标准将竞技体育人才综合素质等方面的内容全部囊括在内，给予相应的物质激励和精神激励，激发各个高校竞技体育人才积极主动地参与训练和竞赛。

激励应体现公平和效率。在对高校竞技体育人才进行激励时，要处理好效率和公平这对矛盾。公平和效率的协调可看作是竞技体育人才培养的动力基础，因此必须在体现出自由平等的同时进行差异化激励。对高校竞技体育人才培养主体的激励体现在培养个体之间权利的平等，即参与者都应享有平等的资源分配权以及平等的激励机会。科学的激励要刺激优秀者通过自身不懈努力获

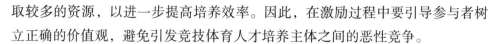

取较多的资源，以进一步提高培养效率。因此，在激励过程中要引导参与者树立正确的价值观，避免引发竞技体育人才培养主体之间的恶性竞争。

（四）高校竞技体育人才培养的保障机制

1.课程体系保障

高校应立足确保运动员就业，完善其高水平运动员课程体系，还可以为运动员定制专门的课程体系和特有的学制标准。这样既保证优秀运动员竞技能力水平的维持，又保证运动员文化水平的提高。此外，高校也应组织专家为优秀运动员定制培养大纲、教学计划、文化课知识体系等，并制定特殊的奖惩措施，使优秀运动员拥有自己专门的课程体系，而不受普通学生学习体制的限制，以此增强运动员的学习效果，从而为当前一段时期内高校竞技体育人才的培养做好过渡。

2.师资力量保障

高校教练员应由兼职形式向专职化转变，保障其全身心投入训练和竞赛工作，并聘请专业教练员，促进提高其执教水平，从而更好地建立合理的教练员队伍。师资队伍建设是提高运动员综合素质的关键，同时有利于加快高校高水平运动队梯队建设的步伐。教育部以及省市教育局应着眼于整体管理机构的建立，形成学生运动员的输送机制。高校则应加强与中小学的密切配合，加速构建高水平运动队后备人才基地，为充实高校优秀运动员队伍提供有力的人才保证。高校与中小学挂钩，要提早关注具有运动天赋的学生，鼓励他们努力学习文化知识，为今后顺利升入大学做好铺垫，这是开创体育新局面的重要战略措施。

3.物质支持保障

物质支持涵盖面较为广泛，包括科研、后勤、医疗、体育设施等以及与训练相配套的科研人员、科研器材、运动恢复的相关设施。有条件的高校组建的各种功能性实验室应当建立在科学训练的基础上，如康复和保健实验室等，实现对训练和竞赛过程的监督和控制，使高校竞技体育训练和竞赛的方法手段呈现信息化和时代化特征。在后勤和体育设施方面，高校应予以高度重视，加大投入力度，建立完善的管理体制，从而为高校竞技体育人才的培养提供有力的保障。

三、高校竞技体育人才培养的典型模式

所谓人才培养模式，是教育者根据人才培养的目标为学生设计的实现能力与素质结构的方式。

（一）"体教结合"模式

就其字面意思来看，"体教结合"就是体育和教育的结合，即国家体育与教育部门联合起来旨在培养全面发展的高素质体育人才。具体是指本着科学发展的原则，坚持以人为本，目的在于培养全面发展的符合现代化建设需求的体育人才。"体教结合"模式是以学校为主导，为了充分保障运动员的科学体育训练和应接受的教育知识，以及体育系统和教育系统合理分工，明确职责，促进双方优势资源的共享。"体教结合"模式不仅促进了高校体育人才自身综合素质全面发展，还满足了现代体育和教育事业对于人才发展的需求。经过多年实践总结，"体教结合"培养模式使得国家教育体系与体育体系有机组合起来，这是在实现优势资源共享的基础上培养高水平运动队和高技能、高文化水平、综合素质优秀的体育人才的一种培养模式。

1. "体教结合"模式的概念

对"体教结合"的界定，是从其具体层面上进行理解、剖析的。

（1）"体"即体育部门，"教"即教育部门。目前，我国存在着体育部门和教育部门相互独立的发展现况，它们分别属于不同的上级机构管辖。体育部门专心培育体育人才，有着严格的训练时间，与其他院校的学生接触较少，在训练方法和营养补给方面都由专业的团队悉心指导，但是却忽视了运动员的文化学习；教育部门则主攻文化知识的深造，有着丰富的文化教育资源，但对于体育人才的培养也是仅限于学校体育队和相关专业人才的培养，在训练的过程中相对业余，因此即便有着较高体育天赋的人才也可能会因为训练方法不得当、营养供给不充足等原因而不能发挥出其应有的水平。因此，"体教结合"便是解决该问题的有效途径。将国家体育部门和教育部门进行合理组合，运动员的文化学习由教育部门负责，运动员体育水平则由体育部门负责，两个部门合作运用科学的方法将运动员培养成为全面发展的人才。综上所述，经过体育部门和教育部门这两个人才培养系统的有机结合，培养出的竞技体育人才能适应时代发展的需要。两个部门以有利于运动员的发展为中心，统筹规划好各自的职

责和义务，经过科学合理的安排，促进高水平体育人才的培养和体育事业的可持续发展。

（2）"体"即体育运动，"教"即各级学校。当前，我国各级各类学校过于偏重学生的文化课水平，不重视学生的体育素质培养，由此导致一部分具有体育潜质的人才不能发挥出其应有的水平。"体教结合"培养竞技体育人才不仅是为了解决优秀运动员的文化问题，更多是为了促进竞技体育科学合理地可持续发展。现代体育运动来源于学校，从世界体育强国来看，竞技体育人才大多是从各类学校中选拔出来的。因此，我国将竞技体育人才的培养纳入现代的体育教育体系也是实现体育事业持续发展的必要举措之一。学校教育应与体育教育优化组合，在重视文化教育的同时合理开展体育训练。为了适应社会发展对体育人才的需求和配合竞技体育的改革，高校要充分做到在以人为本、科学发展的前提下发掘培养优秀竞技体育人才，探索出符合社会主义初级阶段市场经济发展水准的竞技体育后备人才培养方式。

（3）"体"即体育训练，"教"即文化教育。该解释是针对我国在对运动员进行训练过程中忽视文化知识学习的现象而言的。当前，高校运动队的目标是培养适应竞技体育比赛的高水平运动员，这与我国实行单轨制体育竞技后备人才培养模式有着密切的关联。新中国成立初期，我国竞技体育希望实现赶超世界体育竞技水平、取得辉煌成绩的目标，而受当时经济发展水平的影响，单轨制人才培养模式才是最合适的培养人才的方法。在初期阶段，这个体制有效地提升了运动员的体育竞技水平，但是随着经济发展和社会的转型，这种人才培养模式的弊端，如体育人才的整体素养不够、招生单位经费短缺、学生数量减少等问题渐渐显露出来。加上当今国际上赛事的增多，对于竞技成绩的急于求成，盲目训练、缺少科学规划的问题日益突出，而要想探索出有利于我国竞技体育人才培养的合理模式就需要对体育体制进行深化改革。在这样的社会大环境下，利用"体教结合"模式培养竞技体育人才的方式便应运而生，它不仅注重体育竞技人才运动水平的提高，同时也关注他们的文化教育状况，以此来培养全面发展的优秀高水平运动员。首先，在科学合理地安排运动训练的同时，体育院校也要帮助运动员提升文化素养，只有这样，才不会出现优秀的运动员退役之后找不到工作或是无事可做的情况。其次，对于运动员的文化教育还可以帮助其提高情商和智商，增强整体竞技运动的控制能力，面对突发情况沉着应对，稳定发挥自己应有的水平，并彰显优秀运动员的品质。相应地，"体教结合"培养出的运动员使大众摆脱了旧有训练模式培养出的"头脑简单、四肢发达"的形象的认知定位。"体教结合"培养模式将文化学习和运动训练结合在一起，使运动员成长为全面发展的人才。

2."体教结合"模式的优缺点

"体教结合"是高校根据社会发展阶段的特殊需求而提出的发展模式，它适应了经济社会转型的要求，有着其他模式无法比拟的优势，但在理论和实践中，它还不是特别成熟，还存在着一些不足。

（1）"体教结合"模式的优点。"体教结合"是高水平竞技体育人才可持续发展的必由之路，是培养全面发展型人才的重要举措。"体教结合"将运动员的竞技能力和文化水平的提升放在同等重要的位置，这是培养综合素质全面发展的青少年运动员的关键所在；运动员成长阶段，营养是否丰富、训练方式是否得当是运动员体能恢复与增强的重要因素，体育部门在体育训练方面有专门的教练员，他们专业的训练知识可以帮助运动员在较少的时间内达到最佳的运动竞技状态，同时教育部门在塑造运动员人生观、世界观、价值观过程中有着不可替代的作用；"体教结合"在一定程度上解决了"学训矛盾"突出的问题，在此基础上高校可以使具有体育特长的人才得到全面发展；提高运动员的文化教育水平可以使其不至于在退役后因为没有文凭而遇到就业难的问题；它在体育系统与教育系统之间架起了一个很好的桥梁，有利于不同部门之间的沟通合作，能够协调好管理者与执行者之间的关系。

（2）"体教结合"模式的缺点。首先，很多高校办高水平运动队的目的只是为了提高学校的竞技运动成绩，并没有对学生的全面发展有一个清晰正确的认识。其次，"体教结合"制度不健全，体育系统与教育系统的资源整合不完善，致使部门之间的协作性差、冲突频发，职责不明晰。比如，运动员注册、比赛资格归属问题，优秀运动员流动机制不够合理，这些都会导致各方利益博弈达不到均衡。再次，就我国目前的发展情况来说，"体教结合"的投入成本过于巨大，进行训练的同时也重视文化知识的学习，其中的费用对于许多家庭来说会是一笔不小的开支，这就需要国家政策的相对倾斜。最后，运动训练会消耗运动员较多的体力，造成运动员身心疲惫，这有可能直接影响到他们学习效果的好坏，从而达不到预期的培养目标。

3."体教结合"模式可持续发展对策

（1）增强合作意识，促进资源合理利用。高校要想实现"体"与"教"的真正结合，归根到底在于体育系统与教育系统的自觉合作。具体来讲，教育系统在保证学生能够正常完成学业的同时，更应该重视学生的体育训练需求，可以同体育系统签署相关的训练合作协议，由其全权掌握学生的体育训练活动，并给予资金帮助，使学生在学习文化知识的同时，可以接受专业的训练，进而促进学生的全面发展。

（2）完善政策法规，推动"体教结合"。"体教结合"是一项有利于我国高校竞技体育后备人才培养的重要发展模式，它的实行不仅要依赖于两个系统的自觉合作，还需要政策的制定并加以正确引导。合理的政策制定可以规范"体教结合"的具体实施办法，增强工作人员的积极性，为体育和教育事业的长期发展作出贡献。我国制定了一系列相应的政策并对高校"体教结合"模式进行了实践应用，结果表明在普通高校里制定适应社会改革发展转型的举措是促进"体教结合"有序进行的制度保证。

（3）提高人员素养，解决"学""训"矛盾。"体教结合"的主体是教练员，客体是学生，作为行为实施的双方，人员素质是影响结果好坏的直接因素。作为教练员，除了要对学生进行科学的训练指导之外，还要关注学生的学习成绩，避免片面化，鼓励学生全面综合发展。作为学生，在新时代要树立全面发展的观念，摒弃过去只重视学习或者体育成绩而造成发展不协调的急功近利思想，合理安排学习和训练时间，并在身体能够承受的范围之内，处理好"学"与"训"的矛盾，从而达到综合素质的稳步提升。

（二）"一条龙"模式

1."一条龙"模式的概念

高校竞技体育人才"一条龙"培养模式是指高校作为小学、中学、大学"一条龙"三段培养模式的"龙头"，统领协调中小学制定人才培养的纵向衔接的系统完整的目标体系，并依据高校竞技体育人才培养目标利用高校的场馆设施、教育与科研等优势资源全方位培养中小学阶段输送的高水平体育后备人才的一种模式。

"一条龙"培养模式指在学生运动员不同的成长阶段中，相关部门设立与学生成长特点相符合的小学、中学、大学"一条龙"式的跟踪培养模式。这种模式主要是通过建立三位一体训练小组，将小学、中学、大学三级培养体系纵向串联在一起，依据我国现有条件制定小学、中学、大学"一条龙"培养体系的发展规划，共同承担高水平运动员的培养工作。同时，通过高校这个"龙头"，带动中小学竞技体育的进一步发展，为国家培养更多优秀的全面发展的复合型竞技体育人才。

2."一条龙"模式的优缺点

（1）"一条龙"模式的优点。"一条龙"模式的优点主要体现在以下几方面：

①"一条龙"模式为培养学生运动员的综合素质提供保障。"一条龙"培养模式是在群众体育的基础上，在家庭、社会、学校的共同努力下，以学校为依托，培养综合型素质人才及高竞技运动水平运动员的方法。"一条龙"培养模式则将大、中、小学三级学校由高到低串联起来，将学生运动员与普通学生同等对待，为学生运动员的综合素质教育提供了保障。

②"一条龙"模式为培养高竞技体育水平人才提供保障。各级学校的硬件设施和高科技软件的应用，使大、中、小学相互联系、相互作用，中小学则不断向上级学校输送高素质及高运动水平的综合型人才，三级运动队相互促进、共同成长。学生边学习边训练，在轻松愉快的氛围中，既学到了此阶段应该学习的知识，又锻炼了自身素质。

（2）"一条龙"模式的缺点。"一条龙"模式的缺点主要体现在以下几方面：

①"一条龙"培养模式缺乏政府相关政策的支持。虽然我国在高校培养竞技体育人才的问题上一直在探索并且有所进步，高校"一条龙"模式培养竞技体育人才也有了许多成功的典范，但是"一条龙"培养模式未能发展成熟并形成体系，仍处在不断发展完善的过程中。政府对于高校培养竞技体育后备人才模式并没有具体的政策扶植，对"一条龙"培养模式在全国范围内的广泛推广造成了一定的阻碍，反而影响了"一条龙"模式的发展。

②"一条龙"培养模式经费难以保障。充足的经费是"一条龙"培养模式可持续发展的物质保障，然而，各级学校的教学场地设施相对不足，难以满足学生运动员的实际需要，各种经费的筹集时常面临困难，给"一条龙"模式培养高校竞技体育人才的推广造成一定的影响。

③师资力量不足，阻碍"一条龙"培养模式在全国范围内推广。各个地区

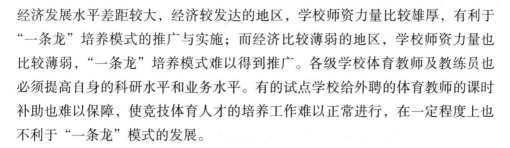

经济发展水平差距较大，经济较发达的地区，学校师资力量比较雄厚，有利于"一条龙"培养模式的推广与实施；而经济比较薄弱的地区，学校师资力量也比较薄弱，"一条龙"培养模式难以得到推广。各级学校体育教师及教练员也必须提高自身的科研水平和业务水平。有的试点学校给外聘的体育教师的课时补助也难以保障，使竞技体育人才的培养工作难以正常进行，在一定程度上也不利于"一条龙"模式的发展。

3."一条龙"模式的可持续发展对策

（1）依托地方高校的科研与培训实力，促进"一条龙"培养模式的科学发展。高校在培养竞技体育人才中起着带头作用，是竞技体育后备人才培养的重要基地。高校可以从以下几个方面努力：首先，高校是一个由多学科组成的综合系统，其整体科研水平与中小学相比相对较高，对新世纪新阶段前沿的知识掌握得比较全面。高校应充分利用此平台，加强对"一条龙"训练模式的研究，探索更多符合优秀运动员身体发展规律的方法手段。其次，经济水平较发达的地区，高校可以向上级主管部门申请组建在本地区发展的优势项目高水平运动队，在本校选拔具有项目优势的学生或招收符合本校录取条件的体育特长生为本校的正式学生。学校自主组建高水平运动队，使得学生运动员既有一定的文化素养又有高超的体育技能，使高校成为培养适合当代发展的复合型人才的基地。

（2）积极借鉴成功经验。近年来，"一条龙"培养模式在全国范围内广泛传播，各地试点学校在摸索中不断前进，经过几年的时间，涌现出众多能在国内外各类重大赛事中崭露头角的优秀高水平运动员。试点学校收获了良好的社会声誉，并取得了运动员家长的支持与信赖。随着各类主流媒体的相关报道，引起了全国各地从事竞技体育事业人士的关注。"一条龙"培养模式不仅丰富了青少年的课外体育活动，还促进了大、中、小各级学校体育工作的全面开展。各地学校在探索中逐渐找到了与本校特色相适应的道路，建议各级学校积极借鉴其他学校培养高水平竞技体育人才的成功经验，找到适合自身发展的具有地方特色的"一条龙"培养模式，以促进各级学校学生运动员的均衡发展，早日培养出高质量高水平的复合型人才，为我国竞技体育事业的发展提供大批优秀后备人才。

（3）加大对高校"一条龙"培养模式的投入力度。为了培养更多的高水平竞技体育人才，"一条龙"培养模式必将在全国范围内广泛开展，这是我国体育运动发展的需要。站在长远利益的角度来看，各高校领导应对"一条龙"模式培养全面发展的复合型人才重视起来，不能只关注运动员短期运动成绩的提高。高校应将运动队经费纳入学校经费管理条例，适当加大对高水平运动队的资金投入，通过学校宣传栏或会议的形式，加深学校及社区居民对"一条龙"培养模式的认识，加大高校对中小学体育的扶植力度，从各方面极力推进"一条龙"培养模式在高校范围内的实施，共同提高高校高水平竞技体育人才培养工作的效率。

（三）"校企结合"模式

1."校企结合"模式的概念

"校企合作"是从高职院校与企业合作衍生而来的，主要是指学校和企业为培养出能适应时代发展、经济发展和事业单位所需的应用型人才，利用教育资源和环境存在的异同，发挥二者在各自人才培养方面的优质资源、技术、师资培养、岗位培训、学生就业、科研活动等的合作，把在课堂上所学到的理论科学知识与生产实践紧密联系起来，从而利用理论指导实践，最终实现学校和企业之间双赢的一种培养模式。

2."校企结合"模式的类型

"校企结合"模式的类型主要有以下几种：

（1）校企合作办班模式。学校根据企业对人才的具体需求，专门开设一个或若干个班级，有针对性地制订人才培养方案和教学计划；企业直接为学生提供实习和实训基地，并进行岗位轮训，提升学生的实践操作能力。校企合作班培养出来的人才能被合作企业广泛吸纳，人才输出通道顺畅。同时，直接与企业打交道，有利于高校双师型教师理论教学与实践教学能力的培养。

与企业合作办班，设立大学生实习项目，定向为企业培养人才。企业与高校都要从人力、物力、财力方面给予一定的投入，为合作班的大学生设立一些实习项目。学生进入大学以后，首先接受两年的基础教育，第三年学生根据需求可以加入合作班。合作班根据企业特点和需求，通过针对性的课程设置和培养工作，将学生培养为适应企业特点的人才，以缩短毕业生到企业以后的适应期。

（2）校企合作办专业模式。校企间深层次的合作办学模式主要有以下两种形式：

①实行工学结合的培养方式。采用"2+1"或"3+1"的人才培养方式，即

把工程和学术结合起来的人才培养模式。根据真实生产、服务的技术和流程建设教学课程环境，按照产业实际应用的设备、工艺建设实训基地，根据产业和企业发展的实际问题设定教学和研究课题。高校负责两年或三年的人才培养任务，教学主要以理论课为主，辅之以实验、实训等实践性教育教学环节。学生在这两三年内要完成基本理论课的学习，修满学分，企业负责一年的人才培养任务，学生最后一年的学习由学校理论学习阶段过渡到企业实践培训阶段，在这一年内要完成实习实训报告、毕业设计等任务，这就是所谓的"2+1"或"3+1"。这种模式的最大优势是实现了校企之间的无缝对接。

②工学交替模式。它是一种在校学习和在企业工作交替进行的人才培养模式，采取分段式教育教学完成人才培养任务。校企之间共同制订某一专业人才培养方案、教学计划和生产实习计划，学生通过企业提供的相应工作岗位，边学习边工作，实现学习和工作两不误、两相帮。该模式最大的优势在于学生能将在校所学的专业技术理论与企业生产活动的需要有机结合起来，培养学生运用专业知识解决实际问题的能力。企业合作方为高校学生提供校外实习实训基地，使高校培养出来的人才规格更加符合企业之需；高校合作方为企业降低员工前期培训的成本，并为企业提供高技能、高素质的熟练工，从而增强企业的市场竞争能力，实现高校和企业的"相互反哺"。但是，这种人才培养模式过程比较烦琐，高校、企业和学生之间的责任容易发生冲突。

（3）"订单式"人才培养模式。它是一种学校和企业"签订契约、订购用人"的人才培养方式。合作企业向学校"下单"，"订购"一定数量的毕业生；学校根据企业的"订单"招收学生；学校和企业双方共同签订用人协议、共同制订人才培养方案、共同利用双方资源，实现校企合作共赢；合作企业参与人才质量评估，并按照协议约定，落实学生就业。这种人才培养方式最大的优势在于实现了"高校人才输出"与"企业人才引进"的无缝对接，学校培养的"产品"适销对路，实现了招生与就业的统一。但是，这种人才培养方式要求校企双方做到：企业对人才有批量需求、学校能培养企业需要的特殊人才，企业能在未来三五年甚至更长时间稳定发展，其培养方式将在"学校教育质量、企业经营风险"和学生就业双向选择上承担风险。

（4）校办企、企办校模式。我国在20世纪50年代就有了"学校办企业，企业办学校"的人才培养模式，经过几十年的发展变迁，现已演化为教学管理和企业运营合一、职业教育和企业生产合一模式，主要有如下几种：

①校中厂、校外厂模式。学校根据自己的实力办自己的企业，校办企业所需要的人才全部由学校提供，学校整合资金、场地、设备、师资、技术、人才等要素实行企业化教学、科研和生产活动，实现教学、生产功能一体化。例如，多所高校在中关村开办的高科技产业公司，就属于校办企业，实现人才招生、培养与使用的一致性。

②厂中校、厂外校模式。企业根据自己的经济实力投资创办学校，圈地建设办公楼、教学楼、实验室、学生宿舍和生活设施等，引进师资，开办自己的学校，培养人才。

③大学生创业基地和产业孵化园模式。高校根据政府提供的政策，从实际出发合理开办大学生创业基地或产业孵化园。在校学生可以从自己所学知识和市场需求出发，制订创业计划，充分利用各种有利因素，积极开展创业活动。高校通过组建专家评估鉴定小组，遴选优秀的企业计划方案，支持大学生创业实践，并为其提供政策、技术等方面的咨询和指导。高校还可以聘请一些创业成功的校友来学校做专题讲座，让在校创业的学生做好各方面准备，降低风险，实现更高层次的就业、创业，这是一种创新型人才的培养模式。

（5）建立实习基地模式。建立校企合作伙伴关系，建立校企合作规划和合作培养机制，探索学校和企业互建实训基地，尝试引校进厂、引厂进校、前店后校等校企一体化的合作形式，使学生在企业一线经验丰富的技术人员指导下，参与生产或技术项目，培养学生的实践能力。同时，在真实的生产环境中，培养学生的软技能和认真负责的工作态度，实现学校人才培养融入企业生产服务流程和价值创造过程、加强与企业合作。学校积极与企业签订协议，建立"大学生实习基地"，让企业参与到学生实践经验的培训中来，利用寒暑假把学生送到企业去实习，让学生熟悉企业的运作过程，丰富学生的工作经验。组织教师到企业参加相关项目合作，帮助教师了解企业的管理、企业的生产情况和需要的手艺技术。直接从企业引进专家任教或任客座教授，做本科生或硕士生的导师，做好教师和企业高级人员的双向兼职、双向流动工作。

（6）现代学徒制人才培养模式。地方高校人才培养机制改革，要注重实践课程和实习环节。在课程设置上，以培养学生运用理论知识解决实际问题的能力为目标，大幅度提高实践型课程和案例课程的比重。在四年制的培养方案中，可设置至少两个"实习学期"作为所有学生的必修环节。现代学徒制人才培养模式突破了原有的思想观念，强调职业教育和职业培训不应该再是职前和职后两种类别，而应该是融合在一起并同时进行的一种创新模式。企业人才需求绝对匮乏与高校人才培养相对过剩，是一对现实的矛盾。要解决这个矛盾，校企合作培养人才是必然要求。为了进一步加强人才培养成效，实现学校与企业的双赢，校企合作人才培养模式要实现"六个合一"，即学生与学徒合一、教师与师傅合一、教室与车间合一、作品与产品合一、理论与实践合一、育人与创收合一，使高校和企业之间真正实现技术、设备、场地、资源、信息和人才的无缝对接。

3.体育人才"校企结合"培养模式的动因

（1）高校与企业合作的动因。高校与企业合作的动因主要包括以下几方面：

①扩大高校知名度，引进优秀生源。很多学校在体育领域都有自己一定的特色，如赛艇队、跳水队等。高校优秀竞技体育成绩在一定程度上提升了学校的知名度，有利于优秀生源的引进。现如今，我国高校学生运动员的主要来源是普通高中、青少年业余体校、传统项目学校的学生以及省市队、俱乐部退役的运动员，高校形成了相对固定的招生渠道，致使自身很难招收更多优质生源。某大学男子篮球队多次取得比赛冠军，这在一定程度上扩大了该学校的知名度，吸引更多的优秀生源，这也成了影响高校竞技体育发展的因素之一。因此，我国高校在与体育部门、中小学等社会组织合作招收更多优质生源的同时，也应与社会企业合作以不断提高高校竞技体育成绩，扩大高校知名度，拓宽招生渠道。

②扩大高校竞技体育人才的就业途径。评价一所高校的办学水平及其效益的重要指标之一是高校毕业生的就业情况和就业质量。专业特点和文化知识的不足致使高校竞技体育人才很难从事跨专业的工作，就业面较窄。高校竞技体育人才就业所需的服务平台与合理完善的服务线等众多高校并未提供，这些因素使得高校竞技体育人才毕业后就业渠道单一，从而导致高校竞技体育的开展有了一定的限制。很多高校希望能够通过与社会企业间的合作拓宽高校竞技体育人才的就业途径。在比赛中，高校竞技体育人才展现自己高超的竞技水平，同时社会企业拥有广泛的社交关系网，这种"校企结合"的培养模式为高校竞技体育人才的就业提供了更多路径，创造了更多的机会。

③能够实现优秀教练员共享。随着现代经济的飞速发展，越来越多的高科技被运用到竞技体育领域中，这对竞技体育教练员的科学文化知识、专业技

能和心理素质等要求越来越高。我国高校高水平运动队的教练员多数是由体育院校或是高校体育院系毕业的本校体育老师担任，但是这些体育老师大多没有真正参与过高水平的训练和比赛，缺乏专业的战术训练和比赛经验，理论知识大于实践技能，无法具体指导实践，而且这些教练员平日里还要上课，这会耗费大量的精力。这些因素在一定程度上影响了高校对竞技体育人才的培养。在"校企结合"模式的推动下，高校可与体育部门或者企业间建立合作模式，聘请职业教练员，实现优秀教练员资源共享。

"校企结合"模式促进社会各方面的人、财、物资源实现共享，因此要充分了解高校与社会资源的特征，要对优势资源进行有针对性、合理的整合运用，完善高校培养竞技体育人才的模式，促进高校竞技体育的发展。

（2）企业与高校合作的动因。企业与高校合作的动因主要体现在以下几方面：

①提高企业知名度。在市场经济体制下，企业面临着来自国内与国际环境的复杂竞争，企业必须不断提高自身的竞争力。目前，面对市场经济残酷的"优胜劣汰"，很多企业在挖掘内部潜力的基础上，开始整合外部资源，为企业寻找新的经济增长点和更有效的广告宣传平台。提高企业的知名度，是企业增强实力、提高竞争力的重要途径。企业知名度实质上是企业的无形资产，无形资产在企业总资产中所占的比重越来越大，甚至超过了有形资产。企业想要在短期内仅依靠有形资产来增强企业的竞争力是难以实现的，特别是一些企业缺少资金，然而在短期内通过开发无形资产来提升竞争力是一种有效的方式。在现代商业化企业赞助活动中，借助体育赛事宣传早已成为各大商家竞争的手段。借助运动队宣传提高企业的知名度是一种非常有效的合作方式。企业通过与高校运动队的合作，在有影响力的媒体上曝光，提升企业的本土形象或知名度。与企业依靠传统媒体广告宣传相比较，这种宣传方式投资金额相对较少，而且可以取得较大的宣传效果。

②引进优秀人才。高等学校拥有良好的教学环境、完备齐全的教学设施、丰富的教师资源、完备的人才培养体系及健全的教育教学管理制度。近年来，随着社会对综合高素质人才的需求越来越高，高校重点加强人才在知识、能力、素质等方面的培养，其目标为培养具有创新精神和开拓能力的全面发展的高素质人才，以达到与市场接轨。高等学校是培养人才的基地，是向社会、企业输送人才的主力军。企业是经济实体，其目的是创造最大的经济效益。在国

内外市场竞争日趋激烈的情况下，企业要想生存、发展，必须有过硬的技术、产品及吸引人的特色，而这一切都是靠高素质的人才取得的，故企业对人才有着天生的渴求。高校拥有丰富的人才资源，企业在与高校竞技体育人才合作的基础上，可以引进其他专业的优秀人才。人才是决定企业兴衰的重要因素，吸引优秀的人才为企业发展集聚后备力量。

4.体育人才"校企结合"培养模式的不足

（1）组织机构不到位。在目前现有的合作中可以看到，多数是学校的教练员利用自己的人脉资源找寻企业，促进学校和企业间的合作。学校与企业的合作，学校应有专门的组织机构对合作事宜负责，而教练员并不是组织机构的成员，合同中的很多事项也因此很难实施下去。而企业组织机构运作机制的不成熟、经费落实不到位等因素，打击了促进学校和企业合作的人的积极性。"校企结合"模式运行机制的不成熟导致合同难以按照规定执行下去，这样不仅不能更好地促进高校竞技体育的发展，更不利于"校企结合"模式的继续推进。高校领导应对"校企合作"模式加以重视，构建相应的激励机制来提高促进二者合作的中间人的积极性，对高校培养竞技体育人才加以重视，促进高校竞技体育的发展。

（2）运动项目不均衡。企业在与学校合作时会优先考虑运动项目以及运动队的商业价值。不同的竞技项目有不同的商业价值，如篮球、足球、羽毛球、乒乓球、网球等群众基础好、受关注范围大、可观赏性强的运动项目，企业在合作时会优先考虑，而公路自行车、马拉松、射击和田径等受关注程度低、观赏性不强的项目则基本没有企业愿意合作。这些因素造成了运动项目合作发展的不均衡。当前国内高校的体育赛事少而平淡，群众基础基本局限于学生，与国内外的职业联赛和国外高校体育赛事相比具有一定差距，赛事本身也不具有能够吸引企业投资的影响力。现今企业与高校合作时会进行两方面的综合考虑，一是该校运动队的价值，二是高校的知名度。在社会主义市场经济体制下，学校的拨款已无法满足高校竞技体育的发展，而那些与企业难以合作的项目则面临更大的挑战。

（3）合同文本不够规范。学校与企业的合作中，学校占据绝对主动的地位，由学校有关人员拟定合约，但是合同专业性较强，而学校的有关人员对合同拟定的相关知识了解不够，导致合同条款过于简单且不够规范，许多条款都被省略，如突发事件、企业资金不到位和由于运动员的行为不当给企业带来的名誉损害等问题的解决办法。"校企结合"模式培养高校竞技体育人才在我国属于起步阶段，没有模板进行参照，能借鉴的经验少。而因合同文本的不规范会导致合作中不断产生新问题，妨碍高校与企业的合作。

四、高校竞技体育人才培养新模式的构建

（一）高校竞技体育人才培养新模式构建的指导思想与要素

1. 高校竞技体育人才培养新模式构建的指导思想

（1）坚持以人为本的指导思想。以人为本是培养优秀竞技体育人才的根本保障，它顺应了目前我国高校发展的科学化走向以及学生运动员发展的主体化和个性化趋势。只有坚持以人为本，从培养理念、培养目标和培养途径等全方位实现创新，高校的竞技体育人才培养才能取得实效。培养我国高校竞技体育人才，首先要把人才的成长放在首位，彻底消除只为提升运动成绩而忽视文化教育的现象，充分挖掘优秀学生运动员的各种潜力，尽可能提供运动员成长所需的环境，为运动员实现综合文化素质的协调发展和社会适应能力的最大化而努力。其次，要做到加强实践育人，提高学生运动员思想政治教育工作的针对性和实效性，重视他们的全面发展，增强他们的自信心，满足他们的成长需要。

（2）坚持培养理念与时俱进的指导思想。时代的发展要求高校尽快培养出社会需要的高技能、高素质人才。我国高校竞技体育人才培养模式的教育理念应紧跟时代社会、经济的发展，围绕培养对象、培养目标和培养途径等核心问题不断地进行高技能人才培养教育理念的创新。我国高校竞技体育人才培养模式也应与时俱进，培养出"高文化、高修养、高技能"的三高型竞技体育人才。

（3）人才需求多元化的指导思想。随着市场经济改革不断深入，社会对人才的价值期望和需求结构也发生了巨大的变化，社会各部门对人才需求呈现多样化的趋势，这就需要人才培养模式也要多元化。高校单一化的人才培养目标早已不能适应社会发展的需要，并与多样化的社会需求之间存在着矛盾；为适应社会对人才的多元化需求，高校必须在培养专才的同时，注重复合型人才的培养。因此，我国高校竞技体育人才的培养需要学校、体育部门、企业、俱乐部、社区等多元化主体的共同参与。

（4）着眼运动员职业生涯发展的指导思想。在运动员的人生发展历程中，

运动员身份只是他们生涯发展的一个阶段，其退役后的去向及发展同样是他们人生发展的一个重要阶段。但是，在我国高校竞技体育人才培养的现实中，更多的是将运动员获得的奖牌数作为衡量学生运动员及其培养单位是否优秀的标准。而对于学生运动员退役后的职业生涯发展并没有过多的关注，以至于他们在退役后从事其他职业的机会较少。这必然会制约我国高校竞技体育人才的可持续发展。因此，高校在对学生运动员进行专业技能训练的同时，还要着眼于运动员的未来，要有为运动员长远发展考虑的运作机制，即不断建立并完善相应的服务机制及体系，帮助学生运动员正确处理专业训练与文化知识学习之间的关系，从而解决好学训矛盾，为运动员退役后的职业发展做好准备。

2.高校竞技体育人才培养新模式构建的要素

（1）培养理念。培养理念包括以人为本理念，全面发展理念和人文、科学、创新相统一的理念。我国高校竞技体育人才培养理念是指宏观与中观（培养主体）层面和微观（运动队、运动员个体）层面的教育理念，也就是培养主体关于人才培养的本质特征、目标价值、职能任务和活动原则等的理性认识，以及对人才培养的理想追求和所形成的各种具体的教育观念。人才培养理念旨在回答"高校中的竞技体育人才应该是怎样的""高校竞技体育人才应该如何培养"等问题。

（2）培养目标。培养目标是人才培养的标准和要求，是人才培养模式构建的核心，对人才培养活动具有调控、规范和导向作用。高校竞技体育人才的培养可朝着两个方向的目标发展。首先，确立全面发展的人才培养目标。拥有高水平运动能力或取得出色的运动成绩并不是衡量优秀运动员的唯一标准，还必须拥有较高的文化素质和良好的修养和人格。在我国高校竞技体育人才的培养过程中，运动员除了要进行运动训练以使自己拥有高水平运动技能之外，还必须接受文化素质教育。以使最终培养出的体育人才成为既具有高水平的运动技能，又具有较高的科学文化素质和人文素养的全面发展型人才。在运动员的就业指导上坚持"授人以渔"，而非"授人以鱼"，使他们能够在运动生涯结束后依旧可以在其他领域获得较大的发展。其次，确立多渠道、多样化的多元人才培养目标。我国高校竞技体育人才培养的运作机制基本上是在政府支持、学校领导重视的情况下实施的，而社会体育资源的作用和地位无法真正彰显。随着我国市场经济体制的逐步完善以及高校竞技体育的发展，打破较为单一的培养方式势在必行。除了体育部门和企业与高校联合培养竞技体育人才之外，体育俱乐部也可以被看作是立于学校体育教育基础上的青少年体育运动发展的初级阶段，通过与高校的密切合作，可为高校的体育人才提供各种机会让他们去参与体育健身活动。社区体育活动的广泛开展为体育运动的普及打下了良好的基础，同时也为高校运动员的成长和发展提供了优质的土壤条件。因此，我国高校竞技体育人才的培养要采用多种渠道，综合高校、企业、俱乐部、社区等多种机构的优势资源共同培养。

（3）培养过程。培养过程是培养理念的重要部分，是培养目标得以实现的过程，它是为实现一定的人才培养目标而实施的一系列人才培养活动的过程。具体地讲，培养过程就是培养方式与培养措施的有机结合。高校竞技体育人才的培养过程是为实现竞技体育人才培养目标，按照一定的竞技体育人才培养规律和培养要求而制订的一系列人才培养规划和计划，以及采取的一系列途径、方法手段的总称。它是对于培养方案的具体实践流程，各项制度与措施及具体的操作要求。各个高校应在培养人才的过程中遵循以人为本和全面发展的总体原则，依据高校培养竞技体育人才的现实情况制定出相应的调整方案，调动多渠道、多方面的力量，进行高校基地多元化培养的尝试。

（4）培养制度。制度即人们要一同遵守的规章或准则。人才培养之所以能够持续长久，其原因就是相关规章制度可以规范人才培养的活动，只有将人才培养制度化，人才培养模式才能够得到有机的形成和发展。高校基地多元化培养模式要想长期稳定地发展并在实践中持续发挥其作用，就必须制定相应的培养制度，可以从宏观、中观、微观的角度完善体育竞赛体制，落实高校竞赛制度；制定教练员定期培训政策；设立高校高水平体育人才奖学金制度等。

（5）评价机制。评价机制是贯穿整个人才培养中的重要环节，它通过搜集人才培养过程中各方面的信息，依据一定的标准对人才培养的质量与效益，运用评价技术，作出客观的衡量和科学的判断，实行对培养目标、培养制度、培养过程进行监控，并及时进行反馈和调节。评价高校竞技体育人才培养质量可以从校内和校外两个方面来进行，校内评价侧重于高校人才培养目标的实现程度，校外评价即社会评价着重于人才培养是否符合社会发展大环境的需要。在评价人才培养的过程中，要将二者有机地结合起来，用社会评价来弥补学校评价中的不足。高校基地多元化人才的培养是一项系统工程，要充分发挥学校内部的教育评价机制以及社会评估的合力作用，就要通过改革教育评价机制和建立社会评估制度，加强科学督导，保证多元化人才的培养质量。

（二）高校竞技体育人才培养新模式的理论构建与操作思路

1.高校竞技体育人才培养新模式的理论构建

以往竞技体育人才基本上是靠体育系统来培养的。在当前新的形势下，竞技体育的发展理念和模式已发生转变，教育资源和以职业体育俱乐部为主的其他社会体育资源使得社会对竞技体育的关注度大大提高，这对竞技体育人才培养起到了积极的作用，也是高校要提出竞技体育人才多元化培养模式的现实基础。如今，高校竞技体育人才培养模式已经从过去由体育资源独家包办的单一发展格局，逐步向以教育资源为主，体育资源，企业、俱乐部等资源为辅的其他体育社会团体等多家参与的多元化格局转变，即高校基地多元化培养模式。该模式的提出，首先在于强调学校教育对于高校竞技体育人才的关键作用，创新人才培养模式，使得学校在培养体育人才过程中起核心作用，充分利用好学校资源，进行科学的训练，不断提高训练水平，同时加大文化教育的力度，以促进高校培养高质量的竞技体育人才。其次是在有关企业和职业体育俱乐部中加大对于竞技体育人才培养的投入力度，并发挥其对学生运动员未来职业转化的启蒙作用。最后，将这些资源加以结合、整合，从而强强联合以达到多方的双赢、共赢。

高校基地多元化培养模式是以高校为基地，横向可与体育系统、社会企事业单位等合作，纵向可与中小学衔接（纵向向上还可延伸到研究生教育阶段），从而能全方位、系统全面培养高文化、高修养（素质）、高技能的竞技体育人才的新模式。

在培养理念上，此模式以高校这一教育资源为根本基地培养竞技体育人才，结合多个体育相关部门，整合社会上有利于培养竞技体育人才的各种资源，一切为运动员全面长期发展的利益着想，以培养出符合时代发展的新型竞技体育人才。在培养目标上，它旨在使运动员既具备高水平的竞技体育技能又具有基本的高等教育文化知识素养。以高校教育资源为主体，综合社会上可以利用的相关体育资源、社会资源、市场资源等，培养多样化发展的竞技体育人才。在培养过程中，由于国家政策的引导，普通高等院校开设需要普及学习的文化课程，体育俱乐部等体育系统部门为运动员提供科学的训练计划并辅以合理地、系统地训练。此外，企业等社会资源为学生运动员参加比赛提供一定的经费保障，全面营造有助于学生运动员成长和发展的学习、训练环境。在培养制度上，该模式采用多元化方式，综合现阶段施行的有借鉴价值的多种培养模式完善相关培养体制与机制，以不断促进我国高校体育事业的全面健康发展。

从具体的构成方面来说，高校基地多元化模式可以简化为"1+X"模式。从中（宏）观上（即培养主体方面）讲，"1"是指高校，全面发展的竞技体育人才的培养离不开具有浓厚文化学习氛围的高校，除了要提升其运动技能，文化水平的提高也必不可少；"X"是指有助于运动员竞技体育水平提高的众多体育资源和社会资源，包括体育部门、企业、俱乐部、社区等，这些组织与高校的合作可以弥补高校在体育设施、训练、经费等方面的不足，用以培养全面发展的竞技体育人才。从微观方面（即运动员个体）来讲，"1"是指运动员的文化专业。作为大学生，首先必须学好文化专业。而作为全面发展的综合型体育人才，高校竞技体育人才不仅要具备相应的竞技水平，更应注重文化素质水平的提高，以防止出现退役后就业困难和社会地位较低的情况。"X"是指运动员的体育专项技能、素质和素养。作为高校的一名学生运动员，竞技体育水平代表其作为运动员的基本能力，在自己的体育专项中，保持较高层次的运动水平是基础，还要具备一定的品质、教养和个人修养，即实现高文化、高修养、高技能的三高型人才培养目标。

本研究所构建的高校基地多元化模式是一种以学校培养为中心的多渠道的人才培养模式。在这种多元化的模式中，学校培养、体育部门培养、企业培养、俱乐部培养以及社区培养模式不是各自为政的封闭体系，而是一种互相补充、相辅相成、相互联系的关系，具体如图3-1所示。

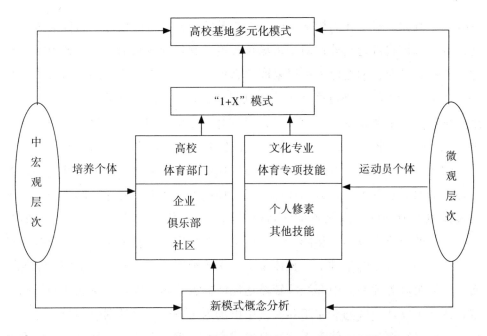

图 3-1 竞技体育人才培养的高校基地多元化模式理论模型图

2.高校竞技体育人才培养新模式的操作思路

我国高校竞技体育人才培养多元化模式的运行成功与否与其合理化的运作方式紧密相连。因此，在培养过程中要遵循一定的标准和制度，对人才选拔制度、培养目标、培养任务，以及训练、竞赛等作出科学的规范，以发挥其模式的优势，避免模式的缺陷。

（1）以人才的全面培养为出发点，正视教育资源在人才培养中的核心地位。在高校基地多元化模式运行过程中应发挥竞技体育人才的全面培养这一优势，正视学校教育功能在人才培养中的重要地位，仅从运动成绩这一体育资源的角度审视竞技体育人才培养的效果是一种片面的看法。学生身份作为第一身份的高校竞技体育人才，其首要任务是学习文化知识，然后才是以运动员的身份参加比赛完成为学校、为国家争夺荣誉的任务。要发挥这一模式的优势既要重视知识的传递，又要注意学生运动员对知识的真正理解，使其能力和素质得到全面提升。

（2）调整项目结构设置，科学进行项目布局。在运用高校基地多元化模式培养竞技体育人才时，各地区高校应因地制宜，发挥该地区市场机制，并根据现实条件，充分利用自身优势，完善运动项目布局，使各个学校的资源得到充分利用。例如，对于在高校学生中比较普及的项目，可以通过"高校基地＋体教结合"的模式进行培养；对于市场化程度、观赏性较高的项目（如田径、足球、篮球、排球、羽毛球）可以采取"高校基地＋校企结合"的培养模式；对于一些难以在市场上进行产业推广的项目（如体操），可以采取"一条龙"的培养模式；对于竞技水平比较一般，但具有一定市场的个人项目（如网球、武术），可交给企业或者家庭进行培养，至于政府只需给予政策扶持即可。

（3）以区域经济为基础，培养地方区域所需体育人才。我国地域辽阔，各个地区的发展程度不一，自然环境和人文环境差异较大，各地区的高校所拥有的资源也有所不同，因此各地区高校采取的竞技体育人才培养模式在当前乃至相当长的时段内也不尽相同。总体而论，在采用高校基地多元化培养模式时都是建立在院校化的基础上，具体来讲，东部地区的人才培养以市场机制为导向，计划机制为辅助；中部经济较发达地区的人才培养则是市场和计划机制并重；西部欠发达地区的人才培养模式中市场因素较小，以计划机制为主要运行模式。通过统领各地区体育人才培养模式资源，综合发挥资源的合力，培养地方区域所需体育人才，更好地为我国高校的竞技体育人才培养服务。

（4）建立各资源竞技体育人才管理体系，发挥系统最佳效能。高校基地多元化模式培养竞技体育人才是一项复杂的系统工程，它涉及的领域和包含的因素众多，要使这一系统工程得以协调发展、高效运作必须进行宏观决策，建立层层衔接的各资源竞技体育人才管理体系，以发挥系统最佳效能，提高科学管理水平。首先，着力建立并完善各地区高等院校、企业、俱乐部、社区这些社会团体的体育组织管理机构，从而更好地发挥各自资源的作用。其次，严格完善体育人才培养管理体系，规范人才的管理工作，培养多个级别和类型的体育管理人才。

（5）统筹规划，统一部署。高校基地多元化培养模式的实施需要体育、教育、企业、俱乐部等各种资源的鼎力合作。学校和体育系统的合作是企业等社会资源加入的先导，要实现各方通力合作培养竞技体育人才，国家政策资源的支持是前提。在此基础上打破传统的壁垒，统筹全局，制定统一规划，统一部署工作，成立分工合理、权责分明、资源优化配置、人才优势互补、利益分配合理的多元化强强联合的培养制度，并形成有效的运行机制，为我国高校竞技体育人才的培养打造多方共赢提供良好的实施环境。

第二节 体育教育人才的培养

体育教育人才主要包括体育教师及教练员，本节主要探索体育教师的培养。

一、体育教育人才的知识结构与能力结构

（一）体育教育人才的知识结构

作为 21 世纪的体育教师，其知识结构应该包括专业知识、教育科学知识和文化科学基础知识三大方面。

第一，精深扎实的专业知识。专业知识是指体育教师承担体育课程必备的有关专门知识，包含体育科学基础理论，如人体生物学科（解剖学、生理学、生物化学等）理论、学科发展史（体育史、有关运动项目的发展史）、体育原理与方法；体育专业技术与理论（体育专项动作技术及其原理）；体育专业教育技术与理论（体育保健知识、运动技术教学训练方法学、体育竞赛方法学、体育健身方法学等知识）以及中学体育课程的全部内容。

第二，丰富的教育科学知识。教学是一门艺术，更是一门科学。作为一名体育教师，具备精深扎实的专业知识只是做好体育教学的一个最基本的必要条件。除此之外，体育教师还应该具有丰富的教育科学知识。因为教师的职业性质在于将人类所创造的优秀文化遗产和成就传递给未来社会的建设者，使他们在继承的基础上创造出更加辉煌的成就。所以，体育教师只有通晓学生的身心发展规律，熟知教学规律，掌握体育教学的基本方法和技能，才能唤起学生主体的积极主动性，使教学质量获得提高。

第三，广博的文化科学基础知识。当今社会的信息化使得学生获得体育知识的途径十分宽广，信息量激增，许多体育知识还没有在课堂上讲授，学生就已经从其他传媒中有所了解，像人机对弈等热点问题都可能在学校和课堂上反映出来，这使得体育教师面临的专业问题增多了。加之当前各学科间的相互渗透与综合化的发展趋势，更要求体育教师不仅要及时了解本专业的最新发展动态，而且必须不断地扩大自己的知识领域，广泛地涉猎其他学科的知识，以

适应教育发展的要求。博学是当代教师建立威信、改善师生关系的重要条件之一，也是教师开阔学生的科学视野、激发学生的求知欲、培养学生创造性思维的基本条件。

（二）体育教育人才的能力结构

高等院校体育教育专业的基本任务是，使学生掌握本专业的基础理论、基本知识和基本技能，对现代体育科学的新成就、新信息有所了解，懂得教育规律，具有较好的分析问题和解决问题的能力，具有运动训练、组织竞赛和裁判工作的能力，最终能够胜任中学教育和体育教学工作。体育教育专业在本科学习阶段应十分注重学生专业能力和素质的提高，这样才能适应当前初高中体育教学的需要。笔者认为体育教育专业人才应具备的能力可分为四个方面，如表3-1 所示。

表3-1 体育教育人才的能力结构

能力结构	表现形式	具体要求
品德教育能力	教书育人	联系实际，结合教学内容，对学生进行思想品德教育
	管理育人	了解学生思想变化规律，严格要求，按章办事，教育疏导
	为人师表	以身作则，用行动去影响学生
	品德鉴定	全面了解学生的思想状况，评价客观、公正
术课教学能力	制订教学文件	各种教学文件完整、规范；任务明确、具体
	钻研教材，运用教法	突出教材难点、重点；运用教法有效、灵活
	知识讲授	讲解清楚，简明准确，逻辑性强
	动作示范	示范准确，方位恰当，完整与分解相结合
	教学组织	课程的结构与时间安排合理，调动队伍方法得当，练习衔接严谨
	观察纠正错误动作	发现错误动作及时，纠正方法得当
	处理偶发事件	处理问题冷静，实施有效

能力结构	表现形式	具体要求
术课教学能力	结合环境运用场地器材	场地器材运用符合实际
	考核评定	测试标准，评定客观、准确、统一
运动训练能力	制订训练文件	各种文件齐全，符合训练原则
	科学选材	精通选材理论，掌握方法
	专项技术	专项技能突出
	运用训练方法	方法运用得当，有针对性
	观察分析技战术	发现问题及时，纠正方法有效
	临场指导	应变自如，有条不紊
	训练评价	评价客观、准确
科研创新能力	科学选题	选题具有现实性、可行性、创新性
	搜集整理分析信息	搜集信息迅速、全面、准确;整理资料条理清晰、逻辑性强
	运用科研方法	方法运用得当、多样
	撰写论文	结构合理，论证有力，层次分明，分析透彻
	独立思维	思维敏捷，敢于坚持真理
	接受新信息	善于接受新事物
	提出新见解	富于开拓精神，善于提出新看法、新思路
	自学	有计划、有步骤地坚持学习，提高水平

二、体育教育人才的培养目标

体育教育人才是指德、智、体全面发展的，掌握体育教学训练的基本理论、基本知识和基本技能的，具备中小学体育教育教学能力和职业道德素养的，既能从事学校体育与健康的教学、训练和竞赛工作，又能从事学校体育科学研究、管理和社会体育指导工作的高级应用型人才。这类人才的能力特征有以下几点：

（1）掌握马克思列宁主义、毛泽东思想、邓小平理论、"三个代表"重要思想，科学发展观以及习近平新时代中国特色社会主义思想，志存高远，爱国敬业，为人师表，教书育人。

（2）掌握体育与健康教学的基本理论和方法，体育锻炼、训练和竞赛的基本理论与方法，并具有创新精神和实践能力以及较强的自学能力和适应能力。

（3）熟悉国家有关教育、体育工作的方针、政策和法规；了解学校体育改革与发展的动态以及体育科研的发展趋势；掌握基本的科研方法，并具有从事体育科学研究的能力。

（4）掌握一门外语和计算机知识，能阅读本专业的外文书刊，掌握计算机的基本操作技能。

（5）具有健康的体魄、良好的卫生习惯以及较扎实的营养卫生知识，有良好的思想品德、健全的人格和较好的心理素质。

（6）具有感受美、鉴赏美、表现美和创造美的情感与能力。

三、体育教育人才培养模式——"五重型阶梯式"

"五重型阶梯式"人才培养模式主要通过改革人才培养方案、调整课程设置、改革实践教学形式、加强教学条件保障等具体措施培养"多能一专"的体育人才。

（一）"五重型"人才培养模式的具体内涵

"五重型"即"重教、重能、重实、重异、重健"五个方面，针对五个不同的侧重点，采用了不同的培养措施。

1.重"教"

重"教"即突出师范性，加强对学生教的能力的培养，提高学生的教育知识水平与教育教学能力，包括编写教学文案的能力、动作示范的能力、语言讲解的能力、教学组织的能力、教学评价的能力和钻研教材、运用教法的能力等。为实现上述目标，在制定和调整培养方案的时候，进行了大量的调查和论证，因此新的培养方案增设了教师教育必修课程和选修课程模块，师范教育特征明显。重"教"的特点适应于学生考取教师资格证书的面试环节，因为成为一名教师不仅要理论知识丰富，教学能力也非常重要，重"教"同时有利于学生通过教学技能考试，这也是学生通向面试的必经环节和成为一名合格教师的基本要求。

2.重"能"

重"能"即突出"多能"基础上的"一专"，提高学生综合能力。新生一入学就开始专修，在着重夯实学生某一专项技能的基础上，再着重培养科研能力、创新能力、社会适应能力和就业能力。在科研能力的培养方面，要求学生能够查阅文献资料、撰写开题报告、文献综述，进行大学生创新性实验的课题申报等。为提高学生的社会适应能力，学校在培养过程中开设了学生社团，如贫困生创业协会、家教协会等，组织学生参加各类社会活动。为加强学生就业能力和创业能力的培养，学校还新开设了职业生涯规划、就业指导等课程。

3.重"实"

重"实"即重视"实习、实训、实验"。为成功通过教师资格证笔试和面试，成为一名合格的教师打下坚实的实践基础。

首先是重实习。实践证明，实习是学生学会各项技能最有效的途径，而且教师资格证的面试试讲环节正是考查学生的实践能力和经验。因此，学校大力加强实习基地建设，延长实习时间，在新的培养方案中将教育实习的时间由原来的8周延长到16周，同时开展小课堂教学实践、模拟实习及教育见习等，建立稳定的教育实习基地。

其次是重实训，即加强专项技能训练。开展周末运动选修实践，组织各类运动竞赛；开设学生社团，加强专业技能训练。目前，常见的学生体育社团包括街舞协会、轮滑协会、体育舞蹈协会、瑜伽协会、武术协会、跆拳道协会等。

最后是重实验，即加大力度深化实验教学改革。在实验教学中，树立先进的教育理念，坚持"以人为本"，确定"以实验项目为载体，强化专业特色，重视过程培养、综合训练与自主创新"的改革思路与目标，构建了"两类课程、三个模块与五个层次"的实验教学体系。以实验项目为牵引，强化课程，淡化学科，重视过程、综合训练与自主创新，通过集约式整合，将原有实验课程进行整合重组，使"实验教学、创新教育与实践教育"三个平台及各个环节与层次之间相互交融。

4.重"异"

重"异"即注重学生个性，因材施教，为学生提供多种考取教师资格证书的培训、就业培训和指导。对于不同性别的学生选取不同的专修和普修；对于不同体能的学生选取不同的专选班；根据中小学体育老师的不同要求培养学生；对于不同的文化水平，如高水平运动员适当减免学分；对于学习层次想法不同的学生在考研等方面灌输不同难度的理论与技能知识；等等。

5.重"健"

重"健"即坚持"健康第一"的宗旨，与中小学"体育与健康"课程接轨，开设健康类课程如"体质健康测评"等，重视培养学生对"学生体质健康测试系统"与"国民体质健康测试系统"的操作与使用能力，以及提高学生对心理健康与社会适应力的测评能力。为基础教育培养优秀师资的同时，提高体育教育专业学生对健康的认识；在提高学生保持自身健康能力的同时，使其学习教会别人测评和提高其保持健康的能力。

（二）"阶梯式"的培养目标

"阶梯式"指的是在分析职业岗位能力的前提下，依据体育教育的"教育"和"育体"特性，不断调整和创新培养方案，明确阶段培养目标，形成四年阶梯递进式人才培养方式，形成"学实研"一体化的培养流程。

1.大学一年级

该阶段主要进行入学教育和教师基本技能训练。入学教育包括思想态度教育、专业态度教育、现代教育思想和教育观念，培养学生热爱体育教师职业。熟读教师资格证的考试科目，尤其是教育学和心理学，这两门课也是在本科要开设的课程。军训及礼仪教育、行为规范、道德准则、道德修养等也是在大学一年级需要学习的内容。

2.大学二年级

培养"多能一专"型人才，即专项技能扎实、科研能力强、创新能力高、社会适应能力好、就业能力强。培养"多类辅项技能＋一项专项技能"，即"一人多证"，要求获得运动员等级证、教师资格证、毕业证、全国大学英语四级或六级证、计算机等级证、二级以上的裁判证、社会指导员证、健康管理师证、运动营养师证、运动按摩师证等。

3.大学三年级

明确就业方向，培养专职型体育教育人才。着重培养学生的教学能力：制订教学大纲、准备教案、命题、评卷、制订双目细分表、组织考试、教学观摩、动作示范、语言讲解、课堂组织等。进行小课堂教学实习、模拟实习、外出观摩、专业教育见习，并邀请专家和中学特级教师来校讲学，从而提高学生的教学能力。学习中小学体育教材教法，适应新课程标准下的体育教学，为基础教育培养师资。提高现代教育技术运用能力，举办多媒体课件制作大赛等。

4.大学四年级

延长实习时间，将教育实习由原来的8周延长到16周。单独实习与集体实习两种形式相结合，同时进行就业指导，开设职业生涯规划、体育教师就业指导等课程。开展面试礼仪教育、传授试教技巧与方法、开设就业咨询服务和收集就业信息。严格要求毕业论文质量，采用教师指导，以个人或小组的形式自由组合，设计实验方案或问卷调查，自主实施。大学四年级是考取教师资格证书的最佳时期，前三年为此打下的基础，在大四这年是最好的检验与收获时期。

（三）"五重型阶梯式"人才培养的教学资源体系构建

1.更新人才培养方案，建设特色专业培养方案

这就要求学校要使核心主干课程更加明晰，"多能一专"特征明显，师范性更加突出。新的培养方案一是突出了"多能一专"中的"专"的技能培养，新生一入学就开始进行专修；二是师范性的特征更为明显，增设了教师教育必修课程和选修课程模块；三是注重学生实践能力的培养，教育实习由以前的8周改为16周，大大提高了学生的教学技能；四是实验教学改革特色明显。运用教育学、心理学以及体育教学与训练的基本理论，使学生熟练掌握体育教学的基本方法与手段，培养学生具备良好的教师职业素养和从事体育教学、教学研究的基本能力。了解学校体育改革与发展的动态以及体育科研的发展趋势，使学生掌握基本的科研方法，具有一定的自学能力和体育科研能力。要求学生掌握一门外语，能阅读本专业的外文书刊；掌握计算机的基础知识、应用知识和现代教学手段。主要课程设有田径、体操类、球类、武术、运动解剖学、运动生理学、体育保健学、学校体育学、学校教育学、心理学、德育与班级管理、体育课程与教学论、"三字一话"、教育见习、教育实习等。

2.依托实验教学平台，构建"立体交叉式"的实验教学改革体系

依托"双基"合格实验室的评估，通过"运动人体科学实验室""体适能与运动康复实验室"的建设等，遵循自主学习、自我训练、自主设计、自主实施与自主评价的自主创新原则。树立先进的教育理念，坚持"以人为本"，确定以实验项目为载体，强化专业特色，重视过程培养、综合训练与自主创新的改革思路与目标。以实验项目为牵引，强化课程，重视过程、综合训练与自主创新，通过集约式整合，对多门实验课程进行整合重组，构建"立体交叉式"的实验教学改革体系框架，实现"实验教学、创新教育与实践教育"三个平台及各个环节的相互交融。重视实践教学环节，逐步完善实验课程建设。

3.依托教育教学实践基地，完善分阶段多形式的教育实践体系

根据体育教育专业学生成长规律，对学生的培养涵盖专业思想教育、从教理想教育、教学观摩、模拟实习、教育见习、技能训练、综合实践、教育实习和教育研习在内的实践教学内容体系，使学生通过系列实践，在大学四年期间每年均有不同的收获。逐步完成"循序渐进、四年阶梯式"的教育实践组织体系，同时建立稳定的教育实习基地，并强化教育实习与专业实践的管理。

4.依托课外实践教学活动，完善全方位立体化素质养成体系

学生的自选实践活动包括专业社团活动与社会实践和实验室见习等，建立大学生创新研究会、青年志愿者协会、健美操健身俱乐部、街舞协会、体育舞蹈协会等学生社团。还可以组织学生到多个地方开展暑期实践活动，使学生逐步提高在实践中发现问题、解决问题的能力，逐渐完善和提高自身的综合素养。

（四）"五重型阶梯式"人才培养的教学保障体系

1.实施教师能力提升计划，促进教师教学水平

为了加强引领示范，造就了一批素质过硬的教学队伍，坚持以人为本的方针，采取有效措施，鼓励和吸引高水平的教师进入教学队伍，努力优化教学队伍的年龄、知识、学历、职称结构，形成结构层次合理的高素质教学团队。支持年轻教师报考博士研究生，加大对教学人员的培训力度，鼓励继续培训和教育，切实提高教学人员的综合素质和教学能力。同时，在政策和待遇上给予倾斜，造就一支高质量、高水平、结构合理、相对稳定的教学队伍。

2.教学管理制度改革，教学管理队伍专职化

实行网上选课、挂牌上课制度，实现一人多课、一课多人、考教分离，教、学双方互评互查。教学管理部门每天进行教学检查，每月开展比课、查课、示范课、研究课活动，每年进行教学比武。教学大纲、人才培养方案、考试大纲、教案定期检查评比。规范学生本科毕业论文开题与写作，强化教育实习与专业实践管理。综合性、设计性和研究创新性实验的开设比例达到100%，实验室全部对学生开放。

3.加强教材教学资源开发，建设优质资源

紧跟学科发展前沿，改革教材内容。通过更新、增设专题等方式，将学科前沿知识融入教材与教学过程中，重视培养体育教育师范生的学术性和专业化。

4.加强精品课程资源建设，推进网络课程开放共享

完善体育教育专业课程体系，夯实师范专业基础。按照专业、专项的结构，完善师范生应具备的基础课程、专业主干课程和模块方向课程，申请省级和校级精品课程。建设网络课程，其中涉及理论学科、技术学科。成立网络办公室，并购置摄像、视频处理等器材，建成一流的网络共享平台，能及时使各种信息资源达到共享。

第三节 创新创业型体育人才的培养

在现今创新创业背景下，高校需要将体育专业教育与创新创业教育广泛结合，融合体育专业相关理论和实践特色，将创新创业具体活动融入实际教学中，并以创新精神、创业技能和实践应用能力为培养目标，设计体育理论实践型教学和创新型技术实践教学的崭新模式，通过符合学校、地方特色的创新创业教育培养一专多能的应用型体育人才。

一、创新创业型体育人才的素质构成

创新创业型体育人才可细分为两类：一是体育创新人才，二是体育创业人才。当然，还存在两者兼而有之的复合型体育创新创业人才。体育创新人才是

指体育领域的，具有某种动作技术创新、教学或者训练技巧创新，具有某种体育理论创新、体育制度创新、体育项目创新与开发，以及服务于经营管理创新的人士。体育创业人才则泛指与体育产业相关，或者涉及体育产业相关领域的进行现代经济活动的企业法人或者社会性从业人员。在现实社会中，因体育创新发展为体育产业领头人或者从业人员的人才并不在少数。

创新创业型体育人才的素质构成主要包括以下三部分：创新创业精神、知识结构与能力结构。

（一）创新创业精神

1. 创新创业精神的内涵

创业者在创业时所显现出来的各种精神和力量的总和被称为创新创业精神。创新是其核心内容，这种精神品质与传统的创业中展示出来的精神有着很大区别。人类发展需要这种创新与创业的精神。创业者在创业的过程中对资源进行整合，对现有资源加以充分利用，不断推陈出新，发现新事物，创造新事物，总结新思想，创造新价值。其内涵包括创新、冒险、合作、拼搏精神，而且对市场也能保持较高的敏锐性。在经济领域中融入创新创业精神，能够有效推动创新与创业，带动就业率的上升，推进经济的快速发展；在社会领域中融入创新创业精神，能够在社会上形成积极的创新创业氛围；创新创业精神还能促进人们形成创业的思维、增强创业的意识、提高创业的能力。

（1）创新精神。创新是民族进步的灵魂，它是一种不竭的动力，推动着一个国家的兴盛与进步。当下国际竞争越来越激烈，只有不断创新才能在国际竞争中脱颖而出。改革与创新已经成为我国新时代的主流精神，人们开始勇于打破陈规，积极探索，追求创新与进步。

解放思想、尊重事实是培养创新思维和创新意识的基础，只有这样人们才能有开阔的视野、独特的见解，创新创业才有了精神基础。人们应该打破旧思想、旧观念的束缚，先破再立，树立创新意识和创新观念，超越现实，寻求变革。在创业的过程中，只有不断创新，才能在激烈的竞争中立足，保持各项事业的可持续发展。这里所说的创新包括技术创新、理念创新、服务创新、产品创新、管理创新等，这是新时代中国精神的根本所在。

（2）冒险精神。高校学生在创新与创业的过程中，必须具备一定的冒险精神。因为创业本身就属于一种冒险行为，只有具备了冒险精神，才能做好冒险

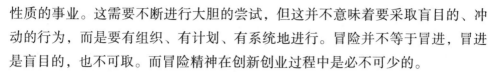

性质的事业。这需要不断进行大胆的尝试，但这并不意味着要采取盲目的、冲动的行为，而是要有组织、有计划、有系统地进行。冒险并不等于冒进，冒进是盲目的，也不可取。而冒险精神在创新创业过程中是必不可少的。

第一，创业者如果缺乏冒险精神，做事畏首畏尾，那么他就很难全身心投入创新创业活动中，即使创新创业有所起步，也很难做大做强。

第二，即使学生具备了创新创业方面的冒险精神，也不意味着就一定能够取得成功，重要的是要有勇于承担风险的精神，要对各种不确定性有足够的心理准备。

（3）合作精神。创新创业是一个相对浩大的工程，并不是某一位创业者个人所能完成的。不管是在创新创业的知识与能力方面，还是可以利用的资源方面，个人的力量总归是有限的。人们不可能具备全部创新创业知识与能力，也不可能拥有全方位的创新创业所需的资源。这个时候必须发挥团队的力量，吸纳有共同志向的成员加入创新创业队伍。小溪只能泛起小小的浪花，大海才能迸发出惊涛骇浪，这就是团队的力量和同心同德的合作精神，在合作的团队中往往能收到"1+1>2"的效果。

团队可以发挥个人所不具有的作用，在创新创业的知识与能力方面，每个人接触的知识领域不一定相同，这就使得团队成员各有所长，有利于团队中的成员各有侧重地分配任务，促进思想的交流，相互学习，取长补短；从创新创业所需资源的角度讲，团队中的每个成员，他们接触的人、遇到的事也不尽相同，那么团队合作就有利于资源的整合，助力创新创业活动的顺利进行；在精神层面，团队成员可以相互鼓励、相互支持，越是在艰难的时刻，越需要同伴间的相互理解与扶持。团队合作中，难免会出现意见相左的时候，这个时候团队成员要以大局为重，同心同德的创业团队才会走得更远。

（4）拼搏精神。创新与创业具有一定的冒险性。这个过程中会出现各种各样的风险和坎坷，也会面临不可预知的困难。正因如此，学生就要学会规避创业中的各种风险，增强克服困难、积极进取的意志和决心，要有敢于争先、艰苦奋斗的精神，要有解决困难、不畏艰险的勇气。

在创新创业的过程中，创业者必须具备自强不息的拼搏精神。特别是那些正处于创业阶段的企业，领导者要具备顽强拼搏、知难而进的精神以及顽强的意志。创业的路上必然会充满各种困难与坎坷，会出现各种不可预见的问题，创业也会因为这些困难而出现瓶颈，越是这种时候，创业者越要保持清醒的头脑，凭借坚韧不拔的意志和勇气，在逆境中寻找机会，调整方向，争取创新创业的成功。

（5）市场敏锐度。市场敏锐度是指对当下以及未来的市场做出反应的速度。因为市场是不均衡的，而恰好这种不均衡性才能制造出各种各样的商机，机遇是存在于任何时间、任何领域中的。创业精神中就包括创业者对市场的警觉度和敏锐度，创业者必须有能力对市场形势作出分析，寻找和发掘市场中的各种机会，达成自己预期的创新创业目标。

2.创新创业精神的主要特征

（1）批判性。善于进行批评与自我批评，在不断学习中完善自我，这也是创新创业精神的重要内容。此精神具备一定的批判性质。创新的核心就是批判意识，发现问题并及时改正是创新者的必备技能，这也是创新的前提。创新还囊括对旧事物、旧思想的完善。之所以要强调批判思维的重要性，是因为世间万物都存在两面性，辩证地分析问题能够帮助人们更清晰、更深入地认识事物。任何事物在世界上的存在都不是尽善尽美的，都还具备改善的空间。创业的创新性主要体现在方法的创新、模式的创新、新事物的发现、功能的优化上，应充分利用批判性思维，为社会发展创造新的价值。

批判性思维在创新创业过程中扮演着十分重要的角色，这是开辟新思路、新方法的起点。缺乏批判性思维的创业必然会遇到一系列的问题，成功率也会大大降低。事物正是因为存在各种各样的问题，才为创新创业提供了可能。

（2）科学性。创新创业应当在正确方法的引导下进行，因此科学性就显得十分关键，创新创业精神的确立需要遵循事物的发展规律，秉持实事求是的态度，保证创新创业的科学性和务实性。创新绝不是凭空想象和一味地大胆尝试，而应从实际生活出发，深入剖析事物的本质，发现其存在的问题并改正，充分发挥科学在创业中的作用，将创新创业与科学研究建立联系，采用科学的管理方法和评价体系。

当然，以科学性为原则的同时，也应发挥个人的主观能动性、动手实践能力，将创新实践与思维活动紧密联系，创建一个富有创造力的创业蓝图。从实际生活中所面临的问题出发，切实完成蓝图中所囊括的所有工作，进而达到预期的效果。创业蓝图建立的过程实质上也是不断创新、不断积累的过程。在这个过程中，科学的理论体系与方法十分重要。

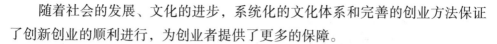

随着社会的发展、文化的进步，系统化的文化体系和完善的创业方法保证了创新创业的顺利进行，为创业者提供了更多的保障。

（二）知识结构

创新创业型体育人才的知识结构应该包括基础性的通识类学科知识、主体性的体育专业知识、辅助与拓展性的创新创业知识三部分。

（1）基础性的通识类学科知识主要来源于人文课程，包括生态文化、传统文化等，涵盖历史、哲学、艺术、文学、地理等多种学科知识。高校开设的人文课程可以有效帮助创新创业型体育人才明晰社会的运行规则，了解朝代更替的历史，领悟生命的意义与追求。以马克思主义哲学为例，创新创业型体育人才在学习政治经济学时，可以从批判的角度深入了解资本与政府的关系。根据《资本论》的相关理论，学生投身于经济社会活动，首先需建立价值观念，明确当今社会经济生活中经济价值创造的本质，辩证地理解劳动价值论和交换价值论。价值选择决定着学生在今后的创新创业发展中，是坚持实体经济方向发展，还是向虚拟经济方向发展。再如，《资本论》的第二卷内容是资本的流通过程，通过学习这一课，学生会明白产业资本各要素在流通过程中发挥的各项职能，能够更准确地了解现代经济体系的运行法则，这对于其创新创业发展大有帮助。通识类学科知识的构建可以在宏观上帮助学生更深入地了解社会，了解人类社会的底层运行逻辑，以便在今后的创新创业过程中，做到不困于经济社会的桎梏，更从容地实现自我社会价值。

（2）主体性的体育专业知识指学生的体育专业必修课程。这部分知识是学生需在大学阶段深入学习的知识，是其今后在体育产业及体育周边产业发展的立足之本。

（3）辅助与拓展性的创新创业知识，既包括创新思维与方法、外语、社交礼仪、企业法、职业规划等辅助性知识，也包括创业学、市场营销、财务管理、风险管理等方面的企业职能知识。此方面的知识构建，目的在于帮助学生在经济社会领域更从容地应对各项商业挑战。

总体来说，通识类学科知识是在"道"的层面建构学生的价值体系，给学生以战略引领；主体性的体育专业知识是在社会职能层面使学生拥有专业知识，以融入社会；辅助与拓展性的创新创业知识则是在"术"的层面帮助学生解决经济社会领域中的各项问题与挑战，让学生能在创新创业之路上健康、长远发展。

（三）能力结构

创新创业型体育人才的能力结构应该包括专业项目的体育运动能力、基本的社会化个人能力两部分。专业项目的体育运动能力是学生必须学习的专业技能，突出的专业技能代表着高水平的运动能力。基本的社会化个人能力包括体育创新能力和体育创业能力两部分。在体育创新能力方面，学生个人的动作编排创新能力、动作技术创新能力、训练指导方法创新能力、竞赛组织创新能力、健身项目开发创新能力、体育用品及相关产品开发创新能力、体育及相关产业经营管理创新能力等，都是其保持行业领先地位的重要影响要素。学生具备了体育创新能力，才能在激烈的经济竞争过程中抢占先机。体育创业能力包括创办工作室的领导能力、创办体育产业企业的经济要素组织能力、开发体育及相关业务的渠道拓展能力。创新创业人才在步入经济社会后，只有具备了这三种能力，才能在商业竞争中稳步经营获利，实现其社会经济职能。

二、创新创业型体育人才培养的目标与规划

（一）创新创业型体育人才培养的目标

1.激发学生的创新创业意识

对于人才培养来说，教育活动是一项重要的社会活动，有效提高我国国民素质。这对于创新创业型体育人才的培养也同样适用。

在培养创新创业型体育人才时，首先要做好主体意识的培养，这是非常重要的。具体来说，就是要通过多种手段，来使创新创业型体育人才的依赖性和被动性得到有效的改善，同时能够使其环境适应能力和独立思考能力得到有效提升，进而使其主动性和创造性得到发展和提高。对于创业者来说，囿于成规是最大的障碍。因此，这就要求其必须具有敢于挑战权威的优良品质。其次，创业者要不断发展自我、开拓进取，从而使自身得到进一步的发展。要想成为一名个性鲜明的创新创业型体育人才，创业教育是一条重要的途径。

就业难是非常重要的社会问题，要解决这一问题，创业这一途径不可忽视，并且往往能够取得理想的成效。因此，这就要求高校积极鼓励体育专业学生进行创业。另外，在创新创业教育过程中，还要通过各种方式和途径来促使学生的就业观念有所转变，使其具有良好的创业精神，并且将自信心树立起来，以此来使个人价值得到充分体现。

当前，我国很多高校的体育专业都开设了创业教育课，积极培养学生的创业意识，同时还营造出良好的创业氛围。我国高校的创业教育课程往往包含着两种形式，即必修课程和选修课程。其教学过程可以分为两个阶段，即本科生阶段和研究生阶段。由此可以看出，这种多途径、多层次的教育方式能够促使学生将其创业意识充分激发出来，因而具有非常重要的现实意义。

2. 补充和丰富学生的创业知识

对于创业的体育专业学生来说，不仅要具有一定的创业意识，还要具有丰富的知识储备。但是，当前的实际情况则是，在高校教学过程中，学生所学的知识往往只限于校园和课堂，比较缺乏创业方面的知识。

对于体育专业学生创业者来说，必须具备一定的创业基础，即具有扎实的体育专业知识。与此同时，也要广泛涉猎其他一些非专业知识，从而能够更好地为体育领域的创业服务。除此之外，相应的企业管理知识、商业知识和法律知识等对于创业也有着重要的作用，因而这些也是体育专业的创业学生需要具备的重要知识。

3. 培养和提升学生的创新创业能力

一般来说，具有创新创业素质的学生，往往都具有一些共性的特点。比如，具有较为独特的思维，能够挣脱成规的束缚，在遇到事情时具有较强的随机应变能力，自身的创造性也能得到较为充分的发挥；对于外界环境的变化具有较强的适应能力，能有效摆脱惯性思维，发现问题和解决问题的能力也比一般人要强一些。

创业创新能力并不是单一的，而是多元化的。因此，这就要求学校在创业教学过程中，对学生的组织决策能力、与人沟通合作的能力、自我管理能力、社交能力等进行重点培养。需要强调的是，创业的过程并不是一帆风顺的，而是非常艰苦的，并且最终不一定能成功。可以说，创业的成功率在很大程度上取决于创业能力的强弱。因此，培养和提升创业能力，对于创业者来说是非常重要且必要的。

要想使学生的创业能力得到有效培养和提升，需要借助于多种不同的手段。课堂教学和相应的实习、实践活动是较为常见的手段。

（二）创新创业型体育人才培养规划的制定

要制定出科学合理的创新创业型体育人才培养规划，不仅要遵循一定的原则，还要采取适当的策略，二者缺一不可。

1.创新创业型体育人才培养规划制定的原则

在制定创新创业型体育人才培养规划的过程中，需要遵循以下几个方面的原则：

（1）效率原则。当前，我国创新创业教育已经取到了一定的成效，但仍然存在一些问题亟须解决，较为常见的有投入成本高、时间消耗多、学生学习激情不高、师资力量不足等。为了弥补这些不足，需要进一步完善我国的创新创业教育。在创新创业体育人才培养规划的制定中，首先要将创新创业教育的目标明确下来，然后选择的教学内容要尽可能丰富，同时所采用的教育模式也要与创新创业教育规律相符。在选择教学方法时，实践性很强的教学方法往往是较为合适的。做好这几个方面的工作，可能会对创新创业型体育人才培养与教育效率的提高起到积极的促进作用，从而使学校的教育投入成本有较好的回收，进而更好地培养高素质的创新创业型体育人才。

（2）满足个人特征需要原则。创新创业型体育人才的培养，不仅要进行理论知识方面的培养，还要进行必要的实践教育。具体来说，这方面的需求可以大致分为两个方面：一是市场对学生的需求，二是体育专业学生群体的需求。

创新创业型体育人才培养的创业实践教育往往是形式多样的，这就要求学校要尽可能多地开展不同形式的创业实践教育活动，并对学生的个人特征进行充分考虑。具体来说，主要涉及体育专业学生的学习特征、个性特征以及职业发展需求等，除此之外，还要将其与体育专业教育有机结合起来。

一般情况下，具体的实践创业活动是形式多样的，并没有特殊的规定，可以是校园文化活动、校外实践活动、体育专业实习或见习等。通过参与这些活动，学生往往能够将自己的发展方向与社会发展的需求结合起来。这对于学生创业素质与综合素质的不断提高与完善会起到积极的促进作用，不仅能够较好地满足其创业发展要求，还能够使其适应经济社会发展要求的能力得到进一步提高。

（3）满足社会需要原则。对于创新创业型体育人才来说，要创业，首先要达到的一个基本目标，就是适应生存需要。在此基础上，才能够追求更高层次的目标，也就是所谓的适应发展的需要。

在创新创业型体育人才的培养规划过程中遵循满足社会需要原则。具体来说，就是要做到以体育人才的全面发展为基本思想，在培养过程中，要使课堂教学与校园活动、校园活动与社会实践活动有机结合起来，从而为创新创业型体育专业的学生参与社会创业实践活动提供更多的机会，使其与体育企业或行业之间的交流和互动得到进一步加强。积极培养体育专业学生的创业素质与创业技能，使学生创业竞争力得到有效提升，使创新创业型体育人才全面发展的目标得以顺利实现，从而使这部分人才能够满足社会发展的需要，并且能够在一定程度上为社会发展做出自己应有的贡献。

（4）满足职业需要原则。对于创新创业型体育人才的培养规划来说，在满足了社会和个人需求之后，还要使其职业需要得到满足。学校在实施创新创业实践教育的过程中，要充分发挥价值取向的教育引导作用。具体来说，要做到以下几个方面：

第一，学校要与时俱进，及时转变一些传统的教育观念，并且要建立起先进的教育观念，从而对创业的内涵有更加深入的理解和认识。同时，学校也要通过各种途径来使学生形成一种正确的认识，即创业不仅是一种职业选择，也能够代表一个人的生活方式及其对生活的态度。

第二，学校要想方设法将体育专业学生的创业热情充分激发出来，同时还要进一步强化学生为国家和社会的建设与发展贡献自己力量的想法和信念。

第三，在创新创业型体育人才的培养过程中，学校要想有效避免学生从传统意义的角度理解就业，就需要通过开展创新创业价值导向实践教育，对学生自身创新创业的动力产生重要的刺激作用。

2.创新创业型体育人才培养规划制定的策略

在制定创新创业型体育人才培养规划时，需要采取科学的策略，从而保证其顺利实施。具体来说，可以从以下三个方面入手：

（1）因"群"施教。所谓因"群"施教，就是要求学校要以体育专业学生的群体分化现状为依据，来开展创新创业实践教育。具体来说，就是要分别对不同学生群体的特征进行相应的分析，有针对性地确定不同的创新创业实践教育目标，还要以不同学生群体的特征为主要依据来选择适宜的创新创业教育形式与载体。

要做到上述几个方面的要求，可以采取以下具体策略：

第一，可以通过不同类型、不同载体来开展相应的体育专业的创新创业实践教育活动。

第二，学校要注重创业氛围的营造，因为良好的创业氛围对于学生创业激情的激发是有重要的促进作用的。

第三，学校要对体育专业的学生进行有针对性的创业方面的培养。对于有着高涨的创业激情的学生，学校可以为其提供创业实践平台，在实践中使其创业需求得到满足，进一步锻炼其创业技能。而对于那些没有创业激情的学生，学校则要首先对其进行思想教育，从而使其在了解就业动向的基础上逐渐转变思想；另外，通过各种措施积极鼓励学生参与创业实践。这时要注意，切忌采用威逼政策，否则会起到相反的作用。

（2）因"势"施教。创新创业型体育人才的培养会随着社会的不断发展而产生一定的变化。因此，这就要求学校在实施创新创业实践教育时，一定要与当前的时代特征有机结合起来，以不同年级的体育专业学生为主要依据，有针对性地开展相应的创业实践活动。学校要加强创新创业型体育人才对专业知识的掌握，使学生将创新创业的意识和精神树立起来。由此，学生能够对自身有一个正确的了解和认识，然后以此为依据，对自己的潜力进行准确预估，进而通过各种措施将自身的潜力激发出来，最终保证较高的创业成功率。

要做到上述要求，学校就必须保证创新创业实践教育的顺利实施，而这需要以多种形式的活动项目为载体。在开展活动的过程中，不要仅限于校园，还要充分利用相关的一些资源，比如大学生创新创业中心、创新创业见习基地等平台。除此之外，学校也要及时将国内外最新的创新创业信息传达给体育专业的学生，使学生对最新的创业信息有及时的了解；教师也要引导学生对当前的创业形势和相关政策进行相应的分析，使学生能够在明确和掌握创业现状与前沿信息的基础上，有针对性和目的性地去创业，为创业成功奠定良好的基础。

（3）因"材"施教。由于体育专业学生之间存在着一定的个体差异，因而学校在开展创新创业实践教育时，一定要以学生的个体特点为依据来因材施教。在市场化经济发展背景下，体育市场化、产业化和职业化发展迅速，实施因材施教能够使创新创业型体育人才的积极性得到充分调动，使其更好地适应社会发展。具体来说，首先，要将不同学生的不同教育目标确定下来。其次，需要选择适当的教育载体，并且通过灵活多样的形式充分发挥学生的自主选择权，并且帮助学生选择自己喜欢的实践教育方式，因为这些都有助于其最大限度地将才能发挥出来，从而使创业需求得到满足。

笔者制定的高校体育专业创新创业型人才培养规划具体如图 3-2 所示，通过对大学本科期间不同年级理论和实践教学的创新性改革，在不同时期不同侧重地培养学生创新思维、创业技能和实践应用的能力，循序渐进地增强体育专业与创新创业教育的融合效应。

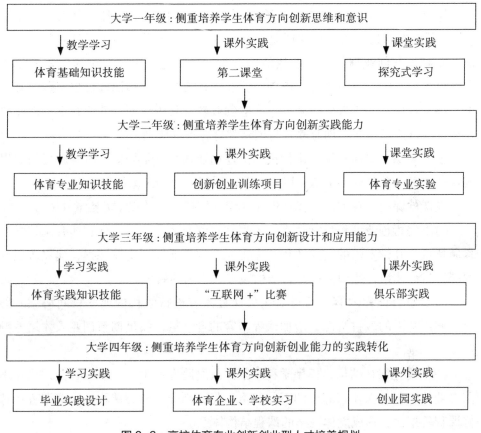

图 3-2　高校体育专业创新创业型人才培养规划

大学一年级，应侧重培养学生体育方向创新思维和意识，在教授体育基础理论和实践知识的课程中，注意探究式学习的广泛应用，加大"第二课堂"的理论教学实践化效应；大学二年级，应侧重培养学生体育方向创新实践能力，在教授体育专业理论和专业技术课程中，鼓励学生通过体育专业实验，开展大学生创新创业训练项目；大学三年级，应侧重培养学生体育方向创新设计和应用能力，在教授体育实践理论和专项技术的课程中，指导学生积极参加体育比赛训练的"互联网+"等大学生创业大赛；大学四年级，应侧重培养学生体育方向创新创业能力的实践转化，引导学生通过毕业实践设计、积极投入体育企业和学校的实习、参与学校创业园实践等方式，将理论与实践有机结合。

三、创新创业型体育人才培养的策略

（一）深化体育课程改革，落实创新创业课程体系

培养创新创业型体育人才，落实创新创业课程体系需要"全覆盖、分层次"。可以先通过较为系统的创业普及教育，使全体学生初步了解创业相关知识，而对于有创业理想和创业热情的学生，可以进行更为系统和深入的创业递进教育。因此，我国体育院校创业课程体系需要遵从知识教育与实践教育并重、普及教育与递进教育相结合、一般创业教育与体育创业教育并重、创业教育与氛围营造相结合、创业教育与创新教育并重等原则。

创业知识需要通过课程来传授，上述创业知识也是如此。高等教育的课程实现方式可以有多种，主要可以分为课堂课程教育和讲座课程教育。

在课堂课程教育方面，体育创业知识的传授需要从以下几点着手：

（1）完善创业课程目标体系，依据体育创业人才培养目标和体育院校学生素质特点，开设专门的创业课程并完善原有的创业知识支撑课程，建立多层次的课程目标体系，达到创业知识结构递进式积累的效果。

（2）整合课程内容，通过对相关课程内容进行学科内或学科间协调、融合，利用有限的教材资源，增加课程内容的含金量，满足创新创业人才培养的需要。

（3）优化课程结构，模糊学科界限，鼓励跨专业学习，依据各类课程在不同专业体育创业人才培养中的不同权重，将其划分为核心课程、必修课程、选修课程等层次，形成立体网络的课程结构体系。

（4）注重自学能力培养和思维方式教育。培养体育专业学生选择信息、理解信息、整理信息和生产信息的能力。在教学过程中，应要求学生掌握自学的方法，养成从事脑力劳动的习惯，培养自我教育和自学的能力，从而培养创新思维，促进创业能力的培养。

在讲座课程教育方面，由于讲座本身一次性的特点，应特别突出其对象的普及性与针对性。突出对象的普及性，是因为讲座课程内容相对丰富且不拘泥于课堂传统形式，对培养学生的创业意识、激发学生的创业兴趣有很大帮助。

不同类型的讲座很可能吸引不同的学生来参与，对这类有偶尔参与可能的学生理应敞开大门，是为突出其对象的普及性。而所谓突出对象的针对性，则是指创业类讲座课程方向性明确，需要专门针对有创业意向或创业潜能的学生集中开展。

笔者设计的体育专业创新创业课程体系如图3-3所示。

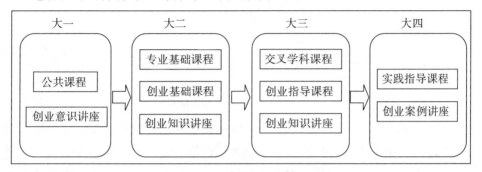

大一　　　　　大二　　　　　大三　　　　　大四

公共课程
创业意识讲座

专业基础课程
创业基础课程
创业知识讲座

交叉学科课程
创业指导课程
创业知识讲座

实践指导课程
创业案例讲座

图3-3　体育专业创新创业课程体系

对大一学生，要注重通识教育，以公共课程与创业意识培养的讲座为主要内容，目的在于普及基础知识与培养创业意识；对大二学生，要开设专业基础课程与创业基础课程，依然以必修的形式出现，配以创业知识讲座，目的在于普及创业基础知识并挖掘具有创业潜能的人才；对于大三学生，要开设交叉学科课程和创业指导课程，都采用选修的形式，突出学生自主性，并有针对性地培养创业人才；到了大四，创业课程只针对精英型创业人才，开设创业实践指导课程，开展创业案例讲座，与创业实践直接挂钩。

该课程体系体现了如下特色：第一，从低年级的通识教育逐步向高年级的精英教育转变；第二，从理论知识传授逐步向实践指导转变；第三，传统课堂教学与创业类讲座交叉进行；第四，增加"交叉学科课程"，弥补体育专业学生交叉学科知识积累不足的缺陷。

（二）推进创新创业实践活动，提高创新创业实践能力

按培养时间来看，采用实践活动进行体育创新创业人才培养的途径分为四个阶段，如图3-4所示。

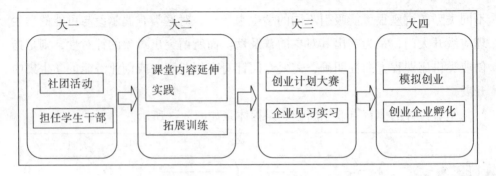

图 3-4 体育专业创新创业实践活动的途径

大一时，鼓励学生积极参与各类社团活动和担任学生干部等，以培养学生基本的实践能力及活动素养；到大二，应根据课堂内容开展适当的延伸实践活动，将理论应用于实践，并开展拓展训练，以培养良好的心理素质；对大三学生，应大力倡导其参加创业计划大赛与进入企业见习实习等，培养学生综合能力与素质，并实现校园与社会的接轨；针对大四学生，应有针对性地扶持精英型创业人才进行模拟创业，有条件的应进行创业企业孵化，从而真正实现体育创业人才的输送。

具体来讲，主要可以从以下几个方面入手：

（1）营造创新创业型体育人才培养氛围，开展各类创新创业基础性实践活动，发挥学生社团的纽带作用，以学生带动学生，鼓励学生积极参与丰富多彩的第二课堂活动，提高学生的主观能动性和创造性，充分挖掘和展示学生的潜力与素养，培养学生创业兴趣和事业进取心，使学生的综合素质与能力在各类第二课堂实践活动中得到全面培养和系统训练。

（2）利用体育院校体育专业资源，开展拓展训练等活动，针对有创业意向的学生，围绕创业必备心理素质进行科学系统的拓展训练，培养学生战胜困难的坚强意志、克服困难的能力和团队合作精神，增强学生商务沟通与交流能力、团队协作能力等，有效提高学生创业心理素质。

（3）鼓励学生积极参与"挑战杯"创业计划大赛等各类大型科创比赛，完善项目培育方案，公开项目申报、辅导、筛选、评审流程，建立激励机制，注重培育过程，扩大参与面，提高参赛质量。

（4）积极开展课堂延伸类活动，如组织社会调查、开展案例教学等。指导学生到一些创业成功的公司或企业中进行调查，实地了解公司或企业的运行过程，以及如何选项目、如何论证、如何筹备、如何营运、如何了解市场等一系列问题，可以增强学生对创业的感性认识，加深其对创业的理解。通过创业成功与失败的典型案例，帮助学生理解创业所需的基本素质，有针对性地进行训练。开展创业市场调研方法训练，使学生能够对创业市场进行周密完善的可行性分析。

（5）进行模拟创业活动。有条件的院校可以尝试建立创业实践基地，真实模拟商业模式，创设模拟企业和市场，通过模拟创业活动，增强学生市场感知能力和实际操作能力，引发和激励学生培养创业素质。

（三）加强创新创业型师资队伍建设，增强创新创业教育的针对性

我国体育院校的创业师资队伍尚未真正形成，这是体育创业人才培养亟待解决的问题。在创新创业教育环境下，不仅需要具有理论创新和实践创新能力的教师，还需要服务于实践在生产第一线的创业型兼职教师。

具体来讲，体育院校创业师资队伍应由三部分构成，如图 3-5 所示，分别为专职教师、讲座嘉宾和创业导师。其中，讲座嘉宾为短期聘请的企业家、投资家、创业人士等，主要负责进行创业意识、创业知识和创业能力等方面的讲座。创业导师为相对稳定的教师，主要为创业成功人士、知名企业家及有实践经验的专职教师等，主要针对精英型创业人才进行一对一指导，以辅助学生真实创业为主要目标。

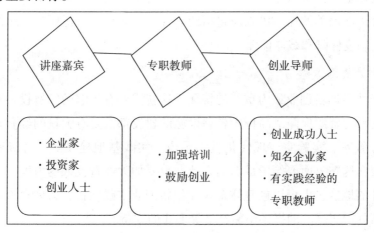

图 3-5　创新创业师资队伍构成

针对从事创业及相关领域研究的专职教师，应在鼓励他们丰富创业学知

识、提高教学能力的同时，为他们的创业教育实践提供平台和载体，鼓励其创业；同时，学校应提供良好的舆论导向和氛围，尽力为创业教师承担风险并消除其后顾之忧，让每一个创业教师勇于实践、敢于探索、善于创新。

针对已经承担或可能承担创业相关课程的教师，应加强校内外交流合作。加强体育院校间及与其他院校间创业教师的合作与交流，组织相关的师资培训，通过"走出去"和"请进来"策略，使体育院校创业教师能较快进行知识补充与更新；加强国际合作，通过引进海外教师或合作研究、合作办学等方式，使创业教师有机会了解国外最新教学动态，获得国外创业教育的新知识、新方法，经过我国体育院校创业教师的吸收与转化，使之尽快应用于体育院校的创业教育实践，从而缩短我国体育创业人才培养与发达国家间的差距。

完善体育创新创业师资队伍，应聘请有一定社会地位的企业家、创业人士担任兼职讲师，或向企业及政府聘请既有实践经验又有一定理论修养的企业家、投资家、咨询师，以及邀请创业成功的校友等人士担任兼职讲师，与体育院校创业教师合作讲授创业课程。通过他们自身的创业经历以及其在企业发展中积累的丰富经验，既充实了教学内容，又加强了学校与企业间的合作，有助于学生认识、理解和应对创业中遇到的实际困难和问题。

（四）建立健全创新创业型体育人才培养的保障机制

创新创业型体育人才的培养离不开一定的保障机制。笔者认为高校创新创业型体育人才培养的保障机制应包括四个方面，即财力资源保障、组织系统保障、政策制度保障和载体保障。

1.财力资源保障

实践性是创新创业最为重要的特征，这就需要有足够的经费投入来为其提供充足的财力资源保障。高校中各项设施的建设都需要有大量的经费投入，如图书馆、教室、实验室、现代化教学手段、实践基地建设等。各级政府、社会、高校在这一方面要给予足够的支持，也要加大经费投入的力度。一些具有较好条件的地区，也可以创建体育人才创新创业实践项目，为体育人才更好地参与创新创业实践活动提供小额经费等形式的支持。

作为创新创业教育的主体，体育院校应加大资金投入力度，确保创业教育各项经费落实到位，积极筹措支持资金，设立学生创业基金。资金的筹措可以从三个方面入手：一是申请地方政府专项资金支持，如"天使基金"等，充分利用资源为体育院校创业学生提供保障；二是进行创业项目孵化，吸引风险投资；三是借助广大校友的力量，募集捐款等。这些方式都值得各体育院校借鉴、应用，从而为体育创业人才培养提供资金保障。

2.组织系统保障

组织系统对创新创业型体育人才培养的保障主要体现在以下几个方面：

（1）加强领导，落实责任制。创新创业体育人才的培养工作是一个非常系统的工程，如果只是依靠学校自身是很难完成的，因此政府相关部门和社会各界也应给予相应的支持。

①加强政府的领导。政府的领导作用具体体现在以下几个方面：第一，对"创业政策、创业基地、创业教育、创业指导和服务"四位一体、整体推进的体制机制，政府要予以建立和健全，从而形成一个"学校抓好、政府促进、社会扶持、市场驱动"的良好局面，为创新创业体育人才的培养营造出一个积极的社会氛围。第二，针对体育人才创新创业，政府应积极制定一些相应的政策和措施，同时还要评选一些创新创业教育示范学校、创业示范基地等，以此来更好地促进学校和学生积极参与创新创业教育事业。第三，在创新创业教育和创业实践基地建设方面，政府要不断加大支持和投入力度，对各个高校加强分类管理和指导。此外，还要深入各高校、各院系以及师生之中，对高校的创新创业教育工作给予积极的督促与指导，对工作中所遇到的重点和难点问题要进行妥善解决。

②落实相关责任制。对于"一把手"工程，各高校也要认真实施，将领导责任制落到实处。这里所说的领导责任制主要是指主要领导亲自抓、负总责，分管领导全力抓、具体负责。

各个高校都要建立创新创业教育工作指导委员会。该委员会由学校主要领导牵头，分管校长、相关部门负责人参与，共同对学校创新创业教育工作进行指导、组织和实施，要切实做到资金、机构、人员和责任落实到位。在这个委员会下要设立一个全新的创新创业教育中心，具体负责学生日常创新创业教育管理工作。同时，将学校各个职能部门的创新创业教育工作都集中到创新创业教育中心，由过去的创新创业中心负责整体设计，并组织实施整个学校的创新创业教育，转变为多头管理。

此外，在高校体育院系中，还要组建与之相应的创新创业教育领导小组，可以由体育院系的相关领导来担任组长或管理职务，对本院系的创新创业教育工作进行统筹协调。一些学校组织也要积极发展自身所具有的功能和作用，如学生社团联合会、学生会等，同时也要对各种创新创业活动进行积极组织和参与。

（2）科学组织，精心操作。主要注意以下四方面：

①抓住机遇，抓好落实。国家对创新创业体育人才的培养给予了充分的重视。高校应紧紧抓住这一机遇，积极组织和开展各类创新创业教育工作，认真分析社会目前所呈现出来的各种新的发展形势，并对新的发展思路进行积极探索和研究，针对具体情况提出一系列新的举措，提出新的明确的要求，力求将学生创新创业工作放在重要的突出的位置。

②因地制宜，改革创新。在模式方面，创新创业工作并不是固定的，其发展道路也不是统一的。由于各个高校面临着各自不同的发展机遇和挑战，因此在具体操作过程中，要结合自身实际，进行深入探索、创新和改革。

此外，由于在类型、层次等方面，各高校也都存在差别，这就造成了在办学特色、目标定位方面，各体育专业也有着很大的不同，因此更要对那些能够将专业特色和区域特色充分体现出来的创新创业型体育人才培养模式进行积极探索，在认真借鉴既有经验的基础上制定推进措施，从而使创新创业教育工作能够持续不断创新。

③抓住关键，重点突破。高校创新创业教育工作涉及校内和校外的诸多方面，所以在具体的工作过程中，只有抓主要、抓重点，才能确保整体工作得以正常运转。在体育专业创新创业教育的具体实践过程中，工作中心应放在体育课程体系建设、创新创业型体育师资队伍建设、体育专业创新创业实践平台、资金投入等方面，在积极协调之下，争取获得地方教育部门及相关行政管理部门等各方面的支持。同时，还要对每一项重点项目和重点政策进行切实推进，要细致安排好工作的时间节点等，并进行逐步落实。

④加强宣传，营造氛围。舆论宣传是创新创业教育得以顺利开展的最为有效的手段之一，它能够在创新创业教育工作开展的过程中营造出优良的社会氛围。

新闻宣传应成为体育专业推进创新创业工作的重要内容，并予以落实，同时对高校创新创业工作中所获得的新的成效或做出的各种新举措都要通过各种方式积极宣传。同时，也要定期组织一些有关创新创业教育的座谈会、经验交流会以及相关调研活动，对创新创业教育工作中的成功经验进行沟通和交流，并及时总结，对创新创业教育所获得的优秀成果积极推广，对创新创业教育成

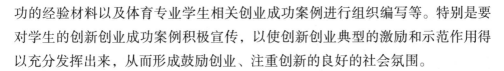

功的经验材料以及体育专业学生相关创业成功案例进行组织编写等。特别是要对学生的创新创业成功案例积极宣传，以使创新创业典型的激励和示范作用得以充分发挥出来，从而形成鼓励创业、注重创新的良好的社会氛围。

3.政策制度保障

体育院校应完善落实各项创新创业教育规章制度，推动创新创业教育工作有效开展。在创新创业型体育人才培养过程中所涉及的课程设置、师资配备、实践活动开展等各个环节，都需要有相应的制度来保障和监督。一方面有利于体育创新创业人才培养的规范化、公开化，另一方面也有利于科学、有效、快速地实施体育院校体育创新创业人才的培养。

（1）建立并完善学分制及其配套制度。体育专业开展创新创业教育工作的关键条件之一就是要提供一个良好的教学环境，更好地促进学生的个性发展，并激发学生的潜能，使学生成为学习与自我发展的主体，让学生在具体的学习过程中拥有自主选择的权利，并获得学习思考的乐趣，充分发挥他们的智慧和潜能，促进其得到良好发展。事实证明，只有贯彻实施学分制，才能真正实现这一点。

学分制在我国各个高校体育专业中已基本得到实施，但由于受到一些因素的影响，一些学校并没有使学分制得到真正意义上的落实：有一些学校实施的是学年学分制；有些学校由于师资力量不足，选课不能选教师，因此很难在教师队伍中建立相应的激励与竞争机制，使得对于教学方法的改革工作很难推行到位，很难促进教学效果得到明显提升。这就需要我们通过增强改革力度，来保障学分制能够在高校中得到真正落实。在实施学分制的过程中，还应对其相配套的选课制、弹性学制、双学位制、主辅制、学籍管理、导师制、信息管理系统等相关制度予以建立并完善。

从本质上来说，学分制能够将以人为本的理念体现出来。它是一种能够帮助学生个性得以更好发展、适应创新创业型体育人才培养的柔性管理制度。在我国高校体育专业中，学分制是改革教学管理方面的一项非常重要的措施，但从具体的改革实践来看，学分制的多样化会使得教学管理变得更加复杂，这使得高校在管理学生方面面临着非常大的挑战。这就要求在学分制条件下，对高校体育教学管理模式进行不断探索。

正是因为在学分制方面面临的情况非常复杂，人工管理很难适应，这就需要学校在具体的体育教学管理中以现代化信息技术手段作为支撑，促使教学管理水平得到不断提高，同时将更加优质的服务提供给学生。学校通过校内网络来搭建体育教学管理信息系统，以更好地实现体育教学管理的信息化和网络化，并做到有序管理，共享数据。一般来说，体育教学管理信息系统包含若干相对独立的子系统，诸如收费管理、学籍管理、计划管理、教学质量评估与监控、成绩管理、教学查询、课程设置与选课、排课等。正是在这些子系统的协调和配合下，体育教学管理信息系统具有多种不同的作用和功能。

（2）建立并完善体育教学评价制度。教学评价制度具有很多作用，如激励、导向、监控教学质量等。建立健全体育教学评价制度，对于体育专业创新创业教育的顺利实施和推行有重要意义。

对体育教学评价制度进行改革和完善，是当前我国高校体育专业改革所面临的一项重要任务。对体育教学评价制度进行建立和完善，使之与创新创业教育相适应，能够对教师予以积极引导，促使其将主要精力投入教学工作中，发展学生个性，并促进学生的全面发展；能够从宏观层面有效加强对整个系统的指导与管理，并在其督促下达到基本的教学质量要求；能够对学校整体工作进行优化，以更好地保证创新创业教育不断向着正确的方向发展。

在建立体育教学评价制度方面，要注意做好以下几点：

①建立科学的体育教学质量标准。对于体育教学质量的评价来说，教学质量标准是十分重要的评价参考依据。与传统体育教学评价制度不同的是，创新创业教育的教学质量评价是一种目标多且复杂的评价系统。

在质量标准中，要将模糊指标和量化指标有机结合。量化管理是一种常用的、科学的管理方法，它能够促使教学质量管理更加规范化和标准化。但是，如果仅凭借量化数据来衡量师生的能力水平，很难将师生的真正实力客观反映出来。一些方面需要加以量化，而另一些方面则需要进行模糊处理。正是因为学校存在着大量的模糊现象，为进行模糊管理提供了必要的客观基础，因此只有将量化指标与模糊指标有效结合才能更加接近于公正、客观。例如，在考核学生的学习质量时，首先将学生的考试成绩作为重要的量化指标，但不能将其作为唯一的评价依据，还要考核学生的思想品德素质，并对学生的专业能力、实践能力、创新思维、创新能力等通过设计、试验和调研等方式来进行考核。例如，好与差都是多层次、多方面的，很难根据学生评价的结果来判定教师的水平，一些学生可能因为教师在平时教学中过于严格，而给出差评，而有些学生常常将这类教师视为好导师，而对他们的教学能力给出了肯定性评价。

②做好信息材料收集工作。要组建信息队伍，该队伍主要由教师、学生、管理人员和专家共同组成。采用多种方式进行信息收集工作，如巡视、听课、校园网上信箱、定期下发和收集调查表、网上征求意见等，将其作为体育教学评价的有效依据，同时也将全员参与教学质量管理这一理念更好地体现出来。

（3）建立并完善体育教学绩效考核与激励机制。在目前我国高校体育教学管理体系中，绩效考核是其中一个非常重要的环节。所谓绩效考核，就是对师生在教学中的行为和获得的效果，通过系统的方法来进行测量和评定。

绩效考核是一个指标体系。在制定体育教学绩效考核指标时，应将创新创业考核指标纳入进来。通过对绩效目标进行制定，能够促使体育人才培养的总目标得以不断传递下去，并使其不断转化成学校每个成员的具体工作目标，将行为和责任融为一体。通过开展绩效考核，能够更好地帮助师生明确自己的工作方向和奋斗目标，清晰地认识自己所具有的缺点、优势以及今后为之努力奋进的目标，以使师生的主动性得到最大限度的调动，不断提高教学质量。

在体育教学管理中，激励机制是其中一项非常重要的机制，其目的是使人的积极性得到调动，并将关心人、激励人、尊重人作为基本原则。在创新创业体育人才培养方面，要对激励机制加以充分利用，使教师、学生创新创业教学工作的活力得到不断激发。此外，还要将教学评价、绩效考核同教师职称评聘、奖励、分配挂钩，对那些在绩效考核、教学评价、指导学生方面获得好评的教师以及参与各类创新创业比赛和活动获得突出成绩的学生进行奖励。

4.载体保障

各类实践平台是创新创业型体育人才培养的重要载体，体育院校应加快建设体育创业基地，推进体育院校产学研一体化。体育创业中心建设是高校开展创业扶持的关键性步骤，它将极大地激发广大学生的创业热情，对帮助学生开始创业实践有着无法替代的作用。构建体育创业基地，有利于把社会资源引入创业园中，以不同方式指导学生进行自主设计、创办、经营企业并从事商务活动、开展技术发明、成果转让、技术服务等，既为高校兼顾教育、科研、开发三不误提供了方便，也为大学生创业提供了支持。这在我国体育院校中已有一定基础，为有创业项目的学生进行创业孵化、让有意向创业的学生进入园区企业实习等。学校要整合和充分利用全社会资源，把高校、学生、政府、企业、投资人串联起来，积极打造集科技企业孵化器、大学生创业服务基地和科技创新公共服务为一体的"众创空间"，有效发挥"众创空间"创新与创业结合、线上与线下结合、孵化与投资结合的协同效应，为有志创业的体育专业的学生提供良好的工作空间、网络空间、社交空间和资源共享空间，以及必要的资金、政策、法律和技术支持，全方位助力大学生创新创业。这有助于体育院校学生亲身体验和经历创业的真实过程，也为开展创业活动的学生提供一定的保障作用，提高了体育院校学生适应未来创业实践的能力以及创业企业的成功率。

实践是创新创业课堂教育的重要延伸，创新创业教育相对于其他教育模式而言，更注重对学生实践能力和行动能力的培养，让学生在实践中理解创新、认识创业，从而更好地适应快速发展的科学技术和市场需求。打造高校与社会沟通的平台是创新创业教育由理论走向实践的关键点，而实践平台则是激发学生创新创业激情、调动学生主观能动性的重要保障。学校要充分整合政府、企业、社会等多方资源，重点依托高新技术园、中小企业创业基地、创新型企业孵化器等推动建立一批创新创业基地，组织学生深入社会体验创新创业，加强创新创业实践教学。学校还要加强校园创客空间建设，与知名体育企业签订协议，共同运营众创空间，为大学生创新创业者、创新创业项目提供咨询、指导、孵化、对接、互动交流的"一站式、零距离"综合服务。体育院校可借鉴综合类实践基地培养模式，与当地其他综合院校合作，建立高校联盟以及联合实践基地，这有利于促进不同专业学生间的信息、资源互通，学生的创新意识与能力的培养，给学生提供良好的创业氛围，充分发挥个人主观能动性。

第四章　高校体育教学课程设置概述

体育课程设置是体育课程教学的重要环节，体育课程设置的出发点及其相关内容的合理性都会对体育课程教学的效果产生直接影响。因此，要加强对校园体育课程设置的研究，以提升体育教学的效果。

第一节　课程的相关认知

一、课程

（一）课程的概念

在当前，主要有三种理解课程的方式：

第一，课程即科目或学科。课程是指所有学科的总和或特指一门学科。其特点是把重点放在科目的罗列、教科书的编写上，主张知识中心、学科中心，重视知识的选择与结构，重视学科专家对课程的作用。但这种理解忽视了教师与学生，认为教师只是教材的使用者、执行者，不是发展者、开发者，而学生也只是被动的接受者。

第二，课程即目标或计划。课程应是教学过程所要达到的目标，是教学的预期结果或教学的预先计划。其特点是课程是事先预期的、计划的，而非事后报告的，课程的工作重点在课程目标的选择、组织、实施及评估等方面。但是，此观点割裂了目标与手段、计划与过程的关系，把课程视为教学过程之外的东西。

第三，课程即经验。课程包含学生在学校获得的所有经验。其特点是：课程不是预先编制好的物品，而是学生与学习环境交互作用的结果。这种观点将工作重点由"教"转向了"学"，视学生为中心，但是却忽视了系统知识的学习。

以上课程概念都是以一定的价值观作为基础，受不同价值观的影响，会得出不同的课程定义。目前，主要有三种课程价值取向：

一是知识本位的价值取向。它要求根据知识的分类和知识与知识之间的内在逻辑来组织课程，学习一部分知识对学习另一部分知识来说是必需的，因此学习一部分知识被看作学习另一部分知识的必要准备。这种课程体系强调教师的优越地位，强调教师中心。

二是社会本位的价值取向。它是以满足社会（主要是国家、民族和社区发展）的需要作为课程与内容价值的基本取向，要求依照社会需要制订课程目标，并据以设计组织学校教育课程，最后以教育目标实现的程度判断课程优劣。但是，它忽视了学生个体的认知、情感、兴趣、特长、意志、品质等方面的发展需要。

三是学生本位的价值取向。它主张尊重学习者的本性与要求，主张学校的职能在于使个人得到充分的发展，为每个学习者提供真正有助于个性解放和成长的经验，重视人的存在，强调学习的内在动机。

我国目前的课程改革很重视学生本位的课程开发，强调以人为本，以人的发展为本，要求照顾学生的发展。科学的态度应当使知识、社会与学生个体三者兼顾，既考虑社会发展的需要，又考虑学科发展的需要，还要考虑个人发展的需要。

（二）课程类型与结构

1.课程类型

（1）显性课程与隐性课程。显性课程是学校情境中以直接的、明显的方式呈现的课程。隐性课程是学校情境中以间接的、内隐的方式呈现的课程。"隐性课程"一词是由杰克逊（P. W. Jackson）在 1968 年出版的《班级生活》（*Life in Classroom*）一书中首先提出的。如果说显性课程是在学校教育中有计划、有组织地实施的正式课程或官方课程，那么隐性课程则是学生在学习环境中学习到的非预期的或非计划的知识、价值观念、规范和态度等。一般而言，隐性课程具有以下几个特点：一是潜在性，它是非正式的、非官方的课程，所以具有一定的潜在性；二是持久性，隐性课程往往是潜移默化地发挥作用，所以能够对学生产生持久的影响；三是两面性，即它既可以发挥积极的影响，也可以发挥消极的影响。

（2）分科课程与综合课程。分科课程是根据各级各类学校的培养目标和科学发展水平，从各门科学中选择适合一定年龄阶段学生发展水平的知识，组成各种不同的教学科目。分科课程是一种单学科的课程组织结构，它强调不同学科门类之间的相对独立性，强调学科逻辑体系的完整性。

综合课程是打破学科之间的界限，以综合知识呈现的课程。它是一种多学科的课程组织结构，强调学科之间的关联性、统整性与综合性。根据课程综合化的程度，可以将综合课程进一步划分为科际课程、多学科课程、跨学科课程、综合课程和主题课程等。这里包含三层意思：一是学科与学科的综合，二是课程与社会生活的综合，三是课程与学生经验的综合。

（3）学科课程与活动课程。学科课程是以不同学科呈现出的课程，它以学科逻辑为中心进行编排，以其严谨的逻辑结构、系统性和简约性为特点。严谨的逻辑结构要求课程编订依照学科本身固有的内在联系，把学科所包含的基本概念、基本原理有序地结合起来，帮助学生通过分科学习把握不同事物的运动规律。学科课程的系统性特点要求把科学系统编制为学科系统，以适合不同教育对象的认识特点。学科课程的简约性特点体现了人类以间接经验概括千百年文化精华，高效率地传递文化和引导创新文化的重要优势。学科课程具有以下几个优点：一是按照学科组织起来的教材，可以系统地授受文化遗产；二是通过学习逻辑组织起来的教材，可以最大限度地发展智力；三是以传统知识为基础，容易组织教学，也容易进行评价。它的不足之处有以下几个方面：一是所提供的教材，由于注重逻辑系统，在展开教学时容易重记忆而轻理解；二是在教学方法上容易偏重知识的授受，忽视学生社会性的发展和身心健康；三是教学方法单一，不能充分实施个别化教育。

活动课程是以学生的兴趣、需要与能力为基础，通过组织学生的一系列活动而实施的课程。活动课程以生活中的学生兴趣与动机为中心，要求课程范围和教学内容选择突破学科界限，重视直接经验，主张"做中学"。活动课程的优点是把科学知识与生活实际相联系，既有利于培养动手操作能力和实用型人才，培养学生的交往和组织能力、创新与合作精神，增强学生的社会适应性，也有利于培养学生的主体性，促进学生个性发展。活动课程的不足之处是学生获得的知识不系统、不完整，不利于高效率地传递人类的文化遗产。尤其是在社会发展突飞猛进的今天，它显然不足以单独完成学校的教育使命。

（4）必修课程与选修课程。必修课程是学生必须学习的课程，是为保证所有学生的基本学力而开发的课程。选修课程是学生可以根据自己的兴趣爱好进行选择的课程，是为适应学生的个性差异而开发的课程。选修制度最早由德国教育家洪堡在大学内推行，随后传到美国和世界其他国家，并迅速发展起来。19世纪末，美国教育家查尔斯·威廉姆·埃利奥特（Charles W.Eliot）把它引入中学。20世纪，选修制度成为各国课程政策的基础。选修制度之所以从其诞生之日起就备受关注，是因为它奠基于人的个别差异，其宗旨是追求人的个性化发展。根据加德纳（H. Gardner）的多元智能理论，每个人都有不同的智能和智能组合，每个人都存在着不同且相互独立的认知能力和认知方式。学校教育的宗旨应该是开发学生的多种智能并帮助他们发现适合自己智能特点的职业和业余爱好。因此，理想的学校应以这样两个假设为基础：一是并非所有的学生都采用相同的方法学习；二是没有人能够学会所有的东西，选择不可避免。这样，学校应该在评估学生个体能力和倾向性方面作出努力，不但要寻求和每个学生相匹配的课程安排，而且要寻求与这些课程相适应的教学方法。当学生进入高年级后，学校还应力求为每个学生选择适合他们文化背景的生活方式和工作岗位。这种多元智能理论为选修课程提供了心理学基础。

（5）国家课程、地方课程和校本课程。这是依据课程设计、开发和管理的主体来区分的三种类型。

国家课程是国家、教育行政部门专门组织编制和审定的统一课程，是国家专门为未来公民接受基础体育教育之后所要形成的共同素质而开发的课程。它决定一个国家基础教育中体育教育的质量，具有一定的权威性和强制性。地方课程是在国家规定的各个教育阶段的课程计划内，由省级教育行政部门或其授权的教育部门依据当地的政治、经济、文化、民族发展需要而开发的课程。地方课程在充分利用地方教育资源、反映基础教育的地域特点、增强课程的地方适应性方面有着重要价值。校本课程是在具体实施国家课程和地方课程的前提下，由本校或校际的体育教师通过对本校学生的需求进行科学评估，充分利用当地社区和学校的课程资源，根据学校的办学思想而编制、实施和评价的课程。校本课程是课程计划中不可或缺的组成部分，可以使学生在国家课程和地方课程中难以被满足的那部分发展需要得到更好的满足。

国家课程由国家制定，主要体现国家的教育意志；地方课程由地方制定，主要满足地方社会发展的需要；校本课程由学校制定，主要展示学校的办学宗旨和特色。

2.课程结构

课程结构是指课程体系的构成要素、构成部分之间的内在联系。它体现为一定的课程组织形式。课程结构既包括依据什么目标、组织什么内容的问题，也包括以何种形式来组织课程的问题。课程改革的指导思想和预期目标都必须通过课程结构体现出来，因为它明确了各种课程类型以及具体科目在课程体系中的地位差异和比例关系。

（三）课程的构成

我国学校的课程通常由课程计划、学科课程标准和教材三个部分构成。其中，课程计划是课程的总体规划，学科课程标准和教材是课程内容的具体表现形式。

1.课程计划

课程计划（也称教学计划）是根据教育目的和不同类型学校的培养目标，由国家教育主管部门制订的用以指导和规划课程与教学活动的规范性文件。课程计划对学校的教学、生产劳动、课外活动等方面做出了全面安排，体现了国家对学校的统一要求，是各级各类学校办学的重要依据。课程计划主要由以下几个方面组成：

（1）学科设置。开设哪些学科是课程计划的首要问题，课程计划要明确规定设置哪些学科，一般把列入课程计划的各门学科总称为课程。

（2）学科顺序。各门学科的安排要保证一定的顺序，以便教学能够系统、循序渐进地进行，使先学的学科为后来要学的学科打下基础。学科顺序的排列要反映学科本身的知识体系、各门学科之间的衔接及其逻辑联系、学生的身心发展水平，要按照由易到难、由简到繁的顺序进行科学合理的安排。

（3）课时分配。课时分配包括各学科的总课时数、每门学科各学年（或学期）的授课时数和周学时等。应根据学科的性质、作用、教材的分量和难易程度恰当地分配各门学科的授课时数。

（4）学年编制和学周安排。学年编制包括学年的学期划分、各个学期的教学周数、学生参加生产劳动的时间、寒暑假期和节日的规定等。学周安排包括每周上课总时数、课外活动时数等规定。它们是学校工作正常进行的保证。

2. 学科课程标准

学科课程标准（简称课程标准）是根据课程计划以纲要的形式编写的有关学科教学内容的指导性文件。它规定了各门学科的知识能力、态度范围、深度、体系、教学进度和教学方法上的要求。课程计划中的每门学科都应有相应的学科课程标准。学科课程标准是编写教材的直接依据，也是检查教学质量的直接尺度，对教师工作有直接的意义。

学科课程标准主要包括说明和本文两部分内容。说明部分主要规定本学科的教学目标、内容规范及依据、教学进度以及教学方法建议；本文部分主要是根据教材选编原则和教材本身的逻辑，系统地安排全部教材的主要课题或章、节，规定每个课题的讲授内容、基本论点和教学时数。另外，根据不同学科的要求，有些学科的课程标准还编有练习、实习、实验、参观等实际作业的要求以及其他教学活动的时数。

随着课程理论研究的深入，我国的课程标准日趋成熟和科学。对于课程标准的制订，目前有三种不同的形式：一是"一纲一本"，即一个大纲一种教材，大纲所规定的目标与内容在教材中得以充分体现；二是"多纲多本"，即不同的学校可以选用不同的大纲和教材，同一所学校也可以从不同的教材中选取供不同学生使用的教学内容；三是"一纲多本"，即一个大纲多种教材，多种教材既具有一定的共同基础，又能够较好地适应不同类型学校的需要。

3. 教材

教材是教师和学生依据其进行教学活动的基本材料，是学科课程标准的进一步展开。教材的内容包括目录、课文、习题、练习、实验、图表、注释、附录、索引等。教材可以是印刷品，包括教科书、教学指导用书、补充读物、图表等；也可以是声像制品，包括幻灯片、电影片、录音带、录像带、磁盘、光盘等。教材在教学过程中承担着知识载体的功能，是教师和学生共同作用的对象，是学生学习的直接依据。因此，教材的编写要注意内容通俗易懂，文字表述鲜明、准确、流畅，封面插图和图表清晰、美观。在教材的装帧技术、纸张质量、书的厚薄大小、字体印刷等方面，也要注意符合教育学、心理学、美学和卫生学的要求。

二、体育课程

（一）体育课程的构成要素

按照课程的含义，笔者认为体育课程的要素应该包括以下几点：一是体育课程目标；二是体育课程资源；三是体育课程内容；四是体育课程时限；五是课外体育活动和课余体育训练。

总之，凡是被纳入学校教学计划的体育方面的有目的、有计划的、有组织的活动都应该包括在体育课程之中。体育课程不是一门学科的课程，而是全面教育中一个方面的综合课程。人们通常把它和其他课程，如语文、数学、物理、化学、历史、地理、音乐、美术等课程等量齐观，实际上这种看法是不正确的。学校体育课程是一种有别于上述课程的特殊课程，其特殊性表现在以下方面：

（1）目的、任务的特殊性。高校体育课程不像其他课程只承担某一个学科的目的和任务，而是承担着全面教育（包括德、智、体、美、劳）的一个重要方面。体育的目的和任务表明它不但是传授知识的课程，还是一种"育人"的课程。

（2）学科基础的综合性。我国教育家徐特立把学校课程分为学科和术科，认为劳动科目（即术科或行动）是基本的科目。体育科目和劳动科目相似，都以"行动"为主，并且都以众多其他学科为基础，而不是以某一门学科为基础。从课程的类型来看，它属于综合课程。从其作用来看，它的显性课程与隐性课程的相互影响尤为明显。

（3）教学时空的开放性和延伸性。从当代学校的课程设置来看，无论是我国还是外国，各级学校教学计划中都有体育课程，它是各年级连续开设的教学科目，有的还明确规定课外体育活动的课时数。从空间上来说，体育课程不限于校内，还延伸到校外，如为参加有关的运动会或比赛所做的准备。总的来说，学校体育课程是以发展学生体能、促进学生身心健康为主的一种特殊的教育性课程，它与德育课程、智育课程、美育课程、劳动教育课程相配合，共同促进学生身心全面发展，是整个学校教育中一个方面的综合性课程。

（4）对促进智力与非智力因素的特定作用。智力，一般是指人认识客观事物并运用知识解决实际问题的能力。智力因素包括对事物的记忆力、想象力、观察力、实践能力。非智力因素主要包括兴趣、动机、意志、自信心等。智力是认识能力的总体，它的发展首先依靠它的物质基础——大脑的发育程度。体育课程本身就包含智力教学的因素，学生在完成体育学习任务时需要技能活动和脑力活动的有机结合。由于运动技术复杂多样，需要人有敏锐的观察力、敏捷的反应力、准确的判断力，并有吃苦耐劳和协作的精神。这种能力的塑造是提供高智能的良好条件。因此，高校应积极提倡"独立练习""自主练习"，培养学生的想象力，激发学生的思维能力。

非智力因素是依靠人的实践活动而成熟的，它对认识过程起着始动、定向、引导、维持和强化的作用。其中，体育对人的非智力因素的培养极为重要。用长远的眼光看，培养智力和非智力因素全面发展的人，符合实现现代化对人才的需要。

（二）体育课程的类型

高校体育课程内容主要由两部分组成。一是体育理论知识，主要包括体育的基本概念、体育与健康、体育与文化的基本知识；运动生理、心理、保健和卫生常识；各种运动项目的基本知识、技术、战术以及规则和裁判法等。二是体育技术与技能，是指在运动场馆按照体育教学大纲规定的内容和教学进度进行的以身体练习为主的课程。学生通过学习各运动项目的技术、技巧，使其与身体活动和思维活动紧密结合，在反复练习的过程中掌握运动技能，承受一定的运动负荷，达到全面提高身体素质、增强体质、完善人格的目的。高校体育课程内容主要通过以下六种课程类型进行教学的：

1.体育必修课

体育必修课是为大一、大二年级在校生开设的体育课程，有严格的学时规定和学籍管理要求。凡是身体健康、无残疾的学生都必须按规定完成体育教学大纲中的基本任务，并通过严格的考核，获得相应的学分。

2.公共体育选修课

公共体育选修课是为大学三年级以上的学生开设的体育课程，学生可根据自己的兴趣、爱好及未来职业的需要，自主选择适合自己的运动项目，以提高自己的运动能力。体育选修课是大学生培养体育意识、养成锻炼习惯、建立健康生活方式的一个重要途径。

3.康复保健课

康复保健课是为大学一、二、三年级中患有慢性疾病或身体残疾，不宜参加剧烈运动的学生开设的，以康复、保健效果较好的传统体育项目和保健康复理论知识为主要教学内容。

4.课外体育活动

课外体育活动的内容很广泛，可根据学校实际条件、季节特点以及个人爱好，采用不同形式，灵活多样、因地制宜地开展各项活动。可以以班级或小组为单位，也可根据个人需要和兴趣独立进行课外体育活动。

5.体质测试课

体质测试课的主要内容为《国家学生体质健康标准》辅导和测试等。

6.运动训练课

运动训练课为在某一运动技术方面有特长的学生开设，主要通过系统的专项运动训练，提高专项竞技水平，使参加训练的学生能够代表学校参加各类比赛为学校争得荣誉。具体项目视运动队设置而定。

三、高校体育课程资源的开发

合理开发体育课程资源是高校进行体育课程设置的第一步。下面对体育课程资源开发的原则、作用、步骤与策略进行详细阐述，以期提高体育课程资源开发的效率，从而为体育课程设置奠定良好的基础。

（一）高校体育课程资源开发的原则

1.健康性原则

"健康第一"是新课标下体育与健康课程的重要指导思想之一，"身体、心理、社会适应"的整体健康观是整个体育课程设计的根本依据，体育课程的设计以健康性为主线。在对体育课程资源进行开发时，对于开发的课程资源对学生身体健康、心理健康、社会适应等方面所发挥的作用都要进行充分的考虑。同时，在遵循健康性原则的基础上开发体育课程资源，还需要重点考虑安全方面的问题。

2.教育性原则

无论是对哪种课程进行设计，或开发哪种课程资源，都要以教育性原则为最根本原则。要全面培养学生，体育与健康新课程在达成这一目标方面具有突出的优势。体育课程对培养学生的集体主义观念、团结协作意识、公平竞争意识和规则意识，使其具备坚强的意志品质等方面具有独特的作用。因此，在体育课程资源的开发过程中，首先要将资源的教育性本质重视起来，要确保所开发的资源对于培养全面发展的人才有积极意义。

3. 兴趣性原则

激发和保持学生的运动兴趣是体育课程教学中必须树立的一个重要理念。学生参与学习活动的初始动机便是兴趣，有效学习的行为以兴趣为保证，学生的学习行为和效果直接受其兴趣的影响。因此，在对体育课程资源进行开发的过程中，要对学生的年龄、生理、心理特点、爱好、特长、接受能力等认真加以研究，所选的资源要能够使师生形成合作与互助的关系，要有利于营造轻松愉快、和谐的课堂教学气氛，要能够使学生学习方法的多样化得到保障，要能够通过多样化的评价方法来对教学效果进行评估，从而使学生对学习进步的快乐有深入的体验，进一步提高学生的学习兴趣。

4. 发展性原则

体育课程资源的开发要能够促进学生各方面素质的发展。这便是发展性原则。开发人员要注意所开发的资源要能够促进学生身心素质水平、体育实践能力、运动技能及创新能力等的全面提高。

5. 时代性原则

时代性原则具有两个方面的含义：一是体育课程内容资源的开发要反映现代社会发展的需求；二是体育课程内容资源的开发要体现出鲜明的时代特征。

随着社会的发展和现代科学技术的日新月异，人们的生产方式和生活方式都发生了巨大的变化。这些变化一方面使人们的生活更加舒适便利，另一方面也给人们的健康带来了诸多不利影响，如人的生物性退化、人际关系淡化、社会应激水平增加等一系列问题。因此，改善和提高学生的健康水平便成为当今社会发展的需要。体育课程内容资源的开发也必须满足这一需求，具体而言就是要尽可能开发出锻炼价值高、实用性强、对改善学生心理素质及提高学生社会适应能力作用大的体育课程内容。

健康的生活方式是现代人追求的目标之一。娱乐、健身、休闲正逐步成为人们余暇生活的主旋律，而各种娱乐、健身、休闲的手段也不断被发明和创造出来，成为深受大众喜爱的新兴运动项目。体育课程内容资源的开发也应该体现出这种鲜明的时代特征，要让那些有着浓郁生活气息和趣味性强的身体练习，通过加工成为体育课程内容的组成部分，以便为学生走出校门、步入社会生活奠定基础。

（二）高校体育课程资源开发的作用

1.促进体育课程目标的实现

开发和利用体育课程资源有利于推动传统单一的课程观念的更新，有利于确立社会化终身体育活动的课程观念，从而顺利实现体育与健康新课程目标。具体来说，开发体育课程资源对于促进体育课程目标实现的意义体现在以下五方面：

（1）开发体育课程资源为实现体育课程目标提供了基础资源保证，为实施多层面的体育课程标准（体育课程知识、过程与方法、情感与态度等）提供了可能性；为学生采取探究性、开放式、合作式的学习方式进行学习提供了支持系统；为在不同领域内（如家庭、社区、社会）对新的体育资源进行开发提供了重要的途径与方法。

（2）开发体育课程资源有助于促进人们树立课程资源意识，促进人们对体育的认识的不断提高与丰富。

（3）开发利用体育课程资源有助于使校外、社会体育场所和设施的作用得到充分发挥。

（4）开发体育课程资源有利于促进学校体育范围的增加，促进教育内容层面上体育与社会各个系统的密切联系。

（5）开发体育课程资源有利于促进校内外体育教育的结合，从而为社会化终身体育活动的开展提供基础条件。

2.促进学生更好地成长与发展

开发体育课程资源有利于促进学生更好地成长与发展，具体分析如下：

（1）随着体育课程资源的不断开发与充分利用，现有的体育课程教育内容日益丰富，体育教学方法也随之不断地变革。引入新的体育课程资源对体育教学手段、教学组织形式等变革产生了一定的影响。体育课程资源的多样化有利于推动体育教学的改革，从而大幅提高学生的主体性，发展学生的学习兴趣、实践能力、创新能力等。

（2）体育课程资源的多元化有利于激发学生探究与创造的兴趣。

（3）开发体育课程资源有利于促进资源的开发和共享，从而有利于师生之间建立良好的关系，即平等合作式关系或协作式关系，改变传统的主客关系或主被动关系。这为进一步提高学生的主动性与创造性提供了坚实的基础。

3.促进体育教师素质的提高

开发和利用体育课程资源对体育教师的教学视野、教学水平提出了更高的要求。通过开发和利用体育课程资源，体育教学领域引入了学生需要、学生实践等方面的内容，学生的多方面需求得到了最大限度的满足，而且学生的人格、个性、身心、社会适应能力等方面也更加健康与完善。这将进一步凸显体育教师的主导地位，要求体育教师不断地自觉学习，不断充实与提高自己的教学水平、专业素养、业务能力及科研能力，从而使自身的主导价值得到最大限度的发挥，使自己满足社会发展的要求。随着体育课程资源的不断丰富，教师需要对多种运动项目的性质特点加以了解，并学会创造性地对一些项目进行改编与创造。这些要求有利于激发体育教师多方面能力的全面提高。

（三）高校体育课程资源开发的步骤

1.调查学校体育课程资源状况

开发体育课程资源的第一步是调查学校体育课程资源状况，即综合调查学校已有的或有待开发的课程资源。在具体的调查过程中，可以从体育课程资源的分类情况着手进行逐一调查，主要调查内容包括人力、物力、财力、民族体育文化、体育信息等。例如，调查学生的兴趣爱好，学生对体育锻炼的需求以及学生经常采用的学习、锻炼方式等。此外，对学校场地和器材等设施情况、体育经费开支情况、体育师资队伍情况、地域性民族传统体育活动开展情况等问题也应进行综合调查。

通过对以上内容的调查，学校领导、体育教师可以对学校体育课程资源的现状和问题有一个全方位的了解，可以对"学校有哪些体育资源"的问题有所明确，并清楚地知道本校还需要开发和利用哪些资源才能够使课程目标得以实现，才可以促进学校体育建设的不断完善。在调查的基础上进行开发更有方向性，更有利于提高课程资源开发和利用的效益。通常来说，调查学校体育课程资源基本情况的方法有访谈法、问卷调查法、相关文献资料分析法、实地调研法等。

2.分析研究学校体育课程资源状况

在调查学校体育课程资源状况的前提下，需要对学校内外环境中各种类型的体育资源进行多种角度的系统分析，主要分析角度如下：

（1）体育课程资源是否能够促进体育课程改革目标的实现。

（2）体育课程资源是否与学生的身心发展特征相符，是否能够使学生的体育兴趣爱好和体育学习与发展的需求得到满足。

（3）体育课程资源是否与社会发展对学生提出的要求相适应。

（4）体育课程资源是否有助于学生积极主动地学习体育知识和技能。

（5）体育课程资源是否与学校财力、物力等条件相符。

（6）体育课程资源是否与体育教师的专业能力相适应。

（7）体育课程资源是否能够促进学生养成终身体育和健康意识。

对以上内容进行分析研究及综合评估后，以评估的结果为依据，提出与学校实际相符的开发体育课程资源的对策或建议，争取获得有关方面的大力支持。

3.管理与规划学校体育课程资源

在对学校体育课程资源状况进行调查、分析及研究之后，学校和体育教师要在本校体育教学和体育课程管理过程中选择校内外各种体育课程资源，并将其作为本校体育课程教学的主要内容，从而加强资源的有效整合。管理与规划学校体育课程资源这一环节需要做的工作主要有以下四点：

（1）制度建设。为了更好地开发体育课程资源，需要重组学校体育课程资源的组织结构，并重新确定各组织的职能，制定相应的学校体育课程资源管理制度，为体育课程教学提供制度方面的保障。以学校实际条件为依据，可以先对体育课程资源的管理人员进行确定，并明确这些人员的职责，使其系统地保管好各种学校体育课程资源。学校相关的组织机构要统一协调与管理各种体育课程资源，从而使体育课程教学得以顺利进行。

（2）校内外体育课程资源的优化与整合。体育课程资源丰富多样，按照不同的方式可以将其划分为不同的类型，而且其划分在有关文件中已被提出。但是，并不是有文件规定就可以使学校体育课程资源的开发产生效应。只有科学地优化和整合课程标准中划分的各类资源，才能更加便捷且最大化地利用学校体育课程资源。

人力、物力、自然、信息等资源都是体育课程实施所需要的重要资源，在具体的开发过程中要分析优先开发哪些资源、哪些资源更有利于学生终身健康发展和本校体育课程建设。此外，对资源的整合也要按照优先原则和适应原则来进行。比如，学校体育课程实施的首要条件便是人这一因素，这一因素主导甚至决定了课程资源的开发。因此，在体育课程资源建设中，可以优先开发人力资源，如体育教师、家长、学生等。

（3）建立以校为本的体育课程资源开发机制。经过调查发现，当前很多学校和体育教师都无法整体、准确地理解和把握自身所处的体育环境，科学的课程资源观还未形成，对学校体育课程资源的开发也仅靠自身的力量进行，体育课程资源建设工作的开展缺乏科学性和可行性。事实上，只有立足本校体育实际，将各方面力量（体育教研组、其他学科教师、家长、学生、社区等）充分调动起来，有机融合国家课程、地方课程与校本课程，才能将自己的特色体现出来。

（4）充分利用学校外部体育资源。为了促进学生的健康、全面发展，学校需要对以校为本的体育课程资源开发的机制进行完善，并向周边社区体育和家庭体育辐射，从而促进学校体育教学和课程改革的进一步发展。

（四）高校体育课程资源开发的策略

1.校内体育课程资源的开发

（1）人力资源的开发。学校体育教育活动的直接参与者是体育教师和学生，除此之外，班主任、有体育特长的教师、校医等，在体育教学中也是不可忽视的人力资源。

①体育教师资源的开发。体育教师不仅决定体育课程资源的鉴别、开发、积累和利用，是体育课程资源的重要载体，而且是体育课程实施的首要条件资源。调查结果表明，体育教师是最重要的体育课程资源之一。体育教师是体育课程的实施者、组织者，教师的价值观、知识观、学生观、发展观等都会影响他们对课程资源的认识水平、开发利用方式和开发程度的大小，因此体育教师是体育课程改革的关键因素。长期以来，由于体育教学大纲对全国所有的学校规定同样的教学内容和同样的评价标准，教师几乎成了体育教学大纲的忠实执行者，教师无须开发课程资源，只要按部就班就行了。但由于许多体育教师对体育课程资源的认识比较模糊，甚至部分教师闻所未闻，因而缺乏课程资源开发能力。

新的体育课程内容不再是清一色的竞技运动项目，民族传统体育、新兴运动项目将被引入体育课程教学。新课程标准不规定具体的教学内容、教学方法和评价标准，给予了体育教师充分选择课程资源开发利用的空间。教师可以根据学校和学生的实际情况，开发出有助于激发学生体育学习兴趣，与学生的生活经验和生活实际相联系、促进学生健康发展的课程资源。

由于体育课程资源的开发处于初期阶段，体育教师的课程资源观尚未形成，如果不帮助体育教师树立正确的课程资源观，不帮助他们认识课程资源的内涵、性质、种类及实现课程目标的价值，体育课程资源就会成为一句空话。因此，在体育课程资源的建设中，学校应该将体育教师队伍建设放在首位，通过加强对体育教师的多元多级培训，提高他们的课程资源开发和利用水平。另外，体育教师应加强体育课程资源意识，利用各种机会提高自己的理论水平，认真钻研教材，备好教材，备好学生和课堂，锻炼和提高自己开发和利用课程资源的能力，甚至在体育课程资源极其紧张的情况下，充分发挥体育教师的主观能动性，实现体育课程资源价值的"超水平"发挥。

②学生资源的开发。学生也是课程资源，其根本原因在于学生是课程的主体。这一方面是指学生的现实生活和可能生活是课程的依据，另一方面是指发挥学生在课程实施中的能动性。学生创造着课程，课程本身具有"过程"和"发展"的含义，课程学习意味着通过学生与被称为课程的东西进行对话构建课程意义。课程的实施不是设计者预设的发展途径，学生也不是完全通过对成人生活方式的复制来成长。他们在与课程的接触中，用独有的眼光去理解和体验课程，并创造出鲜活的经验，而这些鲜活的经验又是课程极为重要的组成部分。因此，教师不应把课程及其教材视为学生完全接受的对象，而应发挥学生对课程的批判能力和构建能力。

体育与健康课程关注的核心是满足学生的需要和重视学生的情感体验，促进学生的全面发展和成长。从课程设计到评价的各个环节，教师始终把学生主动、全面的发展放在中心地位。在注意发挥教学活动中教师主导作用的同时，特别强调学生学习主体地位的体现，以充分发挥学生的学习积极性和学习潜能，提高学生的体育学习能力。

学生丰富的生活信息、个性化的生活体验、奇异多彩的想法是隐性的体育课程教学资源，挖掘和利用学生好动好玩的天性和生活经验等资源，能充分调动学生的主动性和积极性，提高学生的运动技能水平。可以开展互教互学活动，利用有体育特长的学生开展体育教学活动，如在行进间低手上篮的篮球教学中，可以让有篮球特长的学生示范，辅导其他同学练习。教师在教学过程中还可以发挥学生代替体育器材的作用，如在支撑跳跃活动中，学生可替代"山羊"，还可以让学生代替标志杆进行蛇形跑等。

③班主任、有体育特长的老师、校医等人力资源的开发。过去，体育课程只是体育教师的事，而在新课程标准下，时间和空间的拓展、内容和方法的多样化导致了人力资源的多样性与开放性，新的人力资源应该是以体育教师为主，又有班主任、有体育特长的教师、校医等参与的结构模式。因此，高校应充分利用校内有体育特长的教师、班主任、校医等资源，可以利用课间、课余活动时间，带领学生进行各种各样的体育活动，也可以组织并指导学生参与班内或班级之间的各种比赛。

（2）体育课程教材资源的开发。在体育课程资源中，最重要的资源莫过于教材。教材的主要作用是对学生进行引导，使其通过对已有的知识和经验的运用来主动对新的知识进行探索，从而促进学生实践能力、合作能力和创新能力的提高。教师如何研究与处理教材是开发与利用教材的重点。体育课程教学并不是移植和照搬教材内容，而是要求教师对教材进行创造性的加工，将教材内容变为学生学习的内容，使这些内容在丰富学生体育知识，提高学生体育技能和完善学生文化素养方面发挥应有的价值，即将生命的活力赋予教材。

在高校体育教学中，开发教材需要从以下三个方面着手：

①根据教材特点对教学内容结构进行优化，加强各部分内容之间的联系，从而使学生能够自主处理信息，促进学生体育与健康知识的不断丰富。

②将教学内容探究化，以学生身心发展特点为依据对体育学习层次进行确立，通过教材内容的主要知识点对教学中的问题序列进行构建，采用"问题+解决方法"的模式对学生发现、分析及解决问题的实践能力进行培养。

③将教学内容经验化，以教材内容为依据，对贴近学生学习和体育锻炼实际经验的教学内容进行大量发掘和充分利用，使教材内容与学生的实际生活紧密联系，并使学生联系自身实际深入体验体育知识和技能。教师对教学资源的组织与开发要按照学生的认知规律和身心发展特征来进行，这样才与科学规律相符。教师要加强对教材的研究与整合，紧密结合教材与学生的体育锻炼实际。此外，教师通过认真钻研教材，使传统的教与学的行为彻底得到改变，从

而以教材为核心，以本校体育发展现状为重点，对更丰富的体育课程资源进行开发和利用。

（3）体育器材、设施资源的开发。体育场地、器材是加强素质教育，提高体育教学质量，增进学生健康的物质保证。在新课程标准的指导下，国家制定了高校体育器材设施配置目录，各地学校应争取有计划、有步骤地逐步配齐，并在原有的基础上逐步改善。应使现有体育设施充分发挥应有的作用，同时努力开发它的潜在功能，实现体育设施利用价值的最大化。

①开发体育器材的多种功能。体育器材一般都具有多种功能，只要教师在利用时转换视角和思维方式，就可以开发出常用器材的多种新功能。例如，栏架可以用来跨栏，可以用作钻越的障碍，还可以用作小足球门等；标枪可以用来掷标枪，可以用来作蛇形跑的标志杆，还可以用作简易的跳高架，利用跳绳可以做绳操、斗智拉绳等。

②改造场地器材，提高场地利用价值。我国大部分高校场地器材资源有限，教师可以结合学校的实际情况，对场地进行改造，来满足教学、课外活动的需要。教师可以开发体育场地多种设施的使用功能，提高其使用价值。例如，篮球场可以用于篮球比赛，也可以用于排球比赛、羽毛球比赛等。

③制作简易器材。高校可以结合本学校实际情况，利用现有资源，制作简易器材，改善教学条件。例如，可乐瓶装细沙，可充当往返跑的标志物，也可以作哑铃使用；用废旧的拖把杆制作接力棒，用废旧的竹竿和橡皮筋制作栏架，用废旧的足球、篮球、棉纱和沙子等制作实心球，用砖头、水泥或石头砌成乒乓球台，用砖头、木板、竹竿代替球网，用竹子制作竹圈，可用于滚圈、钻圈、套圈等游戏项目，也可用于圈操等。

④合理布局和使用场地器材。学校场地的布局应当既满足教学的需要，又满足课外体育活动和校外比赛的需要；既方便组织，又要方便教学活动；既要确保安全，又要确保学生有地方活动；形成相互依托、互为补充的多功能活动区。

合理使用场地器材时，应当根据本校和周边环境条件，充分规划和利用空地，进行安全、适宜的体育活动。学校要加强场地器材的保养工作，合理地使用有限的财力、物力，使每一件设施都能起到尽可能大的作用。例如，学校有一块1500平方米的活动场地，可以将它设置成包含平衡木、爬梯、肋木架、障碍墙、跳跃桩等设施的多功能学生活动场地。

2.校外体育课程资源的开发

（1）自然地理资源。我国地域广阔，地貌复杂多样，气候变化万千，具有丰富的体育课程资源。利用空气，可以进行有氧运动，如散步、慢跑、有氧操等；利用阳光，可以进行日光浴；利用水，可以进行游泳、温泉浴等；利用山地丘陵，可以开展登山运动和有氧耐力训练；利用沟渠田野，可以进行越野跑、跳跃等练习；利用海滩或沙地，可以进行沙滩排球、沙滩足球等；利用沙丘，可以进行沙疗、爬沙丘、滑沙等活动；利用江河湖泊，可以进行水上安全运动；利用雪原，可以进行滑雪、滑雪橇、滚雪球、打雪仗等项目。春季可以开展春游、远足；夏季可以游泳、打沙滩排球；秋季可以爬山、越野跑；冬季可以滑雪、滑冰。

（2）体育信息资源。信息意识和能力是现代社会公民科学素养的重要组成部分，信息技术的发展为科学教育提供了前所未有的崭新平台。信息化资源虚拟化的特点充分说明了体育课程资源包含信息化资源，具有容量大、智能化、网络化和多媒体的特点。这使体育教学得到了高层次的进步与发展。教师可以充分利用图书馆、网络、多媒体技术等获取体育信息，不断充实更新体育课程内容。图书馆藏有大量体育图书和体育历史资料。它们含有大量有价值的体育知识和技术。网络能提供新鲜的体育新闻，最新体育动态，而且网络上有许多真知灼见以及实用的体育健身知识、运动处方。利用多媒体能有效地宣传体育，辅助体育教学，如武术套路的教学，篮球、排球、足球技战术的教学等都可以利用多媒体，不仅形象，还十分有效。这些课程资源的开发和利用丰富了体育课程内容，优化了体育课程、进一步促进了体育课程的发展。

（3）社区体育资源。社区体育资源包括社区体育场地、社区体育活动和竞赛、社区体育指导员等。社区体育场地包括社区各种运动场地、俱乐部及体育设施，充分开发这部分资源能弥补校内体育设施的不足。体育教师对周边环境较为熟悉，应大力开发和利用这些资源。社区体育活动和竞赛这些资源既能发挥学生的体育特长，又能培养学生参加体育活动的兴趣，让学生走出课堂、走出学校，参与自己感兴趣的体育活动，培养终身体育思想。学校可以发挥社区体育指导员的体育特长，让他们帮助、指导学生参加社区体育活动，以提高学生对体育技能的运用能力。

第二节　课程设置的理论基础

一、课程设置的概念

教育学理论认为，课程设置的实质就是人们根据一定的价值取向，按照一定的课程理念，以特定的形式对课程的各种要素或成分进行组织安排，进而形成特殊课程结构的过程。其内涵包括以下几点：第一，课程设置就是对课程资源及课程要素进行选择和优化组合；第二，课程设置就是对具体教学目标和内容的选择、确定；第三，课程设置就是建构课程的组织形式和组织结构；第四，课程设置就是形成课程设计结果——课程方案。

二、课程设置的基本要求

选择与编制课程的基本要求有以下几点：

（一）目的性

目的性要求选择与编制课程首先要确定教育目的，并具体划分各级各类教育的明确目标，围绕目标设置课程。

当代课程体系结构已不只是由学科课程组成，活动课程在课程体系中也日益受到重视。因此，课程选择与编制需要重视课程体系结构的完整性，设置课程必须处理好多种课程的关系。根据教育目的和学生的身心特点，合理组织课程。

（二）科学性

科学性要求编制的课程要正确地反映各门学科课程内容，符合科学体系要求，重视各学科、各课程之间的内在联系。课程体系应当充分体现自然科学、社会科学、人文学科的辩证关系，有利于培养全面发展的人才。这里主要有三个问题要解决好：一是某门类课程自身有序可循；二是各门类课程之间有序可循；三是不同课程之间的科学顺序与相互关系问题。

（三）发展性

发展性是指课程选择和编制要与学生身心发展的规律相一致。学生发展有年龄差异，连续的身心发展有阶段性，不同阶段会有不同的心理结构，因此有不同的发展基础和发展可能。正因为这种发展性要求，不同课程所占比例应当有所调整。

三、课程设置的类型

课程门类可以有不同的编排形式，不同的编排可以发挥不同的功能。这种对功能的理解也有历史发展的过程。近现代以来，随着人类对学习心理和教学心理研究的不断深入，人们对课程编排形式的复杂性和多样性的认识也不断加深。不同性质和不同对象的课程要求人们采用不同的编排方式。

1.单科独进直线式

在整个学习阶段，各门类课程单科独进，直线排列，集中精力学习一门之后再学另一门。这种科目明晰、组织简易的编排方式即为单科独进的直线式。

2.多科并进直线式

在同一时期内同时安排多种学科即为多科并进的方式。这样编排课程，内容多样而且交互进行，能以多样化引起学生的兴趣和积极性，虽多科并进，但每门学科依然可以以直线进行，不失系统的连贯性，而且几门学科交互进行还可以相互迁移、相互促进。这是当代课程设置最基本的方式之一。

3.螺旋式课程编排方式

这是指某门学科在基础教育阶段不只安排一次，但几次安排均依照基本结构进行，层层提升并层层深化，形成螺旋式发展格局。这种方式比较适合用于发展学生的认识水平。

课程编排的不同方式各有优势，在课程编排的实践中需要综合运用。

四、高校体育课程设置模式

在贯彻现代体育教育思想、进行高校体育课程教学改革与实践的过程中，国内各高校不同程度地进行了体育课程设置模式的改革。这些模式经过一定时期的发展、沉淀和聚类，基本可归结为以下五种典型模式。

（一）"选项课"＋"校定特色体育必通课"模式

部分高校建立了以大一、大二年级体育选项课教学为主体，并设置校定特色体育课程，要求每个学生必须通过校定必通课基本考核标准的课程设置模式。例如，学校要求男生人人能游泳 200 米，女生人人会编一套健美操；或要求人人通过"十二分钟跑"测试，重视体育课程"课内外一体化"建设，实施课余普通运动队和高水平运动队训练"两条腿走路"的工作路子。这一模式的采用要求具备体育师资力量配备充足，学校政策、财力大力支持，教师工作待遇有较好保证等条件，能达到学生体育基本素质普遍较高、锻炼意识较强的目的。

（二）"完全教学俱乐部"模式

"完全教学俱乐部"模式已经在我国部分高校应用。这一模式的主要思想是按照学生的体育学习兴趣与爱好，对体育课程俱乐部模式进行全面实施，学生能够对体育运动项目、体育运动实践、体育教师进行完全自由的选择。同时，把体育课程教学俱乐部逐渐向外发展，延伸到课外体育俱乐部。通常来讲，"完全教学俱乐部"模式，主要应用了指导制的形式。在应用"完全教学俱乐部"模式的时候，通常要求具备优良的体育课程场馆设备条件，对于吸引力也有一定的要求。此种教学模式属于教育制度中的完全学分制。此外，还要求学生具备较好的体育基本素质与较高的体育锻炼积极性和自我锻炼意识，且具备良好的体育学习习惯与体育能力。"完全教学俱乐部"模式充分保证了体育课程教学的时间，在完善、专业的师资结构下，使学生的体育学习需要得到充分满足。

（三）"教学俱乐部"＋"选修课"模式

我国的部分高校对于在网上自由选择体育课程、上课时间和体育教师的体育课程俱乐部模式进行了建立。这一模式仍旧按照班级授课的方式开展体育课程活动，并且通过学期选修课或者必修课形式的应用实施体育课程管理。从实质上来讲，体育课程俱乐部模式是存在于完全教学俱乐部模式和体育选项课模式之间的一种教学模式，在使用此教学模式的时候，对于体育师资与项目群的储备存在一定要求，学生要具备较强的选择能力，同时离不开体育课程专门选课系统的有力支持。值得进行说明的是，同完全教学俱乐部模式相比较，此种模式没有那么高的体育课程硬件设施要求，但在课程的可选择性问题上，学生很难不受到课程设置模块、课程授课时间和师资力量的制约。

（四）"基础课"＋"选修课"模式

我国部分高校建立了一年级（或第一学期）基础课、二年级（或第二、三、四学期）选修课的教学模式。基础课一般按照行政班级授课，选修课采取网上选课或根据报名情况编制体育班的方式进行。这一模式较多地强调提高身体素质的重要性，有利于一些民族传统体育项目和校定特色体育的教学和考核，也便于教学的组织管理工作。

（五）"选修课" + "教学俱乐部"模式

我国部分高校尤其是高职类院校建立了以一年级体育选修课、二年级按照所学专业的"准职业岗位"特殊体育素质和能力需求，开设含职业实用性体育教学内容的俱乐部教学模式。这是一种以就业为导向，强调体育教育实用性功能，以培养"准职业"人员岗位特殊体育素质和体育活动能力的新型模式。

五、高校体育课程设置的总体思路

（一）体育课程设置应体现多层次化

（1）采用大一、大二年级上选项课，高年级上选修课的课型结构。一年级以健身教育课为主，二年级以体育锻炼课为主。在高年级选修课中，理论课以各种专题讲座的形式对学生进行强化体育意识、巩固培养学生对体育的兴趣、拓宽视野、以个性目标发展为目的的教育；实践课以丰富多彩的俱乐部式教学达到调节紧张学习、充实课余生活、强身健体、巩固培养体育锻炼习惯的目的。

（2）把体育与健康教育相结合，增加自我身体锻炼的知识与方法。注意选择那些健身价值较高、简便易行、学生喜闻乐见的项目，让学生多进行练习，如民族传统体育、健身健美运动、武术、身体基本活动能力练习、健身游戏、游泳、滑冰等。在练习过程中，让学生了解每一项练习对提高人体机能和身体素质的作用以及练习方法等，采用多种教学手段提高学生练习的积极性，注意培养学生的体育锻炼习惯。

（二）体育课程设置应弹性化

（1）高校体育教学应减少必修课，增设选修课，使体育课程体系有一定的弹性和灵活性。

（2）各校根据各自的实际情况及专业特点，增加新的教学内容，加大选择余地，加强课程内容与社会、生活的紧密联系。例如，娱乐体育、休闲体育、养生保健体育、趣味体育等，并融汇体育文化、体育美学、体育心理、体育欣赏等教育。

（3）在避免大一至大四体育教学内容的重复，确保教学内容的连续性、完整性的同时，开设选修课。学生的体育知识、体质与健康状况、体育兴趣、运动经验、学习能力、社会适应性等都有所不同。这些因素都在不同程度上直接或间接地对体育教学效果产生影响。

（4）选修课的内容既要广泛，有较大的可选择性、较强的实用性，还要在教学运用时突出个体性。例如，有些学生喜欢篮球运动，经常在课外活动时间看到他们在篮球场上打篮球，锻炼积极性非常高；有的学生喜欢足球运动，几乎天天都得踢一会儿球，逐渐形成了一种运动习惯。大学体育应适当满足学生对某项运动的兴趣爱好，培养学生熟练掌握 1 ~ 2 项体育运动项目。

（5）要使学生掌握与自身职业有关的实用性的运动技能与技巧，以及与职业特点相近的体育运动项目，使其提高未来职业所需的一般运动素质和特殊运动素质，以及对外界环境的适应能力。

（三）体育课程设置应与大学生的知识结构相适应

课程理论告诉人们，高校课程设置必须与大学生心理特点和大学生的知识结构、智能发展相适应。然而，在高校体育教学中存在着这样一对矛盾：一方面，大学生正处于智力发展的高峰，他们在认知、思维和个体品质等方面都已趋向成熟，正在由继承性学习向创造性学习转换；另一方面，虽然大学生已具备比较系统的科学文化知识和基本能力，但对一些体育科学基本知识却了解甚少。例如，有些大学生热衷于看体育节目、听体育新闻，从欣赏的角度去对待体育，却不懂得怎样锻炼身体、怎样做准备活动、怎样避免运动伤害事故与处理运动创伤，不懂得如何评价体育锻炼的效果等。这就造成了大学生的知识结构与学习特点之间明显的反差。[①] 因此，在安排课程内容时，应善于利用大学生已有的知识体系和智能发展的优势，将现代体育运动中的如网球运动、体育舞蹈、气功、带有一定专业性质和水平的健美运动以及攀岩等运动项目引入高校体育课程设置之中，就能较好地体现出高校体育教学的层次和水平，反映出高校大学生这个特殊群体的特点，并为这些项目的普及和发展培养骨干。

---

① 徐金尧. 21 世纪普通高校体育课程建设的构思 [J]. 浙江体育科学，1999（1）：28-32.

第五章　高校民族传统体育教学课程设置

民族传统体育作为我国民族传统文化中的重要组成部分，对继承和发扬中华民族精神有着不可替代的作用。同时，随着民族传统体育的不断普及，它的影响力也越来越大，人们通过参与民族传统体育活动提高了自身的健康水平，增强了民族的凝聚力，并促进了社会团结和稳定的发展。

民族传统体育课程设置是高校民族传统体育教学的重要组成部分和核心问题。它体现了高校民族传统体育教学的目标，反映了体育教学的内容和结构，对民族传统体育教学具有重要的指导作用。本章首先介绍了高校民族传统体育的内容、特点和现代价值，然后以武术课程为例，阐述了体育专业武术教学课程的设置方案。

第一节　民族传统体育概述

一、民族传统体育的内容

（一）武术

武术是我国历史悠久的一项传统体育项目，至今已有几千年的历史。它是以攻防技击为主要内容、以套路演练和搏斗对抗为运动形式、注重内外兼修的中国传统体育项目。无论是对抗性的搏斗运动，还是代代相承的套路运动，其技术核心都是中国传统的技击方法。武术作为中华民族传统体育文化的代表，是传统武术与传统文化结合的产物，其文化属性在社会中呈现出诸多价值，而在历经艰难坎坷后，传统武术最终顽强地站立在中华大地之上，成为我国独有的一块文化瑰宝，并进行着永不磨灭的传承和发扬。

武术运动深受各族人民的喜爱，有着十分广泛的群众基础，且各民族均有自己独特的风格和套路。"击"和"舞"是武术运动的两个显著特点，其内容主要表现为"击"即"技击"，即从徒手搏斗的拳术发展为搏击敌人的武艺，在民间有着根深蒂固的传统；"舞"即"武舞"，也就是现在流行的套路形式，它与"技击"的搏击性有一定的差异。

（1）武术按照运动形式划分主要分为套路运动和搏斗运动。套路运动是以技击作为素材，以攻守进退、动静疾徐、刚柔虚实等矛盾运动的变化编成的整套练习形式。套路按照演练形式又可分为单练、对练和集体演练三种类型。搏斗运动是两人在一定条件下按照一定的规则进行的斗技、斗智的对抗性实战形式。目前被列为竞赛项目的有散打、推手等。

（2）武术按照功能划分主要分为竞技武术、健身武术、实用武术和学校武术。

（二）导引术

导引是一种以肢体活动为主，配合呼吸吐纳的运动方式。导引术是中国传统养生术和体疗方法之一，古代的康复体育运动即为导引。导，指宣导气血；引，本义是开弓，引申为伸展，有伸展肢体之义。其最大的特点是意、气、形三者结合，即运动肢体身躯以练形，锻炼呼吸以练气，并且以意导气行。

在出土文物《导引图》中，有大量模仿动物形态的仿生类导引，这一图解深刻反映出中国古代体育尤其是养生体育中仿生性这一重要特征。而在我国的宋元时期，太极拳、八段锦等同样是以肢体运动、呼吸运动与自我按摩相结合，以强身健体、治疗疾病为目的的具有导引特点的康复体操。在几千年的发展历程中，导引术逐渐发展成为一个博大精深、特点鲜明的体育养生和医疗体系。

秦汉以后，在先秦阴阳五行哲学思想和精气、神等原理的影响与推动下，行气术开始形成系统的体系。行气，又称为吐纳、炼气、服气、胎息等，是在意念指导下的一种呼吸锻炼。许多养生学家对古代的一些养生功法和书籍做了研究和整理。其中，按摩术与行气、导引术一样，日益成为养生活动中的一项重要内容。太极拳从形式上来说，是属于武术的拳术，具有技击特色，但它吸取了导引、行气、按摩的特点，与武术的技击完美地结合在一起，充分体现了中国古代养生体育的特色和发展方向。在华夏民族的传统体育形式中，保健养生体育中的按摩术的流行与发展充分体现了中华民族传统文化的民族特色。

（三）民间体育游戏

民间体育游戏是流传于我国各地区的具有较强娱乐性的体育活动，也是我国民族传统体育的重要内容之一，是中华民族文化中一笔丰富的文化遗产。现今许多民间体育游戏已经在我国广泛开展，并受到人们的热烈欢迎。但是，也有许多传统的体育游戏被人们所遗忘，有的甚至已经失传。游戏是游艺民俗中十分普遍、常见、有趣的娱乐活动，主要流行于少年儿童中间和节日里成年人的娱乐活动之中。有些游戏项目在发展中逐渐完备，最后形成了竞技项目或杂技艺术。古往今来，我国各民族各地区的民间游戏活动种类和样式繁多，许多民间游戏活动在性质、方式以及游戏者的范围等诸方面存在着某些相同或者相似之处。我国纷繁众多的民间游戏活动中，比较典型的有儿童游戏、季节游戏、歌舞观赏游戏、智能游戏、斗赛游戏、杂艺游戏、助兴游戏、驯化小动物游戏以及博戏等多种类型。

（四）少数民族传统体育

少数民族传统体育是各少数民族在长期的历史发展过程中不断积累和保存下来的体育活动，反映了各个民族意识和多方面活动的文化财富。少数民族传统体育反映了各民族意识和多方面活动的文化财富，它是各少数民族在其长期的历史发展过程中不断积累和保存下来的体育活动。在我国，一般把除汉族以外的55个民族称为少数民族。它们几乎都有自己独特的传统体育活动。

通过少数民族传统体育可以体现出不同的社会形态遗痕，如珞巴族原始时代的弓箭；也可表现出各民族不同特征的形式，如藏族的牦牛比赛；还可以反映出不同地域的特点，如蒙古族的马术。从文化人类学的视角看，绚丽多彩的民族传统体育活动与种族繁衍、生产劳动有关，还有许多身体活动均带有很强的军事性。同时在我国少数民族地区的宗教仪式、婚丧嫁娶、喜庆丰收等各种节日中，民族传统体育也有着非常高的出现频率。我国西南许多民族的秋千和丢包、蒙古族的打布鲁、瑶族的长鼓舞、哈萨克族的姑娘追、回族的木球、朝鲜族的跳板、苗族的划龙舟、傣族的跳竹竿、高山族的竿球、侗族的哆毽、赫哲族的叉草球、羌族的推杆等传统体育活动，以其在民族文化体系中具有代表性的文化特质，突出地再现了民族特色、民族心理和民族意识。

少数民族传统体育发展到今天，已经从传统的娱乐活动及文化的附属物转变为具有独立特征的民族传统体育运动项目，其内涵更为丰富，外延也得到了充分的扩张，竞技性更为突出、规范。这些体育活动在年复一年、代代相传的过程中，不仅成为民族物质、精神和社会生活的重要组成部分，发挥着维系民族生存和团结的重要作用，还逐渐内化为一种民族性格的象征。

二、民族传统体育的特点

民族传统体育在长期发展的历史进程中，由于受地理环境、社会生产、生活方式、文化水平以及宗教民俗等各个方面的影响，逐渐形成了鲜明的特征。民族传统体育的特点主要表现在以下几个方面。

（一）民族性

我国作为统一的多民族国家，受地域、环境等因素的影响，各民族之间的文化特点会出现一定的差异。这也体现出了不同文化特点对物质、精神、生活和社会关系等各个层次的不同影响，也造就了不同的民族。这就是民族性。我国民族传统体育强调人与自然的和谐相处，追求内外合一、形神合一和身心全面发展，以静为主，动静结合，修身养性，以"健"和"寿"为目的。其中，比较具有代表性的民族传统体育项目主要有武术、舞龙、舞狮等。武术强调"内外兼修、形神兼备"的民族风格，追求形体和精神的同步发展；其他如风筝、龙舟、秋千、舞龙、舞狮等，都具有浓郁的民族文化特色，区别于世界流行的现代体育运动。除此之外，服饰、活动仪式、风俗、历史传承等，也能够充分体现出民族传统体育的民族性特点。

民族传统体育项目是民族传统文化的有机载体。由于民族语言、民族性格、风俗习惯、生活方式、宗教信仰等方面的差异，民族传统文化呈现出相对独立性。这种特性决定了一个民族的传统体育文化和价值观念不可能很快被其他民族全盘接受，甚至在一个民族被另一个民族征服和同化的极端情况下，它原有的体育方式也会在新的民族共同体中顽强地有所表现。由此可以看出，民族传统体育具有非常强的生存能力，并且具有强烈的民族性。这也是民族传统体育最基本的特点之一。

（二）地域性

地域性是指我国民族传统体育在空间上所显示出的特征。一定的地域是一个民族赖以生存的空间，它决定了一个民族的生产方式和生活方式，民族传统体育活动都是在一定的自然人文环境中孕育产生的。我国地域辽阔，地势西高东低，呈阶梯状下降，山地、高原和丘陵约占陆地面积的67%，盆地和平原约占陆地面积的33%。长期的农业社会生产使各族人民形成了较为固定的生存空间，产生了与地域相适应的生产与生活方式。这些自然环境下的生产方式，使各地区人民逐渐形成了相对稳定的心理结构，渗透在民族文化的各个方面，孕育出不同文化背景下的传统体育活动方式，即民族传统体育的地域性特征。

十里不同风，百里不同俗，反映在我国的民族传统体育上也有"南船北马""南拳北腿""南狮"与"北狮"之说。这正是对地域性特征很好的说明。即使是同一民族，由于地域和所处的自然环境不同，传统体育活动也不尽相同。例如，同是汉族，南方与北方在传统节日期间举行的体育活动就不同，如春节期间南方以舞龙、舞狮为主，而北方除此以外，还有跑旱船、扭秧歌、打腰鼓、走高跷等内容和形式多样的体育活动。再如端午节，南方民族以龙舟竞渡为主，而北方少数民族以赛马为主。这就形成了民族传统体育的地域性。

（三）历史性

民族传统体育作为一种传统文化，具有历史性。所谓历史性，是指民族传统体育文化经历了长时间的发展和传承，包括历史上存在、现在仍完整地保留着的民族传统体育文化。对于现代社会产生的体育项目、体育手段，即使它具有一定的民族特色，我们也不能称之为民族传统体育。

民族传统体育的发展进化是各民族历史发展的必然。民族传统体育不是一种单一的文化，而是各种文化交融构成的复合体，随着历史的变迁，其文化内容的增量或减量引起了文化系统结构、模式或风格的变化。有些民族传统体育项目由于环境的变化而消亡或流变，但部分项目如武术、摔跤、秋千、风筝、龙舟、射弩、舞龙（舞狮）、赛马等，因具有生命活力而得以沉淀、保存、延续下来，并在延续中发展、在发展中延续，成为我国人民喜爱的传统体育项目。

（四）传承性

传承性是指民族传统体育文化流传在时间上的连接性，即历史的纵向延续性，也是民族传统体育的一种传递方式。民族传统体育能跨越历史的长河流传至今，正是依靠传承的力量，它通过特定的社会关系和社会要求来实现，特定的社会关系和社会要求规定了人们对于文化遗产选择的自由度，也规定了先哲对于先进思想进行诠释的性质。任何文化一旦形成，就会在它的产生土壤中形成自身的活动规律和惯性，并在历史的发展过程中体现出顽强的传承性。正是这种传承性使得很多民族传统体育项目自古流传、代代不息。

民族传统体育的传承应该包括两个部分，即物质文化传承和非物质文化传承。物质层面传承包括武术的器械、兵器，龙舟等；非物质层面是通过口传身授的方式进行传承，如以动态的肢体符号传承，又如武术套路、拳种流派传承。民族传统体育传承的方式主要有群体传承、师徒传承、社会传承。民族传统体育具备自身特有的文化特征，它是民族传统体育得以顺利传承的一个重要基本要素。不少民族传统体育之所以能在传统节日中稳定传承，是因为两者有着许多文化上的吻合之处。例如，在传统节日或传统体育中有一个或者一系列优美生动的神话传说故事。这些故事大多是赞美某个英雄的，或是伸张正义、扬善除恶，或是追求爱情、赞美揭丑，或是追求吉祥、祭神斗恶。

民族体育文化既是被传承的，也是被不断发展和创造的，它要从根本上适应民族发展的内在需求。这也是民族文化得以发展延续的内在规律。一种民族体育一经形成，就会具有一定的稳定性和延续性，在发展中变化充实，其内涵和形式代代延续。这种传承性对维系一个民族的凝聚力和趋同意识具有很大的意义。在民族传统体育的漫长历史传承过程中，受多种因素的影响，其目的、方法、手段等常常发生各种变化。

（五）多样性

多样性是民族传统体育的一个重要特点。由于我国地域辽阔、风俗各异等因素的影响，民族传统体育的起源呈现出多元的价值取向，形成了多种学说，如生产劳动起源说、军事战争起源说、娱乐休闲起源说等。这些活动原始形态的差异，必然使民族传统体育在形式、在内容方面都具有多样性的特征。比如，武术运动就很有代表性，它内容丰富、形式多样，已成为民族传统体育中的重要内容。就武术的内容而言，我们可以按照运动形式将其划分为武术功法运动、武术套路运动和武术格斗运动；还可以根据拳种的风格和类别的不同，分为有长有短、有刚有柔、有单练有对练、有徒手有器械的武术运动，可以说风格不同，各有特色。

另外，民族传统体育活动的参赛人数以及活动的空间也能体现出多样性的特点。民间竞技项目数量众多，范围广泛。从参赛人数看，有单独显身手的，有两人对垒的，也有多人参与的；从竞赛的空间看，有室内竞技，如各种棋弈，也有室外竞技，如踢毽子、跳绳、射箭、赛马等；按照有无道具划分，有的使用各种兵器或日常生活器物表演奇巧技能，有的则单独进行精彩表演，如猜拳、拇战、摔跤等。民间竞技是活动范围广阔、参加人数众多的群众生活文化，是我国民俗文化中光彩夺目的一项内容。

三、民族传统体育的现代价值

（一）强身健体

体育的健身功能是指体育对于增强体质、增进健康、延缓衰老的作用。人作为有生命的物质存在，是有意识机能的能动存在物。人类的历史就是人类运用自己的智力和体力改造客观世界、改造自身的历史，体育正是人类自我改造的产物和手段。民族传统体育项目主要来自人们的生产生活方式，与身体活动有着密切联系。它要求人们直接参与运动，在娱乐身心的运动中逐步改善人们的体质，提高各民族人民健康水平。因此，强身健体成为其主要的功能之一。参与运动锻炼能促进有机体的生长发育，提高运动能力，改善和提高中枢神经系统的机能，调节人的心理，提高人体对环境的适应能力。强身健体是人类第的一个追求，许多从生产劳动中衍生出来的民族传统体育项目就是人们健身意识的产物。从事畜牧业的许多少数民族，如哈萨克族、蒙古族等，经常在狩猎活动中学习和培养使用马匹的能力，牧民们在日常的狩猎活动中练出了高超的骑术，后来又衍生出赛马、叼羊、骑射、马球等相关的民族传统体育项目。

民族传统体育的健身价值，一方面是由民族传统体育各类活动的基本属性和早期民族各项活动较多依靠自然力的特点所决定的，另一方面是时代不断发展、人们的健身需求不断增长的结果。而民族传统体育中的"导引养生""五禽戏""八段锦""太极拳"等是人们健身与修身养性的最好方法和最具实效性的健身运动。民族传统体育不仅可以强身健体，而且可以修身养性，促进身心全面发展，提高生命质量，追求身体素质的改善和体质完善，将成为现代人们的主动选择。具有独特健身功能的民族传统体育，将在满足人类健身需求方面发挥更大的作用，其健身价值将得到更加深入的开发。民族传统体育为全民健

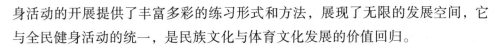

身活动的开展提供了丰富多彩的练习形式和方法，展现了无限的发展空间，它与全民健身活动的统一，是民族文化与体育文化发展的价值回归。

（二）休闲娱乐

娱乐是体育起源要素中一个比较主要的成分，它逐渐成为民族体育发展的重要动力。其娱乐成分主要包含身体技能性、谋略性和机遇性。第一种技术要求比较高，具有强烈的自娱性和他娱性；第二种对人的谋略、心智水平要求较高；第三种主要是对机遇的期待。快乐是人们追求的理想的人生状态，体育娱乐是体育功能的重要组成部分。随着社会精神文明和物质文明的发展，人们对体育的需求发生了根本性的变化。从各民族生活环境和生产劳动中产生和发展的民族传统体育来看，其具有明显的娱乐价值。人们为了体验在生产和生活中的某些场景和情景，重现当代的快感，而创造出一系列满足其娱乐需求的体育活动。一些活动的娱乐性和健身性丝丝入扣地交织在一起，形成许多娱乐性极强的活动，在今天还难以从体育或文艺的角度将它们截然分开。

人们不仅直接参与娱乐性强的体育活动，还从观看运动竞赛和表演中获得身心娱乐。许多少数民族的传统体育项目，正是因为具有强烈的娱乐性，才得到广泛传播和普及。我国少数民族运动会上的许多项目体现着这种鲜明的特点，娱乐性越强的项目，越受到人们的普遍欢迎。总之，许多民族传统体育的娱乐价值，从这些活动产生的那一刻起，就在逻辑上具有从必要的劳动和生活中解脱出来，追求健身价值的取向。随着人们娱乐欲望的不断迸发，娱乐性最终发展成为民族传统体育最鲜明的价值之一。

（三）道德教育

一般来说，中华民族的优良道德传统是指以古代儒家伦理道德为主要内容并包括墨家、道家、法家等传统道德思想的精华。在两千多年的历史过程中，儒、墨、道、法各家伦理思想相互影响，相互吸收，形成了中华民族特有的伦理传统。

中华民族传统体育伦理思想建立在儒家伦理和体育实践基础上，对于解决现代体育中的道德评价失范、个人主义盛行和道德调控弱化等问题具有重要的价值，具体表现为通过传统体育伦理思想构建"和谐"的现代体育伦理原则，弘扬"礼让"的体育道德规范，倡导"轻利明德"的体育自律精神等。例如，中国武术就是一种典型的将道德和审美作为其重要文化内涵的民族传统体育。在武术的整个文化体系中，锄强扶弱、重气轻生、尊师重道、孝悌为先等始终是广泛推崇的道德尺。陆草先生在其《中国武术》一书中将武林的道德归纳为五个方面：谦和忍让、立身正直、见义勇为、尊师重道、武林义气。可以说，这些道德规范是习武者应遵循的重要行为准则，体现出传统武术对于整个社会道德水准构建具有的独特作用。

（四）民族认同

在民族认同中，首先是血缘认同和民族认同，深层次的是民族文化的认同。一种文化体系以民族为载体，民族又以文化为聚合体。体育作为文化的重要组成部分，在民族文化认同方面不仅具有符号作用，更具有民族文化形象的意义。例如，蒙古族式摔跤、维吾尔式摔跤、藏族式摔跤形式，它们从体育活动内容上看，同为摔跤，但起源民族不同，表现形式各异，具有标志不同民族的符号的作用。中国武术是对战争技术总结后归纳出的体育项目。武术是将战争中的技术成分加以提炼，经过中华民族文化长期熏陶，演化出的一种既有技击意识、健身观赏性质，又具有东方哲理内涵的体育项目，充分表现出中华民族文化的独有性质。

民族传统体育是各民族中普遍流行的满足本民族的健身、娱乐等需求的社会文化。民族传统体育具有普遍性、亲和性、地域性、民族性等特点，通过民族传统体育活动，可以使民族产生认同感。民族的认同感是在团体内部的相互依赖和相近的价值观念和伦理道德、审美情趣的基础上形成的，它是一种民族内部成员对本民族的自豪感和亲近感。民族传统体育活动使得参与的人们很容易进行情感的交流、思想的交锋、意志的考验，从而不断增进感情，达到培养民族认同感的显著效果。一些常在节日和特定季节举行的民族传统体育活动也以其新颖的形式、活泼的内容等吸引各族人民积极参与，并且营造了浓厚的人文氛围。在以家庭、社区、村寨等为单位参加的体育活动中，各个参与单位共同体验同一种体育活动的乐趣，感觉同一种体育活动的意境。尤其是一些竞争性较强的运动，往往能够培养参与者的集体荣誉感，将个人的荣誉与集体的荣誉融为一体，达到群体成员相互认同的效果。例如，蒙古族的那达慕大会就是一种培养民族文化认同感的极有效的群众性集会，其中的三项竞技使得参与者和观赏者都能得以尽情享受快乐。对于栖息在草原上、过着游牧生活且集会机会不多的蒙古族人民来说，那达慕大会为他们提供了极好的相互接触和交流的机会，有效地增进了民族成员间的感情，促进了蒙古族内部的文化认同。

（五）竞技竞赛

竞技性是民族传统体育活动中竞争意识的体现。它使参加者在相互较量的竞赛中获得心理上的愉悦，起到磨炼意志、开启心智的作用。现代开展的摔跤、射箭、赛马、斗牛等比赛，就是竞技性的表现。

第二节　民族传统体育教学课程设置——以武术为例

武术是我国民族传统体育的重要内容，将其纳入高校体育课程是完善与发展体育教育教学的客观要求。武术不仅能丰富高校体育教学内容体系，还能通过自身的多元教育价值来推动和促进高校体育教学的育人功能的实现。高校体育教学可以促进武术及其文化的传播、传承，培养符合现代社会发展需要的高素质人才和传统武术文化传承者、竞技运动员。本节主要对武术教学课程的具体设置及其优化策略进行分析。

一、武术课程目标的设置

武术课程的目标主要包括以下内容：

（一）全面发展学生的身心素质

1.发展学生的身体素质

武术运动具有多元教育功能，应通过武术课程教学，促进学生身心的健康全面发展。武术运动是一项可以全面锻炼参与者身体的运动，可以通过武术教学活动，使学生身体的各个部位得到锻炼。

武术课程教学应促进学生身体素质发展。这里所说的身体素质发展，包含广义和狭义两方面的内涵。广义的内涵是指身体各方面素质的全面发展，包括身体素质（力量、速度、柔韧性、耐力等）、工作能力及体能等。狭义的内涵是指促进身体机能、身体形态和心理状态的正常发育。

2.发展学生的心理素质

（1）提高学生学习武术的自信心。

（2）促使学生在武术训练中养成良好的意志品质。

（3）帮助学生培养健康的心态。

（4）提高学生的抗挫折能力。

（二）增加学生的武术理论知识

（1）武术的起源与发展知识。

（2）武术的概念与流派。

（3）武术的内容与分类。

（4）武术的文化内涵。

（5）武术的其他基本常识。

（三）提高学生的武术运动技能

在高校武术课程教学中，武术运动的基本理论和动作技术是主要的教学内容。提高学生的武术技能是武术教学的重要目标之一，武术课程教学应促进大学生武术基本运动技能的提高。具体技能如下：

（1）掌握武术基本功。

（2）熟练掌握武术基本技术和基本技能。

（3）掌握武术的基本动作。

（4）掌握身体素质训练方法。

（5）掌握几套成套武术。

（6）培养学生参加武术活动的运动能力。

（四）提高学生的武术应用能力

（1）培养大学生武术锻炼的兴趣、意识和能力。

（2）帮助大学生掌握武术组合动作、成套动作。

（3）培养大学生克服困难、分析和解决问题的能力。

（4）促进大学生掌握系统的武术理论知识和锻炼身体的科学方法。

（5）提高大学生的武术自学能力，使其能自主学习有关武术运动的知识与技能。

（6）培养大学生武术自练、自评能力。

（7）提高大学生的武术鉴赏能力。

（8）提高大学生灵活应变的能力。

（9）提高大学生的创造能力。

（五）丰富学生的武术运动情感

武术运动可以丰富学生的运动情感。除了各种实践技能的教学任务外，高校武术教学在情感方面的教学任务也非常重要。具体来说，应通过高校武术课程教学达成以下目标。

（1）提高大学生对武术的兴趣。

（2）增强大学生武术动作的情感表现力。

（3）培养大学生的竞争、合作意识和坚毅品质。

（4）使大学生形成创造性思维，树立正确审美观。

（5）提高大学生对武术文化传播、传承的责任感。

（6）增强大学生的民族文化自豪感、自信心。

（六）提高学生武术文化素养

传统武术课程教学的第一大任务就是培养学生对传统文化的兴趣，增强其爱国意识；培养良好的个人品格；增强其对自身的约束能力，使其构建良好的人际关系；培养学生尊师重道、文明守礼的品行。

在现代社会中，物质的丰富使许多人迷失了自我，而武术运动求真求实的理念，使得参与武术运动的人可以重新找到真正的自我，了解生活的真正意义。

二、武术课程内容的设置

（一）武术课程内容设置的依据

武术课程内容应符合国家武术教学规定、符合学校教学特点、符合学生特点和学习能力、满足学生需求。武术课程内容设置的依据具体如下：

1.武术课程目标

武术课程内容是实现武术课程目标的重要手段。设置武术教学内容时，必须遵守武术课程教学目标，相应的体育课程目标对应着相应的体育课程内容。

2.学生生长发育规律

学生生长发育的规律主要包括身体形态、生理机能和身体素质等方面，它们相互影响、相互制约。

武术教学以学生的身体练习为主要手段，其核心是促进学生身心健康，目的是培养学生的全面素质。在武术课程教学中，武术课程内容选择和安排必须符合学生的生长发育规律，符合学生的年龄特点，只有这样才能切实促进学生身心健康发展。

3.学生机能适应规律

生命体自身的发展也具有一定的规律性，任何身体练习都必须符合机体发展的规律，否则就会因超出机体负荷而对机体发展造成伤害，或者因机体负荷不足而不能有效促进机体发展。

武术教学实践表明，通过武术活动和锻炼对学习者的机体进行生物改造，可增强体能、增进健康。因此，在武术课程内容选择过程中，要准确把握学生的身体机能适应规律，选择更加科学和有效的武术课程内容设计方案，以促进学生身心素质和技能水平的发展与提高。

4.学生身心发展需要

学生是武术教学活动的主体，武术教学以促进学生身心发展为目的，因此在选择武术课程内容时，必须考虑学生的发展需要。具体来说，就是要根据学生的身心发展需要选择武术教学内容，以提高学生学习的积极性。

5.社会发展的需要

社会是学生实现自我价值的最终归宿，在进行传统武术课程内容选择时，不仅要考虑学生本身的需求，社会现实发展的需求也必须被考虑进去。武术的系统学练能为学生打下良好的健康基础，在选择武术课程内容的过程中，必须与社会实际相符，满足学生走出校园、进入社会后的发展需求。

（二）武术课程内容设置方案

笔者以体育教育专业为例，对该专业的武术课程内容及学时进行了设置，具体内容如表5-1所示。

表5-1　武术课程内容及学时设置

课程类型	课程内容	学时
理论课程	武术运动概述 ①武术的起源与发展 ②武术的内容与分类 ③武术的特点与作用 ④武术的文化内涵	10

课程类型		课程内容	学时
理论课程		武术主要技法分析 ①长拳 ②器械 ③太极拳 ④散打	10
		武术图解知识与识图方法 ①武术图解知识 ②识图自学	8
		武术教学 ①武术教学特点 ②武术教学方法 ③武术套路教学 ④使用攻防动作的教学	10
		武术竞赛组织与裁判 ①武术套路竞赛与裁判法 ②武术散打竞赛规则 ③中学武术竞赛的组织 ④中学武术比赛的裁判工作	10
实践课程	基本技术	①武术基本功与基本动作 （上肢练习、下肢练习、腰部练习、跳跃练习、平衡与跌扑练习） ②五步拳 ③二十四式太极拳 ④四十八式太极拳 ⑤初级剑术 ⑥长拳 ⑦攻防技术 ⑧女子防身技术 ⑨格斗运动	120
	身体素质训练	①速度素质训练：双方攻防练习、原地或行进间高抬腿练习、50米加速跑和蛇形跑、快速跳绳等 ②力量素质训练：马步推砖、蛙跳、矮步走、臂力棒训练等 ③耐力素质训练：定时跳绳、定时变速跑、一对多人模拟实战练习等 ④灵敏素质训练：步法变换练习、拳脚组合练习、双人攻守练习等 ⑤柔韧素质训练：踢腿、下腰、活肩等	45

三、武术课程设置的优化策略

（一）加强对武术课程的重视

武术教学在高校体育教学中具有育人和文化传承的双重作用，应该受到学校领导部门的重视并得到大力推广。但是，就整个高校的体育教学发展来看，武术作为学校体育教学中的一个运动项目，与西方竞技体育运动项目的教学相比，缺乏程式化的教学操作程序，存在一定的教学操作难度，因此一直处于边缘性的地位。武术教学在高校体育教学中一直都处于比较缓慢的发展状态。

当前，要促进武术课程的发展，科学设置武术教学课程，首先要得到体育教学主管部门的管理者的重视，管理人员的素质、认识水平、责任心是决定学校体育工作成效的关键。

（二）调整武术课程目标

课程目标对课程教学活动的开展有重要的指导作用。高校武术教学课程的优化与完善，应确立科学的课程目标。我国高校武术课程教学主要针对武术专业学生开展，教学目标过度强调学生武术竞技水平的提高，忽视了对大学生的基础运动能力的培养和大学生身心的协调发展。

新时期，高校武术教学课程应将教学放在"育人"的目标上，应把增强学生体质、提高学生的健康水平作为传统武术教学的首要目标，增强学生体质，提高学生的传统武术运动素养，通过武术教学促进大学生身心的健康发展，并养成终身参与武术的意识与习惯，积极参与武术锻炼，不断丰富与发展自我。

（三）拓展武术课程内容

当前，我国高校武术教学课程内容以套路运动教学为主，学生不分年龄、性别、年级，在同一个学期统一学习同一套武术套路，缺乏个性化教学。近年来，高校大学生对格斗运动的兴趣越来越高。因此，为了满足学生学习格斗的愿望，为了顺应武术教学的这一发展趋势，高校应拓展武术课程内容，将格斗运动列入教学内容中，丰富高校武术课程的内容，提高学生对武术课程的兴趣和学习积极性。针对女大学生的武术教学，可以引入女子防身术，以发挥武术教学对大学生健身、防身的实用价值。此外，还应以不同大学生的生理、心理特点和兴趣为主要依据，合理安排相应的武术教学内容，使武术教学课程内容丰富多彩，不断提高学生学习传统武术运动的积极性与主动性。

（四）丰富武术课程类型

当前，我国高校武术课程类型比较单一，主要是武术必修课、武术选修课两种类型。武术专业学生必须严格按照学校武术课程安排完成相应的武术课程学习，其他非武术专业的大学生自由选择是否选修武术选修课。由于武术选修课是非强制性的，因此在体育选修课上，更多大学生出于兴趣爱好和容易拿到学分的考虑选择了其他体育课程的学习，武术选修课缺乏对大学生的吸引力。

结合我国高校武术教学课程发展实际，要进一步促进我国武术教学课程的发展，使武术教学课程受到更多大学生的喜爱，各学校应结合本校的具体实际，有针对性、有目的性地拓展武术课程类型。例如，尝试将武术选修课、武术俱乐部、校园武术文化活动有机结合在一起，灵活多样地开展武术教育教学，使大学生能在武术课程教学中积极、主动地学习武术教学内容，从而提高武术教学效果、活跃高校武术教学与武术文化气氛。

（五）完善武术课程设施

促进武术课程发展应注意加强传统武术教学场地、器械等配套设施的建设，保障传统武术课程的顺利开展。

近年来，我国高校大学生中选修武术的人不断增多，但是武术教学器材数量与质量并没有得到明显的改善。多数高校存在武术教学器材数量少、老旧、磨损严重的问题，严重影响了武术教学效果，也存在教学安全隐患。

武术教学场馆是组织传统武术教学，开展传统武术竞赛活动的重要保证，但是目前我国高校传统武术教学与训练场馆设施建设参差不齐。大多数高校的武术课教学是在室外场地进行的，遇到阴雨大风等恶劣天气会取消武术课，只有很少一部分学校建有专门的武术场馆。但是，这些场馆也存在空间小，各班轮流使用，不能充分满足武术教学需求的问题。

加强传统武术器材的建设，为师生教学与训练工作奠定良好的物质基础，是高校武术教学课程设置需要重点解决的问题。对此，各类学校应加大对武术课程教学的投资力度，重视武术课程教学器材设施的购置、维护；广泛筹措资金建设武术教学场馆，确保武术教学课程的顺利开展与实施。

第六章　田径运动教学课程设置

田径运动在所有体育运动项目中，意义是非常重要的。因此，在高校体育教学中一定不会缺少田径相关的教学内容。时至今日，高校田径运动课程经过长期的发展已经显现出更多的新特点。为此，对其课程的设置也要在分析现状的基础上，以发展的眼光来进行更新。本章主要对这个问题进行分析和探讨。

第一节　田径运动概述

一、田径运动的意义

田径运动拥有自身固定的内涵、特点与价值。这些内容共同构成了田径运动的意义。通过将田径与现代竞技运动相结合，本书总结归纳出田径运动的主要意义。

（一）田径运动是一切活动的基础

从古至今，人的一切生产生活活动都离不开田径运动。这些活动过程也充斥着田径的元素，两者是不可分割的。田径运动的这种活动基础性主要可以通过如下几个方面表现出来：

（1）田径运动是健康体魄的基础。

（2）田径运动是人们生产生活所需技能的基础。

（3）田径运动是大部分体育运动项目的运动员提升运动成绩的基础。

这里所说的田径运动的基础作用，并非指让人们都学会田径运动项目的技巧，而是着重强调田径运动中的走、跑、跳、投等基础动作都能成为人们增强身体素质、增强体能的有效方法。例如，走步健身和长跑健身在现代已经成为十分简单和有效的锻炼方式。田径运动实力也近乎成为一个地区体育综合实力的标志。从地域上看，我国领土大，人口多，要成为体育大国、体育强国，尚需进一步重视与积极开展田径运动。

（二）田径运动是竞技体育的"运动之母"

田径是现代竞技体育的"运动之母"。之所以获得如此美誉，主要在于田径运动的走、跑、跳、投的基本动作技巧几乎在所有体育运动中都有所涉及，如羽毛球运动会使用跑、跳技术；篮球运动使用跑、跳、投技术；等等。田径运动本身也是竞技体育的重要项目组成部分，在各种综合性运动会中都有田径运动竞赛。

二、田径运动的分类

田径运动包括走、跑、跳、投四个主要类型。如果将这些项目汇总到一起，它将会锻炼人体的各个部位。而从研究的角度来说，需要对其进行分类。按照不同的分类依据，大体可以将田径运动分为竞技类田径项目和实用类田径项目。

（一）竞技类田径项目

竞技类田径项目，顾名思义，主要用于各种类型的田径竞赛。其中包括竞走（表6-1）、跑（表6-2）、跳跃（表6-3）、投掷（表6-4），以及由这四种项目综合而成的全能运动（表6-5）。

表6-1 竞走类田径项目分类一览表

类别	成人		少年			
	男子	女子	男子甲组	男子乙组	女子甲组	女子乙组
场地	20 000 米 50 000 米	5 000 米 10 000 米	5 000 米 10 000 米	3 000 米 5 000 米	5 000 米 10 000 米	3 000 米 5 000 米
公路	20 000 米 50 000 米	10 000 千米 20 000 千米				

表6-2 跑类田径项目分类一览表

类别	成人		少年			
	男子	女子	男子甲组	男子乙组	女子甲组	女子乙组
短距离跑	100 米 200 米 400 米	100 米 200 米 400 米	100 米 200 米 400 米	60 米 100 米 200 米	100 米 200 米 400 米	60 米 100 米 200 米
中距离跑	800 米 1 500 米 3 000 米	800 米 1 500 米 3 000 米	800 米 1 500 米	400 米 800 米 1 500 米	800 米 1 500 米	400 米 800 米 1 500 米
长距离跑	5 000 米 10 000 米	5 000 米 10 000 米	3 000 米 5 000 米	3 000 米	3 000 米 5 000 米	3 000 米
超长距离跑	马拉松 （42.195 千米）	马拉松 （42.195 千米）				
跨栏跑	100 米栏（栏高 1.067 米） 400 米栏（栏高 0.914 米）	100 米栏（栏高 0.84 米） 400 米栏（栏高 0.762 米）	110 米栏（栏高 1.00 米） 200 米栏（栏高 0.762 米） 400 米栏（栏高 0.914 米）	110 米栏（栏高 0.914 米） 300 米栏（栏高 0.84 米）	100 米栏（栏高 0.84 米） 200 米栏（栏高 0.762 米） 400 米栏（栏高 0.762 米）	110 米栏（栏高 0.84 米） 300 米栏（栏高 0.762 米）
障碍跑	3 000 米					
接力跑	4×100 米 4×400 米	4×100 米 4×400 米	4×100 米	4×100 米	4×100 米	4×100 米
公路赛和越野赛	包括马拉松在内的公路赛以及由相关部门决定的各种距离不等的公路赛和越野赛					

表6-3 跳跃类田径项目分类一览表

类别	成人		少年			
	男子	女子	男子甲组	男子乙组	女子甲组	女子乙组
场地	跳高 撑竿跳高	跳高 撑竿跳高	跳高 撑竿跳高	跳高	跳高	跳高
公路	跳远 三级跳远	跳远 三级跳远	跳远 三级跳远	跳远	跳远	跳远

表6-4 投掷类田径项目分类一览表

类别	成人		少年			
	男子	女子	男子甲组	男子乙组	女子甲组	女子乙组
推铅球	7.26千克	4千克	6千克	5千克	4千克	3千克
掷标枪	0.8千克	0.6千克	0.7千克	0.6千克	0.6千克	0.5千克
掷铁饼	2千克	1千克	1.5千克	1千克	1千克	1千克
掷链球	7.26千克	4千克	6千克	5千克	4千克	3千克

表6-5 全能运动类田径项目分类一览表

组别	项目	内容和比赛顺序
成人男子	十项全能	第1天：100米、跳远、推铅球、跳高、400米 第2天：110米栏、掷铁饼、撑竿跳高、掷标枪、1 500米
成人男子	五项全能	跳远、掷标枪、200米、掷铁饼、1 500米
成人女子	七项全能	第1天：100米栏、跳高、推铅球、200米 第2天：跳远、掷标枪、800米
少男甲组	七项全能	第1天：110米栏、跳高、掷标枪、400米 第2天：掷铁饼、撑竿跳高、1 500米
少男乙组	四项全能	第1天：110米栏、跳高 第2天：掷标枪、1 500米
少女甲组	五项全能	第1天：100米栏、推铅球、跳高 第2天：跳远、800米
少女乙组	四项全能	第1天：100米栏、跳高 第2天：掷标枪、800米

（二）实用类田径项目

实用类田径项目是田径运动中的一个重要类型。它与竞技类田径运动不同的地方主要在于它更加倾向于除竞技外的其他属性的田径项目，如更多注重健身的属性，抑或更注重趣味的属性。不过，实用田径项目的形式也是由竞技田径转化而来的，并没有跳出田径运动的范畴。下面主要对健身性田径运动和趣味性田径运动进行说明。

1.健身性田径运动

健身性田径运动也是通过走、跑、跳、投等实现的。与竞技田径的走、跑、跳、投不同的是，它几乎将其中的竞技属性完全削弱，成为一种重点在于强健身体的运动形式。这种运动形式的负荷强度可控，且老少皆宜，再加上其简单易学的特点，使得其成为现代大众健身的重要选择。

田径健身运动按人体自然运动方式可划分为健身走、健身跑、健身跳、健身投四类。每一种健身方法都可以给某个身体部位提供帮助。其中，健身走更加适合中老年人和疾病康复者选择；健身跑适合各个年龄段的人士参与，是一种对人体各项素质都能起到提升作用的练习方法，特别是对腿部力量和心肺功能的锻炼效果更好；健身跳是着重针对腿部力量的练习方式；健身投则主要为上肢力量的提升提供帮助。

2.趣味性田径运动

趣味性田径运动与健身性田径运动一样，都是将田径运动本身的竞技属性作了大幅度削弱后得到的凸显田径运动趣味属性的运动项目。除了田径运动本身的趣味属性外，还可以人为创造式地给田径运动增加趣味元素。趣味性田径运动旨在鼓励人们积极加入田径运动中，以达到寓教于乐、强身健体和放松休闲的作用。这种田径运动方式适合各个年龄段的人参与，特别是对少年儿童的运动启蒙作用最大。

三、田径运动的特点

（一）田径运动的基础性

田径运动基础性主要体现在走、跑、跳、投等运动形式上。这些运动形式是人类生存的基本技能，也是人类的常规活动方法。另外，这种基础性还体现为其运动形式是其他体育运动一定会用到的，如足球运动离不开跑、排球运动离不开跳、篮球运动离不开投等。

在田径运动的基础性特点下，判定胜负的方式也更加简单，即取决于运动员走跑的速度、跳跃的高度远度或投掷的远度等。因此，要想取得更好的田径运动成绩，关键的环节在于人本身的各项身体素质和一些运动技巧。田径运动员要想提升运动水平、提高成绩，首先要增强自身的体力，使自身机体保持优秀的综合状态。通过田径运动的锻炼，能够使人体的生理机能、基本活动能力和适应外部自然环境变化的能力得到有效提高，进而有利于人体体质的增强，由此进一步提高身心的健康程度。

（二）田径运动的丰富性

田径运动是世界上各项赛事最重要的竞赛项目之一，也是体育运动中最大的一个项目，它包括的单项非常多。因此，在大型运动会中，田径比赛的项目最多，参加田径比赛的运动员也是最多的。

（三）田径运动的广泛参与性

在人们的日常生活中，经常能够看到清晨或傍晚在路边慢走和慢跑的健身者，他们是在有意识地通过田径项目达到健身的目的。这就是田径运动的广泛参与性。田径运动的广泛参与性还体现在人们对这项运动的知晓率和参与率上。毫无疑问，田径运动在这两个方面都获得了较好的成绩，成为参与人数和了解人数最多的运动项目。

田径运动可以在许多领域发挥不同的健身作用，故而就有不同需求的人群参与其中，这就突出了田径运动的广泛适配性。在群众体育中，田径运动是群众健身的主要活动方式之一；在学校体育中，它是重点教学内容，受到学生的广泛欢迎与喜爱。

田径运动项目之所以受到广大群众的喜爱与青睐，主要是由于其不仅针对性强、可选择的余地大，而且受条件限制的因素较少。只要想锻炼，随时都可以，场地可以是运动场、空地、公路、乡间小路、城市公园等。另外，田径运动的广泛参与性还体现为以下几点：

（1）田径运动对参与的人群要求较低，不同人群、不同性别、不同年龄、不同身体状况的人都可以进行田径运动锻炼。

（2）这项运动在时间、气候方面所受的影响较小，因此可以在工作之余和闲暇时间进行相关锻炼。

（3）参加田径运动的人还可以以自身的实际情况为主要依据，并结合需要对田径运动的量和强度进行适当、灵活的调整和控制，从而达到安全健身的目的。

还需要强调的是，田径运动几乎都属于户外活动。户外运动环境不仅能使参与者更多地受到日光、空气等自然条件的"洗礼"，而且还能够使人体对外界环境的适应能力得到进一步的提高。

（四）田径运动的严格性

田径运动的严格性主要是从田径运动技术层面来说的。从表面上看，田径运动的技术动作并不如体操、花样滑冰等技巧性难，其战术也不如足球、篮球、排球等复杂。但是，这并不能说明田径运动的技战术水平低。从技术角度来看，尽管它的技术动作看起来并不难，但实际上在分秒必争的比赛运动中，人们对田径运动技术动作也有了越来越高的要求，即要求运动员要具有较好的技术发挥的稳定性、精确性和技术性。例如，在背越式跳高比赛中，就要求运动员技术发挥稳定，因为跳高对于运动员技术的稳定和心态的平静有着非常高的要求，每一次试跳稍有闪失，就会造成过杆失败；在跳远项目中，要求踏板要准确，否则会导致犯规或者对成绩产生影响。

在田径运动中，技术动作的严格性还要求在短短的一瞬间使技术达到高度精确，并且每一个动作、身体的每一个环节、每块肌肉或肌群的用力和放松的时间与顺序都较为合理。除此之外，对运动员的技术动作产生影响的因素还有对手、观众、气候、场地条件等。要想在比赛中稳定地发挥出运动水平，取得优异的成绩，就要对其技术性有严格的要求。因此，要对自身的技术进行不断改进，使其不仅与运动生物力学规律相符，而且还要与个人特点相结合，形成个人的技术风格。

（五）田径运动的竞争性

田径运动是竞技运动的基础项目，因此竞技体育中十足的竞技性在田径运动中也可以表现得淋漓尽致。

田径竞赛形式简单，以人类基本的走、跑、跳、投等形式为主，早期不必通过过于严格的训练就可以开展。它是一种单纯依靠人的体能、技术和心理等方面就可以进行的较量。无论是径赛、田赛还是全能项目，竞赛者要么经受住长久的时间考验，要么在瞬间决定胜负，这就要求田径运动员必须具备坚强、果敢的意志品质。田径运动在竞技体育中的发展历史是最长的，现如今，田径运动的竞技性表现得更加突出，特别是在高科技与体育完美结合后，田径运动摆脱了传统简单的走、跑、跳、投等形式，更加追求简单动作中的技术含量。例如，一个稍慢的起跑就有可能在一开始便决定了百米赛跑的输赢；一个旋转度数差几度就可能导致铅球出手时的发力不充分。在田径竞技比赛中，除了比拼彼此的体能和技术外，还有对运动员个人意志品质的考验，这些都是对比赛结果产生重大影响的因素。除此之外，田径运动还拥有较多的规则，要求较为严格。在这样的条件下，田径运动竞赛非常紧张而激烈，在运动员实力较量的整个过程中都充满了激烈竞争的气氛。这种竞争气氛不仅影响着在场上比赛的运动员，促使他们发挥出最高水平，还会深深影响在场边观看比赛的观众，使他们陶醉其中，感受田径的魅力。

（六）田径运动组织的复杂性

前面在提到田径运动的丰富性时就已经提到田径运动中包含许多小项目。丰富性固然是优点，但这种丰富性对于田径运动赛事的组织工作而言增加了许多难度，要想把这些看似零散的项目安排得当，就需要非常专业的赛事组织团队，由此便可以体会到田径运动组织的复杂性特点。

田径运动会的特点主要表现为项目多，参赛运动员多，运动员的组别多，裁判员和工作人员多；场地大，比赛所需器材和设施多。田径运动中比较具有代表性的项目是马拉松和长距离的竞走项目。这些项目的比赛路线长、观看比赛的观众多，使得赛事活动组织的难度和复杂性较高。因此，只有严密、严谨地来组织和安排赛事，将涉及的各个方面都考虑周全，才能筹备出成功的运动会，才能为运动员提供一个发挥水平、创造佳绩的赛事平台。

四、田径运动的价值

（一）田径运动的健身价值

经常进行田径运动锻炼，一方面可以提高人体走、跑、跳、投等基本活动能力，另一方面可以促进人体各器官、系统机能的发展，全面提高人的体质，促进人体健康。田径运动项目众多，不同项目健身价值的具体表现如下：

（1）短跑和跨栏跑。可以促进人体快速运动能力的发展，提高极限强度下人机体器官系统的机能水平；提高人体灵活性和柔韧性，改善中枢神经系统控制和支配肌肉活动的能力。

（2）长距离的走跑。可以增强人体有氧运动能力，发展耐力素质，提高心肺功能。

（3）投掷项目。可以提高机体的肌肉力量，提高人体用力的能力，有效发展人体速度素质、灵敏素质。

（4）跳跃项目。可以改善人体空间感觉机能，提高身体控制能力、平衡能力，发展人体的力量素质、速度素质，提高机体的弹跳力和协调性。

（二）田径运动的健心价值

经常进行田径运动锻炼，能改善人体的心理活动、锻炼人的心理品质，具体表现在以下几个方面：

1. 提高认知能力

人体在长期参与运动后能加强对自身感觉的控制。在运动中，运动者要迅速对外界事物做出准确的感知并加以判断，还要在复杂多变的条件下做出相应的回应，因此需要运动主体综合运用身体各种感觉器官来感知动作形象、动作要领、肌肉用力程度、动作时空关系等，建立正确完整的动作表象。

田径运动提高个体认知能力的作用表现在两个方面。一方面，田径运动中的走、跑、跳、投等各种练习有助于发展人的运动认知和运动思维，提高人的认知能力。对田径运动或简单或复杂的动作进行多次练习，可以强化练习者对动作的空间感知和对时间顺序的感知；另一方面，长期坚持田径运动能调节大脑皮层的神经，协调中枢神经，促使大脑皮层神经过程的均衡性和灵活性加强，提高大脑皮层判断分析环境的能力，加快大脑反应，发展人的思维，从而促进人的知觉能力的发展。

2. 增进情感体验

情绪是个体心理活动的核心，它影响着人的学习、工作和生活。当今社会生活节奏快、工作压力大、各种竞争加剧，要求人的心理承受负荷的能力要不断加大。面对强大的心理压力，要保持良好情绪，学会驾驭情绪是现代社会中人的成熟情感的表现方式。事实表明，体育活动可以改善人们的情绪状态，提高人调节情绪的能力。

田径运动增进个体情感体验的作用主要表现为在参与田径运动的过程中，人们要不断挑战自我，和同伴竞争或合作，从而体验情感。长期坚持田径运动能够使人的情感体验强烈而又深刻，使个体在运动过程中充分体验成功与失败、进取与挫折、欢乐与痛苦、忧伤与憧憬，从而使个体学会在积极情感和消极情感的变化中进行自我情绪转化。长期如此，有利于促进人的情感成熟和提高对情感的自控能力。

3.培养意志品质

研究表明，体育是培养人的意志品质的有效手段之一。在体育运动过程中，个体总是不断地和各种主客观困难做斗争。例如，在进行锻炼时，身体负荷强度大，常常需要达到身体极限，有时还会造成心理上的疲劳，因此体育锻炼能很好地磨炼人的意志品质。

田径运动是体育运动的代表，因此也具有培养个体良好意志品质的功能。田径运动培养个体意志品质的功能主要表现为运动者在运动过程中需要用顽强的毅力克服肌肉酸痛，坚持到底；需要理智地分析比赛情况，抵御环境干扰，克服抑制消极情绪；需要做到不被困难压倒、不为成功所陶醉的心态，始终把握目标和方向。做到获胜时，不骄不躁，努力争取更好成绩；失败时，振奋精神，刻苦锻炼，战胜自我。这样，个体才能形成不畏艰难、勇敢顽强的良好意志品质。

（三）田径运动的教育价值

首先，田径运动项目严格的规则和要求，能培养人遵纪守法、团结合作的精神，有利于提高人的责任感和集体意识，有利于人们形成正确的世界观、人生观和价值观。

其次，田径运动是各级学校体育课程的必修内容和重要教学内容，其本身就是一种教育手段，具有重要的教育意义。

（四）田径运动的社会价值

当今社会竞争激烈，要求每一个社会成员都应有竞争的观念且具备一定的竞争能力。体育运动中的成功经验能增强人的自尊心，使人奋发向上；体育运动中的失败和挫折能提高人的心理承受能力；体育运动中的配合和协作能增强个体与他人合作的意识，有助于培养个体的团结协作精神，提高群体凝聚力。

田径运动作为运动之母，同样能使人保持乐观、积极的心态，使人敢于拼搏、富有竞争和合作意识，能让人在运动中体验成功、培育自信，能让人在失败中磨练意志，最终提高个体的社会适应能力。

（五）田径运动的竞技价值

在大型运动会中，田径运动奖牌数量和参加人数，是一个国家竞技体育实力的重要标准之一。田径运动各个项目的竞技主要通过个人的走、跑、跳、投的角逐来比拼速度、力量和灵敏性，很少与他人合作。由此可见，田径竞技结果取决于个人的努力。因此，田径运动的竞技性是发展竞技体育的重点项目，竞技价值较高。

（六）田径运动的娱乐价值

参与田径运动可以愉悦身心，具体表现在以下三个方面：

（1）在学校田径体育教育中，学生参加以田径运动为主的游戏和比赛，可以自娱自乐；还可以在参加过程中改进自身技术、提高运动水平，给参与者本人以很大的心理满足，从而促进学生身心的健康发展。

（2）在现代田径运动赛会中，受众通过电视等多种媒体传播，观看或收听田径比赛可以起到欣赏、消遣、娱乐和振奋的作用。观看著名田径运动员的比赛更是成为人们追求的一种精神享受。

（3）在国际田径联合会开发的趣味性的田径运动中，人们可以通过充满趣味性的田径比赛，体会运动带来的快乐。目前，趣味田径运动已推广到我国，成为人们愉悦身心的一种体育运动形式。

第二节　影响田径运动课程设置的因素分析

田径运动课程设置会受到多种因素的影响。当这些因素展现出较为平均的积极方面时，课程设置才能向着更加积极的方向发展，而一旦某个因素出现明显"短板"，即便其他因素都较为积极，其总体效果也会大打折扣。为此，本节对影响田径运动课程设置的多方面因素进行分析。

一、政策性文件对田径课程设置的影响

中华人民共和国成立以来，党和国家非常重视体育教学工作的开展，特别是对体育教学中的主要项目——田径格外关注。为此，我国于1957年、1961年、1979年颁布过三个《普通高等学校体育教学大纲》，以此对我国体育教育

工作的开展做出指导。此后，随着时代的发展，社会发生了巨大的变迁，各行各业显现出更多的发展特点，社会所需的人才种类也越发丰富。为了使学生的综合素质始终能够跟上社会的发展需求，1985 年，中共中央颁布《关于教育体制改革的决定》。这次改革主要将着眼点放在了掌握运动技术上。政策的改变使得一个时期内的包括田径课程在内的体育教学开始向专业化运动技能教学的方向发展。然而，学生毕竟与自小参加专业训练的运动员有巨大不同，刻意要求体育教学以运动技能传授为主要教学目标，使得大部分学生对运动技术掌握不好。不仅如此，严肃、枯燥的体育教学还大大打击了学生参与的积极性，体质水平也出现一定的下滑。国家教委在发现了这些政策带来的消极影响后又着手改进，并于 1992 年 8 月颁布了《全国普通高等学校体育课程教学指导纲要》（以下简称《纲要》）。这份文件的出台对过去过于要求运动技能传授的课程设置做出了一定的修正。《纲要》规定，"普通高等学校对三年级以上学生开始体育选修课"。选修课概念的提出在当时确实对体育教学的设施是一次突破性的创新。具体到田径课程的设置可以将田径运动中的多种项目分割开来，供学生选择，如可以分为长跑、短跑、跳高跳远、投掷等课程，学生根据自己的兴趣自由选择。显然，这种方式更有利于满足学生不同个体的体育需求，激发了他们参与体育的兴趣和动机。

二、学生因素对田径课程设置的影响

学生是田径课程的参与主体之一，作为教学接受知识和技能的一方，他们对教学内容的反应也是田径课程设置的重要影响因素。笔者通过走访调查发现，大多数学生对于田径运动课程教学的积极性不高，而且他们对相关运动技术的掌握也较差。近年来，我国对学生体质水平的测评数据显示，我国学生的整体身体素质水平呈下降趋势，而且这种趋势还有愈演愈烈的势头。在身体素质方面，下滑最为明显的是速度素质、力量素质和耐力素质。

总体来说，目前我国学生的体育基础普遍较弱，学生对体育知识的接受能力以及对运动技能的领悟能力和掌握能力较差。调查表明，有相当一部分学生在中小学阶段并没有接受过较为正规的田径运动教育，中学阶段教学内容陈旧、学校不重视体育课等情况，导致学生体育基础知识贫乏、体育锻炼意识淡薄，正常的体育锻炼机会也有所减少。这些因素使得高校田径教学缺乏良好的基础，最终造成恶性循环，从根本上影响了学生学习田径运动知识和技能的积极性，不利于学生个性和能力的发展，田径课程的设置也将很难取得良好的效果。

三、学校领导对田径课程的重视程度

鉴于我国特殊的管理体制，使得领导的意识对事务的推进开展起到非常重要的作用，在学校田径运动课程的设置问题上也是如此。要想使得田径运动课程设置开展得有序、合理，让田径运动受到学校各方的重视，校领导首先就要对这个问题予以关注。只有这样，体育教学资源才会更多地投入田径运动教学中，为教学活动提供更多保障。然而，学校领导对田径运动的重视程度不够，这也就成了田径运动在学校中较难开展的重要原因。就我国高校每年传统的田径运动会来说，如果校领导对田径运动及其相关活动不够重视，那么即便举办这项运动会，其规模和质量也会大打折扣。对于较为重要的田径课程教学来说，不能得到领导的重视也会降低教学质量，影响包括田径课程在内的体育教学改革的推进。为此，提升学校领导对田径课程的重视程度也是未来做好田径运动课程设置及其相关工作的重要环节。

四、社会环境因素对田径课程设置的影响

教育是社会发展的重要构成，是一个完整社会不能缺少的关键元素。通过问卷调查了解到，大部分参与田径教学工作的体育教师认为社会环境、社会对田径的关注等对田径课程设置影响程度较大。随着我国社会经济的发展，人们在工作之余拥有了更多的时间从事休闲活动，一时间，形式多样的活动进入人们的生活，可选择的运动项目逐渐增多。至此，人们早已不再满足通过简单的走、跑、跳、投的单一运动形式锻炼身体。对于体育专业的学生来说更是如此，他们更加倾向于娱乐性和时尚性兼备的运动项目，对激情不足的田径运动容易产生抵触心理。从这方面说，社会环境、社会对田径的关注度等对我国普通高校公共体育田径课程设置有一定程度的影响。

五、教学因素对田径课程设置的影响

田径运动课程设置是田径教学的前提条件，是教学良好开展的保障。总的来看，尽管我国已经在进入 21 世纪后提出了"素质教育"等一系列新型的体育教学理念，但在实际的落实上还存在问题，特别是对于田径运动教学内容的

选择上尤其明显。具体表现为，以往较为枯燥单一的教学内容和教学方法至今仍旧在沿用，不能围绕某一项目发展学生相关的身体素质，也没有拓展某一项目与其他运动项目及相关知识的联系，出现了影响学生参与田径教学积极性的情况。而在结束田径教学后进行的教学评价，大多数学校还是选择过去的量化指标方式，将学生完成规定考试内容的时间或数量作为评定学生成绩的方法。把运动成绩作为唯一的考核和评价依据，以运动素质代替身心素质，没有考虑到学生的学习态度和进步幅度，不能依据每个学生的实际情况进行评定，忽略了对学生的鼓励与鞭策的积极作用和修订计划与教学的反馈作用，忽视了学生的个体基础差异、主观努力和进步幅度，使学生的进步得不到认可。这样的方式基本上脱离了体育教学的主要目标，而且与"素质教育"的本质相违背，这样也就使考核失去了真正的意义，从而对田径课程教学的质量及课程设置产生影响。

六、体育课程资源对田径课程设置的影响

田径运动课程的设置需要依托一定的体育课程资源才能进行。因此，体育教学资源成为制约田径课程设置的重要因素。高校的体育资源有限，以至于不能满足日常田径教学的需要，特别是田径运动场地资源。不过，随着我国社会经济的发展不断取得新的成就，学校体育资源匮乏的现状得到了一定的改善。很多学校修建了崭新的田径运动场，为田径运动教学及相关活动的开展提供了便利条件。但现有体育资源仍旧不能完全满足所需，主要原因在于田径课程人数相对较多（一个班 25 ～ 30 人，有的甚至更多），教学器材得不到充分的保障，学生们只能交替使用场地和器材。因此，锻炼时间、锻炼强度、技能的掌握等均受到不同程度的影响。同时，田径教师现有知识体系落后于时代发展，"科研＋教学"型教师很少，专业知识旧而窄，理论水平和科研能力不高，也给田径运动课程设置带来了制约。

第三节　田径运动教学课程的具体设置

田径运动作为所有体育运动的基础项目，在学校体育教学中的作用仍旧是

不可替代的。为了让田径运动课程与时俱进，继续在体育教学中发挥应有的作用，需要对它的发展提出切实可行的对策，否则学校田径课程设置的发展前景将不容乐观。为此，本节对田径运动课程的具体设置进行研究。

一、田径运动课程目标设置

笔者所在学校体育专业的培养目标和课程计划规定，田径课为体育专业本科学生公共基础课，田径技术的学习为其他技术的学习打下运动基础。笔者认为，田径教学课程的目标如下。

（1）通过田径运动课程，使学生较好地掌握田径运动的基础理论、基本技术和基本技能，较好地掌握技术部分中的重点项目内容，对一般项目内容要求基本符合规定的技术规格。

（2）通过田径运动课程、教育实习及社会实践，使学生具备分析问题和解决问题的能力，并对技术部分的重点项目内容做到会讲、会做、会教，能够胜任基层学校体育课田径运动教学和业余田径运动训练以及社区体育指导等工作。

（3）通过田径运动课程学习和裁判实习，使学生能够承担田径运动比赛的裁判工作，并具有组织基层田径运动会及管理场地的能力。

二、田径运动课程内容设置

对田径运动课程进行设置时，首先需要选择合适的课程。下面简要介绍田径运动课程的选择依据、来源和原则。

（一）田径运动课程内容的选择

1.田径课程内容的选择依据

高校田径运动课程内容是实现课程目标的手段，而不是目的。田径课程目标的多元性以及项目的可替代性，为课程内容的选择和组织增加了许多难度。因此，教师在进行高校田径运动课程内容的选择时，一定要以课程目标为依据，在保证内容的科学性和有效性的同时，要对学生和社会的实际情况进行充分认真的考虑，要做到与学校的整体教育目的一致。

2.田径运动课程内容的选择来源

高校田径课程内容选择的主要来源有采纳、修改、参考上级课程文本的建议和规定，以及延续、改造传统课程内容。

（1）采纳、修改、参考上级课程文本的建议和规定。

①采纳上级课程文本的建议。上级课程文本是国家教育行政部门规定的统一课程内容，是国家意志的体现。其课程内容是专门为未来公民接受基础教育之后应该达到的共同体育素质而开发的。上级课程文本开发的主要根据是不同教育阶段的性质与培养目标制定的体育课程标准或教学大纲，以及编写的课程内容。它是一个国家基础教育体育课程框架的主体部分，具有一定的政策性和方向性，因此其在决定一个国家基础教育的体育教学质量方面起着举足轻重的作用。所以，地方、高校在选择田径课程内容时，应对上级课程文本的必要建议进行采纳，但是不可以盲目照搬，需要与地方和高校的实际情况相结合。

②修改上级课程文本的规定。上级课程文本是依据整个国家或者地区的情况制定的，用统一的角度和根据，对全国或全省进行整体规划。因此，不可能考虑到每个地区、每所高校的具体情况。当上级文本与本地区或高校的具体情况不符时，应该进行必要的修改。对上级课程文本的修改主要包括对上级文本规定的具体课程内容、资源配备、场地和人员情况进行改动。

上级课程文本具有很强的概括性，而对地方和高校来说，条文细化是具体要求，因此进行细化的过程、必要的补充与修改也是不可缺少的。但是对上级课程文本进行修改时，要注意不能与上级的意图、重要的规定与要求相违背，不能对上级文本的精神进行曲解。

③参考上级课程文本的建议。上级文本作为统一规范，是针对整个国家、区域而定的，因此难免有很多地方并不适用所有地区。上级课程文本，会提出一些建议，是为了给地方、高校、体育教师一些自由的空间和自由发挥的余地。各地方和高校可以对这些建议进行适当的参考。为了给地方和高校在适合地方特色和高校特点的课程内容安排上以最大的自由度，国家相关的标准和制度在课程内容实行的方式上有"开放"和"放开"的政策。当然，这些政策只是给地方和学校以参考和建议。参考时，要对上级课程文本选定此课程内容的目的和意义进行充分的分析，对本校的实际条件进行研究，避免曲解或者与其他课程内容的选择产生冲突等。

（2）延续、改造传统田径课程内容。

①延续传统田径课程内容。传统田径课程内容一直是体育运动的基础，在过去的课程内容中占据重要的地位，学校的场地、器材等课程资源也非常丰富。对于传统田径课程内容，教师早已习惯，并且经过多年的实践，总结和积累了许多丰富、宝贵的教学经验。

另外，在传统田径课程教学中，教师大多只重视田径技术的竞技性，而忽视了健身性和其他田径功能。因此，在选择课程内容时仍应以传统体育教学内容为主，但要结合其教育性、健身性、科学性、社会性、趣味性等进行选择。

②改造传统田径课程内容。传统田径课程内容在教学中已经根深蒂固，但是随着时代的发展、教育的改革，在某些地方（如规则、技术难度）已经不适合现代高校教育的需求。对此高校应该进行适当改造，更好地发挥传统田径教学内容的优势，使其更好地为高校田径课程教学服务。高校要从规则、技术难度、趣味性等方面对传统田径课程内容进行改造。简化规则、降低难度、游戏化、生活化、实用化等是改造采用的主要方式。

3.田径课程内容的选择原则

（1）统一性原则。统一性原则主要是指与课程目标相统一。它是指所选的田径课程内容应是能完成田径课程目标功能的内容，而且所选的内容是健康的、有教育意义的、文明的和有身体锻炼价值的，要包含有助于身心素质提高的内容。另外，在选用课程内容时，需要先用课程目标对所选内容进行衡量。

（2）科学性原则。科学性原则是指所选的田径课程内容，应是有利于提高学生的运动技能和身体锻炼的内容。科学性有两方面的含义：第一，它能够有效增进学生的身体健康，有助于学生体育锻炼能力；第二，它在一定教学环境和条件下实施是安全的。

（3）可行性原则。可行性原则是指所选的田径课程内容应与本地区大部分学校的物质条件、教师能力以及学生实际情况相符合。课程内容再好、再科学，如果不能与本地区和本学校的条件相符合，都不应该进行选择。

（4）趣味性原则。趣味性原则是指所选的课程内容应能使广大学生感兴趣并能使其从中体验到运动的乐趣。学生参加体育运动学习的动机和目的之一就是获取体育运动的乐趣，高校要把握住这一点，增加田径运动的趣味性，可以选择田径游戏等内容。

（5）实用性原则。在选择高校田径课程内容时，必须注意内容的实用性，要具有鲜明的生活教育色彩，在充分反映社会发展要求的同时，也要适应社会发展的趋势。因此，在选择高校田径课程内容时，既要打好基础，又要选择学生感兴趣，并有很好的健身娱乐效果的项目进行学习。

（二）田径运动课程内容及学时设置

田径运动作为体育专业的公共基础课，可在大一学年开设。根据课程目标，笔者认为田径运动课程内容可设置为两大部分，即理论课程和技术与实践课程。具体内容设置如表6-6所示。

表6-6 田径运动课程内容及学时设置

课程类型	课程内容	学时
理论课程	田径运动概述 ①田径运动的概念、意义、作用及特点 ②田径运动的分类及其项目	8
	田径运动技术原理 ①走和跑的技术原理 ②跳跃技术原理 ③投掷技术原理	10
	田径运动竞赛 ①田径运动竞赛的意义和形式 ②竞赛规程的内容 ③径赛裁判工作的分工、职责、规则及裁判法 ④田赛裁判工作的分工、职责、规则及裁判法 ⑤全能运动裁判工作的分工、职责、规则及裁判法	20
	田径运动场地 ①标准半圆式田径场的结构概念 ②设计半圆式田径场的方法与步骤	8
	田径运动的教学 ①教学原则在田径教学中的运用 ②田径技术教学的基本阶段及各阶段的任务、特点及教学要求 ③田径运动教学文件的制定	10

续 表

课程类型	课程内容	学时
技术与实践课程	走的技术 ①学习健身走技术并练习 ②学习竞走技术并练习	10
	短距离跑技术 ①建立短跑技术的完整技术概念 ②学习直道途中跑技术及跑的专门性练习 ③学习蹲踞式起跑和起跑后加速跑技术并练习 ④学习终点跑技术并练习 ⑤改进和提高全程跑技术	20
技术与实践课程	接力跑技术 ①了解接力跑的技术和知识 ②学习传、接棒的方法及各棒次的起跑技术并练习	10
	背越式跳高技术 ①建立背越式跳高完整的技术概念 ②学习背越式跳高起跳及摆腿、摆臂技术并练习 ③学习背越式跳高的助跑技术以及助跑与起跳相结合的技术并练习 ④学习过杆技术并练习	20
	背向滑步推铅球技术 ①建立推铅球的完整技术概念 ②学习原地推铅球技术和专门性练习并练习 ③学习背向滑步推铅球技术并练习 ④改进和提高背向滑步推铅球技术	20
	挺身式跳远技术 ①建立正确的跳远技术概念；学习跳远的腾空步技术 ②学习快速助跑与正确起跳相结合的技术并练习；学习丈量助跑步数及助跑节奏并练习 ③学习跳远的空中挺身式动作技术和落地技术并练习 ④完整的挺身式跳远技术练习	18
	跨栏跑技术 ①建立跨栏跑的完整技术概念及专门性练习 ②学习栏间节奏跑，过栏与栏间跑相结合的技术并练习 ③学习过半程栏技术（低栏）并练习 ④学习全程栏技术并练习	20
	掷标枪技术 ①建立完整的掷标枪技术概念 ②学习原地掷枪技术及插枪技术并练习 ③学习引枪和投掷步技术并练习	18

　　综上所述，在设置田径课程时，既要考虑体育教学原则中的循序渐进原则，将所有运动项目内容按由易到难、由简到繁的顺序进行合理化安排，又要考虑与其他运动项目之间的内部逻辑关系。在课程教学的过程中，对项目教学的先后顺序或先体能后技能顺序的安排要符合运动技能迁移的规律，使得先前一个项目技能的掌握能利于后一个项目技能的学习。合理安排课程项目的教学顺序，可以降低教师教学难度，提高技能教学与训练成效，从而更好地实现田径课程优化。在难度项目上（背越式跳高、掷标枪、跨栏等）增加学时，简单项目上（短跑、铅球、跳远等）相应减少学时，根据学校的实际情况做出合理的调整，将课时安排最优化。这样能让学生合理利用学时更好地掌握运动技术，从而达到提高身体素质、运动技能和培养能力的目标，教师也能更加井然有序地安排教学任务，以此达到双赢。

第七章　球类运动教学课程设置

当前，我国高校体育教学的内容日益丰富，开设了众多的体育课程，其中球类运动是一个大项，也十分受学生的欢迎和喜爱。目前，我国各高校中广泛开展的球类运动课程主要有足球、篮球、排球、乒乓球、羽毛球、网球等。本章就重点对以上球类运动的课程设置与发展情况进行深入、细致的研究与分析，以促进我国高校球类运动教学水平的发展与提高。

第一节　大球类运动教学课程设置

本节所说的大球类运动主要是指篮球、足球和排球。笔者对这几种球类运动课程设置进行详细的研究，找出其中存在的问题，具体内容如下：

一、篮球运动教学课程设置

（一）篮球运动概述

1. 篮球运动的特点

（1）集体性。在篮球运动中，只有通过队员之间集体协同配合，才能够出色地完成技战术行动。球员所做的动作都需要两人以上的协同配合才能够实现。因此，球队必须重视全队行动的协调一致性。与此同时，还要注意调动每一位球员的积极性。总而言之，只有集合全队的技能与智慧，发挥出团队的精神，才能够获得理想的成绩。这也是篮球运动集体性的表现。

（2）对抗性。作为一项直接发生身体接触的对抗性运动，篮球的基本特征与规律就是攻守的强对抗。而这种对抗表现在诸多方面，例如，无球队员之间的对抗、争夺篮板球之间的对抗、双方球员意志品质的对抗等。对抗能够培养人的竞争能力与意识，而这也是现代素质教育的一个重要组成部分。

（3）综合性。篮球运动的技术动作非常多，而且在比赛中应用的技术都是以组合形式呈现的，加之比赛情况的复杂不定，导致技术组合具有不确定性、随机性与多样性的特征。除此之外，篮球运动作为一门交叉的边缘性学科，所涉及的学科包括教育学、竞技学、社会学、管理学等。因此，对教练员的科学化训练教学以及高水平的指挥管理都提出了更高的要求。上述这些都说明篮球运动是一项综合性的体育运动。

（4）变化性。篮球是一种攻守快速转换的运动，且转换都发生在一瞬间，从而使得比赛自始至终处于快节奏中，让观众处于专注、紧张的状态，这充分体现了篮球的独特魅力。另外，由于赛场情况变化多端，如果球员采用固定不变的打法则无法取得比赛胜利，所以需要球员具有善于根据场上情况随机应变的能力。上述这些特点充分地体现了篮球运动的变化性。

（5）多元性。篮球运动发展到今天已经成为一门具有较强交叉性的学科课程，并且其在运动方面的知识也开始向多元化方向发展。因此，要求球员与球队必须具备特殊的个性气质、生理机能、心理品质、身体形态条件、运动意识、道德作风，以及团队精神、身体素质、专项技战术配合方法体系、实战能力等。这些都体现了篮球运动的多元性。

（6）教育性。由于篮球运动的发展过程包含着丰富的教育内容，因此其对促进社会交往、活跃社会生活、提高人的社会素质，以及增强民族与国家的自信和自尊均有着极为独特的社会价值。另外，由于篮球活动的保障为队员之间统一行动、协调配合，而这需要球员以健康、积极的道德情感作为基础，并且将共同的荣誉感与责任感作为自己的精神支柱。球员参与这种以团体为基础的训练，能够使他们形成良好的道德情感，培养他们的集体主义精神，进而促进他们形成正确的道德价值观。

2.篮球运动的功能

（1）生理健身功能。

①可提高人体的生理机能。首先，由于篮球运动要求球员练习力量的抗衡、突然与连续起跳、敏捷的反应与快速奔跑，因而能够使机体各部分的肌肉

结实且发展均衡。其次，篮球运动作为一种高强度的对抗性运动，能够促进人体的新陈代谢，提高机体的代谢率，从而使各器官（血管、心脏等）的功能增强，并从根本上使人的体质以及抵抗力增强。最后，因为篮球比赛中所发生的情况具有极大的不确定性，所以需要球员掌握各种协调的技术动作。与此同时，还需要他们具备随机应变的能力，因此经常参加篮球运动能够提高人的各感觉器官，尤其是视觉感受器的功能，而且对促进动作精细化、提高分配与集中能力也很有帮助。

②可提高练习者的身体素质。篮球运动所具有的特点使得球员必须具备良好的动作速度、耐力、反应速度与柔韧等素质。另外，因为篮球运动是在快速奔跑中进行的，所以球员在跳跃、转身跨步、起动等动作中能够锻炼各关节的韧带与肌肉，而这对提高人的柔韧素质十分有利。

（2）心理保健功能。长期参加篮球运动的人，其个性与心理都会朝着更为健康、积极的方向发展。

①可磨炼顽强的意志品质。水平接近、争夺激烈是现代篮球强队比赛的特点。由于双方球员均处于直接对抗的状况下，所以他们除了要具备优良的身体素质与技战术素质之外，更重要的是应具备坚强的意志品质。想要获得比赛胜利，球员必须在对抗当中克服各种困难，而克服困难的过程就是磨炼其意志品质的过程。有时，顽强的意志品质对比赛的最终胜利具有决定性的作用。

②可创造良好情绪体验。现代篮球运动具有观赏性与趣味性。首先，篮球运动能够调节情绪、振奋精神、增进快乐，从而使人变得更加自信、自尊、自强，而且还对神经衰弱等精神疾病患者有一定的治疗与改善作用。其次，篮球运动能够使队友之间的感情变得更加紧密、交流变得更加频繁。这对一些不愿与人交往、郁郁寡欢或者时冷时热的人来讲，不仅能够改善他们的人际关系，还能够使他们了解、认识到自己的价值。最后，篮球运动还能够使球员在比赛胜利之后体会到成就感，并使他们产生振奋、愉悦的幸福感。

③有助于塑造健全人格。篮球运动，从微观上讲，是群体中个体之间的技巧智能与身体冲击的直接对抗；从宏观上讲，则是群体的竞争。如果想要取得篮球比赛的胜利，就需要球员个性鲜明、敢于冒险、敢于创新，并善于抓住时机，做出正确的观察判断。由此可知，篮球比赛是实现人个性自由发展的有效途径。另外，篮球运动还能够培养球员相互支持与团结一致的意识。

（3）社会功能。

①影响社会规范。所有参加篮球比赛的人都必须要在比赛制约下活动，而贯穿比赛的体育道德精神对人的行为规范具有启蒙教育的作用，进而使人们获得对现代社会生活方式的演练与模拟，并且对人们形成文明、健康的社会行为习惯有帮助。

人性中存在着攻击性，而篮球运动能够使人的这种本性得到释放。与此同时，还能够在体育规则与道德精神的约束下，使人们能够在公平合理的环境中进行攻防对抗，并且让人们依靠智慧与技巧取胜，而不是通过不礼貌、不道德、粗野的动作来获得胜利。从深层次的意义讲，篮球运动还具有文化约束力，如礼仪、道德、伦理、法律以及信仰。

②影响练习者的情商。篮球运动的统一性、对抗性与集体性规律显著，因而在比赛过程中，球员必须具备决断力，并能够做出有效的组合动作。在组合动作的实际应用中，由于比赛情况的不确定性，导致整个组合动作中会有很多不确定的成分，球员必须具备随机应变的能力，并且需要球员在比赛中创造出巧妙的动作以及配合。由此可知，篮球运动能够培养球员良好的心理承受能力、广泛的社交能力、充沛的精力与体力等，进而使球员以较高的情商来面对生活、学习中的困难。

③可增进国际交往和友谊。篮球运动在全世界范围内都比较受欢迎。它已经成为各国之间相互交流的重要工具，并且还成为各国、各团体之间建立友谊、理解、信任与团结的方式。不同语言、肤色、国家的人们可以通过篮球这一世界通用的"语言"来进行交流，从而使人们的交往变得更加密切。

（二）篮球运动教学课程的具体设置

1.篮球课程目标设置

（1）通过篮球课的学习，学生能够树立以人为本、健康第一的指导思想，从而全面提高学生的身体素质，有效地增进健康、增强体质，促进学生正常生长发育，培养个性，使学生的身心得到全面发展。

（2）使学生对篮球运动有比较全面、系统的认识，掌握基础理论知识、基本技术、基本战术，了解篮球竞赛规则及裁判方法，培养从事篮球运动锻炼的兴趣，做到学有所长，终身受益。

（3）培养学生爱国主义情感、团体意识和集体主义精神，增强学生的竞争意识和拼搏精神，使学生树立正确的体育道德观。

2.篮球课程内容及学时设置

根据体育教育专业课程目标，笔者认为，篮球课程内容可设置两大部分，即理论课程和实践课程。其中，实践课程包括基本技术、基本战术、身体素质训练以及教学比赛与裁判实习。具体内容设置如表 7-1 所示。

表7-1　篮球课程内容及学时设置

课程类型	课程内容	学时
理论课程	篮球运动概述 ①篮球运动的起源与发展概况 ②篮球运动的特点及锻炼价值 ③中国篮球运动现状 ④现代篮球运动的发展趋势	8
	篮球运动的主要规则与裁判法 ①篮球比赛及其通则 ②违例 ③犯规 ④一般规定 ⑤裁判方法与技巧	10
	篮球竞赛组织工作 ①篮球竞赛的组织工作 ②篮球竞赛的方式与方法	8
	篮球运动员营养、损伤与康复 ①篮球运动员的合理营养 ②篮球运动员常见运动性病症 ③篮球运动员技术性损伤与防护 ④篮球运动员损伤后的康复训练	8
	篮球教学理论与方法 ①篮球教学任务与方法 ②篮球技术教学与练习方法 ③篮球战术教学与练习方法 ④篮球教学文件的制定	10

课程类型		课程内容	学时
实践课程	基本技术	①攻防移动技术：基本站立姿势、（侧、前、后）滑步、侧身跑、变向跑、跨步急停、跳步急停、（前、后）转身、后撤步 ②运球技术：高运球、低运球、运球急停急起、体前变向换手运球、运球转身、背后运球 ③投篮技术：原地单手肩上投篮、行进间单手高手投篮、行进间单手低手投篮、勾手投篮、原地跳起单手投篮、急停跳投、转身跳起投篮 ④传、接球技术：双手胸前传接球、双手头上传接球、单手肩上传接球、单手体侧传接球、反弹传接球 ⑤突破技术：交叉步持球突破、同侧步持球突破、跳步急停持球突破 ⑥篮板球技术：双手抢篮板球、单手抢篮板球、防守队员抢篮板球、进攻队员抢篮板球 ⑦防守技术：打球动作方法、抢球动作方法、断球动作方法、"夹击"防守、协防、补防	120
	基本战术	①进攻战术基础配合：传切配合、突分配合、策应配合、掩护配合 ②防守战术基础配合：关门配合、夹击配合、补防配合、抢过（穿过、绕过、交换）配合 ③快攻与防守快攻 ④"人盯人"防守与进攻"人盯人"防守 ⑤区域联防与进攻区域联防	100
	身体素质训练	①力量素质：俯卧撑、推小车、背人接力、半蹲跳、跳起摸高、多级跳 ②速度素质：各种姿势的起跑(10/20米)、50/80/100米全速跑、加速跑、30米全速运球跑、接地滚球上篮 ③耐力素质：5/10/15/20/25米折返跑、200米×2次（中强度间歇跑）、800米变速跑、2 000米跑、12分钟跑 ④灵敏素质：各种跑的练习、喊号追人、在快速跑动中根据信号做移动练习 ⑤弹跳素质：单、双脚起跳用手摸篮板，多级跳，跳台阶，在跑动中接从篮板反弹回的球并在空中将球传向篮板 ⑥柔韧素质：颈前屈、侧屈、后屈并绕环、体前屈、侧屈、后屈、站立体前屈下压、跪压正脚背	30
	教学比赛与裁判实习	①临场执裁 ②教学比赛	20

二、足球运动教学课程设置

（一）足球运动概述

1.足球运动的特点

（1）足球技战术运用的快速准确性。在足球比赛中，运动员运用技战术的最终目的是进球和防止对方进球。足球比赛的全过程是攻守双方在技术、战术、身体、心理、智力等方面全方位的激烈较量。但究其实质，比赛中的每一次较量都是攻守双方对时间（控球速度和无球移动速度）和空间（进攻和防守中，把握好三条线纵向、横向的距离）的争夺与反争夺、封锁与反封锁、控制与反控制，都是向对手夺取时间和空间利益。在足球比赛中，只有获得时间和空间上的优势，才能为自身的进攻提供保障。要想赢得时间和空间上的优势，运动员就必须做到缩短比赛中完成技战术动作所用的时间，其中包括起动、变向、奔跑、接球、控球、运球、传球、射门、抢截、争顶等技战术动作的完成时间。同时，运动员还要对其技战术动作进行精确控制，实现技战术动作一步到位。

（2）足球运动的激烈对抗性。在足球比赛中，为了做好对球权的控制，运动员必须在时空上全方位地控制对手和球场内的特定区域。这就使得双方队员在争夺时空优势时，会通过身体冲撞、贴身紧逼、运球突破、争顶头球等不同形式来进行激烈的对抗。

激烈的对抗，锻炼了运动员的心理素质，培养出了运动员顽强拼搏、坚忍不拔的优秀品质和稳定适宜的运动心理状态。这也使足球运动员能够在比赛中保持旺盛的斗志、积极的跑动、顽强的拼抢、精确的判断。

总之，足球比赛具有激烈的对抗性，并且随着技战术水平和运动训练理论的不断发展，现代足球比赛中防守强度在不断增大，进攻空间的创造越来越困难，技战术调整和可利用的时间越来越短暂，对空间的限制更为严密，比赛的对抗程度也越来越激烈。

（3）足球攻防转换的频繁性。在现代足球比赛对抗日趋激烈的情况下，其双方的攻防转换频率变得越来越快速和频繁。在一场足球比赛中，双方攻防转换的次数可以达到300次以上。据统计，获得控球权的一方，在25秒内射门的进球占总进球的91%；3次以下传球射门的进球占总进球的65.2%。[1] 这些

---

[1] 岳抑波，谭晓伟. 高校足球运动理论与战术技能研究 [M]. 长春：吉林人民出版社，2019：5-6.

都说明了现代足球比赛的防守强度越来越大，比赛攻防转换的频率也在不断加快，并且在转换后的短时间内，经常会造成足球运动员失去自己的位置，最终导致本方失球。

（4）足球技战术的多样性。技战术的发展始终是足球运动发展中的重要组成部分。足球运动所需的技术种类繁多，由技术的进步衍生出了更多的战术。足球比赛中双方斗智斗勇，不断根据场上情况的变化改变技战术。这使得足球成为一项技术上多种多样、战术上变幻莫测、胜负结局难以预测的非周期性运动项目。这也正是足球运动的魅力所在，也正因为这样足球运动才如此受到大众的喜爱。

2.足球运动的价值

（1）健身价值。足球作为一项体育运动，健身价值是其最基本的价值属性。在参与足球运动比赛过程中，运动者需要进行多种形式的有球和无球活动，如踢球、接球、运球以及奔跑、急停、转身等，来有效地锻炼人体的各方面素质。另外，在户外参加足球运动，在大自然的环境下能充分利用各种自然因素，达到增强体质、促进健康的目的。

足球运动对人体健身的作用主要表现在以下几个方面：

①对神经系统的作用。在足球比赛过程中，运动员技战术动作要根据对方和本方队员的具体动作随时产生各种连锁反应。经常从事这项运动可以有效地提高神经系统的强度、灵活性以及调节能力。

②对呼吸系统的作用。足球运动对人体呼吸系统的作用主要表现在三个方面：肺活量提高、呼吸肌增强和呼吸深度加大。因为在足球运动中，运动员既有短时间的快速奔跑，又有长时间的慢跑、中速跑，呼吸器官必须加倍工作，所以会促使呼吸系统得到改善。

③对肌肉骨骼器官的作用。足球运动动作变化复杂多样，经常从事这项运动能使肌肉活动协调性提高、肌肉力量增强、肌纤维增粗、骨干变粗、骨质加厚、骨骼更坚固。

④对心血管系统的作用。运动员持续进行足球运动，能使心血管系统的结构和机能得到明显的改善，主要表现为运动性心脏增大、安静时脉搏徐缓、脉搏输出量增多。

（2）社会价值。足球运动的影响已远远超过其自身的竞技运动范畴。从某种角度讲，足球运动甚至成为一个国家开展体育运动的标杆，代表一个国家的形象。例如，一提到巴西，人们首先想到的就是足球。每当有重大国际比赛的时候，可以很轻易地在有大屏幕的广场或是酒吧、饭馆中看到拥挤的人群。一场比赛的胜利，可以达到振奋民族精神、激发人们爱国热情的作用。它为民族昌盛提供了无可比拟的精神力量。从足球运动员的角度来说，经常参加足球运动不仅仅是谋生的手段，更是一个增加人与人接触和交往的机会。

足球还是开展国际交流的重要手段和工具，国家之间可能各自具有不同的政治立场、政治态度，但当两国的足球队同场竞技的时候，足球就成为各国之间政治、经济、文化交流的一种重要手段和工具。足球比赛可以发展社会交往、协调人际关系、促进国家之间的相互了解、扩大文化交流、增进友好团结、消除隔阂、缓和国际关系、维护世界和平。

（3）经济价值。足球运动作为世界上最具影响力的体育项目之一，它发展至今已经被高度的国际化、职业化和产业化了。这些都使得足球运动不仅可以满足观赏的需求，还可以使许多经济体获得巨大的经济利益和商业价值。欧美国家的足球产业发展较早，如今已经形成规模，成为他们国民经济的重要组成部分。足球运动以其巨大的影响力和自身价值，促进了足球资源、中介服务等市场体系的形成，并通过彩票、门票、转会、广告、电视转播等形式获得丰厚利润。同时，足球运动的广泛开展也带动了相关产业的发展，如体育旅游业、体育产品制造业等。

另外，足球运动还造就了一大批狂热的足球球迷，形成了独特的球迷市场。球迷市场的广阔空间可由厂家、商家任意开拓，凡是他们开拓出来的用于球场内外宣泄和表现球迷情感的产品都是球迷所需要的。这些东西不仅活跃了市场，增加了国家的财政税收，而且促进了足球运动的发展。

（4）教育价值。足球运动以其团队协作性和技战术的复杂性等特点，逐渐被众多学校采纳为学校体育教学中的主要内容。足球之所以能够作为一种特殊的教育形式，主要是因为它是一项强调集体行为的竞技项目。将其列入体育教学中，可以培养学生的集体主义精神和团队协作精神，使学生树立正确的自我观和大局观思想，让他们清楚什么时候需要依靠集体的力量、什么时候又要挺身而出。除此之外，足球运动还可以培养学生勇敢顽强、坚忍不拔、拼搏进取的意志品质，使学生养成团结协作、积极向上的道德品质和良好作风。

足球比赛过程中球员所表现出的顽强拼搏、勇往直前的大无畏精神能极大地激发本国人民的爱国热情和民族自豪感，具有强大的感染力。此外，足球比赛作为一项对抗性运动，在带给人们娱乐的同时，也可能会因为球员不合理的动作而产生冲突。为此，在进行运动技术教学和协作精神的培养过程中，还要注重对学生进行思想品德的教育，使他们在参与足球运动的过程中能够正确分辨美与丑、好与坏，养成良好的行为准则，自觉遵守社会公德。

（二）足球运动教学课程的具体设置

1.足球课程目标的设置

（1）在足球教学训练过程中，积极培养学生的集体主义精神，不断树立辩证唯物主义世界观，使学生拥护中国共产党，热爱社会主义祖国，树立全心全意为人民服务的思想，忠于党的体育教育事业，为积极发展我国体育和足球事业而勤学苦练，深钻细研，为社会主义现代化建设作出积极贡献。

（2）通过足球课程的教学和训练，学生能够比较系统、全面和深入地掌握足球的基本技术、基本理论、基本知识和基本教法，会制订教学、训练文件、计划，会组织教学、训练。并具有一定的专项意识和在比赛中实际运用的能力，以及临场指挥、组织竞赛、较熟练地担任裁判工作和管理场地的能力。

（3）培养学生善于观察，会分析，能解决教学、训练和科研中问题的能力，为今后独立工作打下较坚实的基础。

（4）通过足球专修课的教学、训练，进一步增强学生的体质和必需的身体素质，从而为更好地完成全面教学任务打下基础。

2.足球课程内容及学时设置

笔者对体育教育专业足球教学课程内容进行了设置，主要包括理论课程和实践课程两部分，具体内容如表7-2所示。

表7-2　足球课程内容及学时设置

课程类型	课程内容	学时
理论课程	足球运动概述 ①足球运动的起源与发展概况 ②足球运动的特点及锻炼价值 ③现代足球运动的流派和发展趋势 ④中国足球运动发展概况	8

续　表

课程类型		课程内容	学时
理论课程		足球基本技术与战术理论 ①足球技术概念与分类 ②足球战术概念与分类	10
		足球竞赛与裁判工作 ①足球竞赛规则分析 ②足球裁判法简介 ③其他形式足球竞赛方法简介	10
		足球教学理论与方法 ①足球教学任务与方法 ②足球技术教学与练习方法 ③足球战术教学与练习方法 ④足球游戏与创编方法 ⑤足球教学文件的制定	10
实践课程	基本技术	①颠球：脚背正面颠球 ②踢球：脚内侧踢球、脚背内侧踢球、脚背正面踢球、脚背外侧踢球 ③停球：脚内侧停球、脚底停球、胸部停球 ④运球与运球突破：脚背外侧、脚内侧、脚背内侧（直线运球、曲线运球） ⑤头顶球：原地前额正面头顶球、跳起前额正面头顶球 ⑥抢截球：正面抢截、侧面抢截 ⑦掷界外球：原地掷界外球、助跑掷界外球 ⑧守门员基本技术：准备姿势、接球、拳击球、发球	120
	基本战术	①个人战术：跑位、传球、射门 ②局部战术："二过一" ③全队整体战术：边路进攻、中路进攻、转移进攻；人盯人防守、区域防守、混合防守 ④定位球战术 ⑤守门员战术	100

续　表

课程类型		课程内容	学时
实践课程	身体素质训练	①力量素质：俯卧撑、推小车、背人接力、半蹲跳、跳起摸高、多级跳 ②速度素质：各种姿势的起跑（10/20米）、50/80/100米全速跑、加速跑、30米全速运球跑、接地滚球上篮 ③耐力素质：5/10/15/20/25米折返跑、200米×2次（中强度间歇跑）、800米变速跑、2 000米跑、12分钟跑 ④灵敏素质：各种跑的练习、喊号追人、在快速跑动中根据信号做移动练习 ⑤柔韧素质：颈前屈、侧屈、后屈并绕环、体前屈、侧屈、后屈、站立体前屈下压、跪压正脚背	30
	教学比赛与裁判实习	①临场执裁 ②教学比赛	20

三、排球运动教学课程设置

（一）排球运动概述

排球运动具有以下特点：

1.基础广泛

排球运动是全世界范围内的大球类运动，在竞技领域和健身领域均有广泛的人群基础，在大众健身领域更是因其独特的运动特点与魅力而吸引了众多体育运动爱好者。排球运动群体基础广泛，原因主要有如下几点：

（1）排球运动对场地的要求不是很高，室内或室外，以及地板、沙地、草地上都可以设置排球运动场地，只要有宽敞的空间即可。

（2）排球运动比赛规则较为简单。在平时的排球健身中，人们可以约定排球规则。而且参加排球运动的人数比较灵活，可多可少。

（3）排球运动的开展较为灵活，可进行游戏、可开展比赛，可进行排球运动健身，也可针对某一战术实施攻打配合，还可以根据自身条件合理调整运动负荷，以避免运动损伤。

（4）人们可以根据自己的爱好和兴趣自由选择各种形式的排球运动，如软式排球、气排球等。

排球运动基础广泛。排球作为世界三大球之一，拥有世界上较多的体育运动参与人口，是许多体育运动项目所不能比拟的。

2.形式多样

排球运动可以说是球类运动中具有较多运动形式的项目，结合运动场地的不同，排球运动有多种运动形式，适合于各种场地如地板、沙地、草地、水中以及室内、室外都可以进行。

此外，根据排球运动中球的特点和参与人群的不同，排球运动形式也十分丰富多样，如有6人制排球、沙滩排球、软式排球、墙排球、气排球、盲人排球、坐式排球等。

3.高度的技巧性

足球和篮球等运动都允许有一定的控球时间。然而，排球比赛规定，比赛中球不能落地，不得持球和连击。击球时间的短暂，击球空间的多变，决定了排球运动高度的技巧性。垫球是排球运动所独有的技术动作，除排球外再没有一个体育项目把垫球作为一项准确且有效的技术。

4.严密的集体性

相对于场上队员的人数来说，排球比赛场区显得有些小。正因为如此，排球是一项高效、准确和互助的运动。每一回合、每一局、每一场比赛的结果是所有队员的共同努力所得，是个人努力和团队协作的结果，体现了严密的集体性。

根据排球运动的特点，参加排球运动能提高身体素质，改善人体各器官系统功能，增进身体健康；能培养集体主义精神和机智、果断、沉着、冷静等心理品质。此外，排球运动对丰富业余文化生活、陶冶情操、促进人际交往也有着不可忽视的作用。

（二）排球运动教学课程具体设置

笔者以体育教育专业为例，对该专业的排球普修课程进行了设置，具体内容如下：

1.排球课程目标设置

排球普修课是体育教育专业学生的必修课，是全面培养学生体育专业理论知识和技能的重要组成部分。它担负着发展智力、培养德真、提高能力和素质的重要任务。笔者设置的排球课程目标如下：

（1）结合排球运动特点加强对大学生的组织纪律性和集体主义教育，培养学生勤学苦练、顽强拼搏、文明守纪、竞争合作的优良品质和作风，提高学生综合素质。

（2）充分体现排球运动竞技性、游戏性、健身性、集体性的课程价值，使学生初步掌握排球课程的基本理论知识，主要包括以下几点：

①使学生初步掌握排球运动的规律、特点以及起源与发展概况，掌握我国排球运动的发展历程。同时，使学生掌握排球文化的特点、功能以及学会欣赏排球比赛。

②使学生初步掌握排球运动的技战术分类体系，技术动作、结构理论分析以及制定战术的原则，掌握排球运动主要技战术理论知识，了解其最新发展情况。

③使学生初步掌握排球规则与裁判法的基本理论知识和最新发展动态。

④使学生初步掌握排球运动竞赛组织与编排工作的基本理论知识。

⑤使学生初步掌握排球运动教学的一般教法知识。

（3）使学生初步掌握排球运动的主要技术动作和主要战术配合方法与变化规律，并在比赛实践中具有初步的运用能力。

（4）加强学生基本能力的培养，使学生初步具有从事排球运动教学、训练、组织竞赛和裁判工作等方面的实际工作能力。

①使学生初步掌握排球教学与训练的原则、方法与要求，了解排球教学与训练文件（如大纲、进度、教案）的设计与书写规范，并初步具备排球课程的教学能力（如讲解、示范及安排组织教学练习等），并做到"四会"，即会讲、会做、会教、会写。

②根据排球运动竞技性、游戏性、健身性、集体性的特点，培养学生初步具有指导中等学校排球队训练和组织学校和社会球类活动的实践能力，并能运用各种形式和方法指导大众进行健身活动。

③通过排球裁判的理论知识学习、基本功练习以及临场裁判实习，学生能够初步掌握排球裁判的基本技巧与技能，并达到排球三级裁判水平。

④初步具有从事排球竞赛的组织与编排工作、记录台工作以及排球运动场地设计的能力。

2. 排球课程内容及学时设置

笔者对体育教育专业排球教学课程内容进行了设置，主要包括理论课程和实践课程两部分，具体内容如表7-3所示。

表7-3 排球课程内容及学时设置

课程类型		课程内容	学时
理论课程		排球运动概述 ①排球运动的起源与发展概况 ②排球运动的特点及锻炼价值 ③排球运动的现代属性 ④排球运动的衍生类型	8
		排球运动基本技术与战术理论 ①排球运动技术的概念与原理 ②排球运动战术的概念与原理	10
		排球运动竞赛与裁判工作 ①排球运动竞赛规则分析 ②排球运动竞赛的组织与编排 ③排球运动裁判方法简介	6
		排球运动教学理论与方法 ①排球运动教学任务与方法 ②排球运动技术教学与练习方法 ③排球运动战术教学与练习方法 ④排球运动教学文件的制定	8
实践课程	基本技术	①准备姿势与移动技术：一般准备姿势、后排防守准备姿势、前排保护准备姿势；并步、交叉步、跨步、跑步 ②垫球技术：自垫球、对垫、隔网对垫、背向垫球 ③发球技术：正面下手发球、侧面下手发球、正面上手发飘球、正面上手发大力球 ④传球技术：自传球、对传、背向传球、网前传球 ⑤扣球技术：四号位扣球、二号位扣球、扣半高球、扣快球 ⑥拦网技术：单人拦网、双人拦网、三人拦网	120
	基本战术	①进攻战术："中二三"进攻战术、"边二三"进攻战术、"中一二"进攻战术、"插二三"进攻战术 ②防守战术：双人拦网防守战术、"边跟进"防守战术、"心跟进"防守战术、单人拦网防守战术、四人接发球防守阵型	100

| 实践课程 | 身体素质训练 | ①力量素质：俯卧撑、推小车、背人接力、半蹲跳、跳起摸高、多级跳
②速度素质：各种姿势的起跑（10/20 米）、50/80/100 米全速跑、加速跑、30 米全速运球跑、接地滚球上篮
③耐力素质：5/10/15/20/25 米折返跑、200 米 ×2 次（中强度间歇跑）、800 米变速跑、2 000 米跑、12 分钟跑
④灵敏素质：各种跑的练习、喊号追人、在快速跑动中根据信号做移动练习
⑤弹跳素质：单、双脚起跳用手摸篮板，多级跳，跳台阶，在跑动中接从篮板反弹回的球并在空中将球传向篮板
⑥柔韧素质：颈前屈、侧屈、后屈并绕环、体前屈、侧屈、后屈、站立体前屈下压、跪压正脚背 | 30 |
| | 教学比赛与裁判实习 | ①临场执裁
②教学比赛 | 20 |

第二节　小球类运动教学课程设置

本节阐述的小球类运动主要指乒乓球和羽毛球运动。

一、乒乓球运动教学课程设置

（一）乒乓球运动概述

1.乒乓球运动的特点

（1）设备简单且项目独特。乒乓球运动在室内和室外都可以开展，并且只需要简单的器材设备即可，练习者可以自由调整运动量的大小，不同性别、年龄和身体素质的人几乎都适合参加这项运动。因此，乒乓球运动广受大众欢迎。

乒乓球球速快，球的路径不断变化，这对练习者的反应和应变能力提出了较高的要求，练习者需要在短时间内判断瞬息万变的来球并灵活回击，这有助于增强练习者神经系统的灵敏性和协调性。

乒乓球运动有单打和双打两种形式，不仅能够培养练习者独立思考、单独作战的能力，还能提升练习者的协作能力及集体主义精神。

（2）竞技能力全面。乒乓球运动是非周期性的有氧代谢运动，主要考验的是练习者的速度、爆发力、灵敏度等运动素质。乒乓球以技术训练为核心，以战术训练为重点，技战术训练结合得非常密切，区分并不是特别明显。乒乓球身体素质训练应将一般素质训练与专项素质训练结合起来，以前者为基础，以后者为主。总之，作为一项高速度、强对抗的竞技运动项目，乒乓球运动体现了技能、体能、智能的结合，这些竞技能力是密不可分的。

①体能是乒乓球运动的基础。体能对技能的发展、竞技水平的发挥都有重要影响。随着乒乓球竞争的日趋激烈，对练习者的体能提出了越来越高的要求。身体训练在乒乓球训练体系中是基础，包括速度训练、爆发力训练、耐力训练和灵敏度训练等。身体训练与技术训练的适宜比例为3∶7，具体视练习者的情况而调整。

②技能是乒乓球运动的核心。体能是技能的基础与前提，在体能训练的基础上，要重点训练技能，技能在一定程度上体现在战术和智能上。乒乓球技能包含丰富而复杂的内容，这是由乒乓球运动的特点、实践运用及其发展创新的要求所决定的。

③智能是乒乓球运动的灵魂。智能依赖于体能和技能，同时也在很大程度上影响着体能和技能的发展、提高。乒乓球运动智能包括两种类型：一种是训练智能，另一种是比赛智能。随机性、对抗性是乒乓球智能的主要特点。

（3）技术动作快。乒乓球的发展、技术风格的变化等都离不开一个"快"字。"快"本身具有千变万化的意思，也就是说格调是不统一的。综合起来，"快"在乒乓球运动中的表现如下：

①反应速度快。乒乓球运动员一定要反应快，这是打好乒乓球的一个必要条件。运动员要通过视觉判断迅速做出相应的动作，虽然有的运动员预见能力较强，可以由此做出相应的动作反应，但是以视觉判断为依据而做出动作还是最主要的。反应是一种心理能力，受遗传影响，因此在乒乓球运动员选材时要注意这一点。

②预测判断快。预测判断就是在早期判断对方球路，包括对球的时空特点、位置和距离等的判断。预判能力对于乒乓球运动员而言非常重要，运动员在反应速度和移动速度上的不足可以从良好的预判能力上得到弥补，这也有助

于体力的节省。通过不断的训练和参与实战是可以改善预判能力的。提高运动员的预判能力有助于提高其整体竞技水平。

③技术动作选择快。武术、体操比赛有预先编排好的成套动作，但乒乓球没有统一套路，技术动作千变万化，运动员要以对方的回球情况为依据而运用不同的技术。乒乓球飞行速度快、飞行时间短，运动员一定要及时、果断、坚决地选择技术动作，不能犹豫。运动员选择技术动作的速度与平时技术训练的熟练度有关，技术越熟练，选择技术动作的速度就越快。因此，熟练掌握和运用各种乒乓球技术是提高乒乓球运动员竞技水平的关键。

2.乒乓球运动的功能

（1）增强体质。乒乓球运动以其独特的方式使人体生长需要得到满足，乒乓球锻炼可以促进力量、速度、协调、耐力、灵敏性等素质的发展，强身健体，维持健康，延缓衰老，身心受益。具体来说，乒乓球运动增强体质的作用表现如下：

①乒乓球运动能够使人的体质全面增强，如快速移动击球可以锻炼力量素质、速度素质、判断能力和反应能力，长时间的训练与比赛可以锻炼耐力素质。经常从事这项运动能够使身体更灵活、协调，可以使上下肢及躯干的活动能力得到增强。

②乒乓球运动可以改善呼吸系统、心血管系统功能，促进有氧供能能力的提高，可对神经系统进行调节，并使其抗乳酸能力得到提高，从而增进健康、调节心理、防衰抗病。

③乒乓球运动要求练习者将脑、眼、手、脚及心全部投入，速度快、运动量大，有助于身体内在机能的全面发展和多余脂肪的消耗，有助于对肌肉密度进行调节，使肌肉更有弹性，从而塑造优美形体。

④乒乓球运动还能使眼睛、大脑的疲劳得到有效改善。

（2）培养竞争素质和意志品质。运动中处处体现着竞争，社会在公平竞争的环境中不断进步与发展。对现代人而言，竞争精神是必备的重要素质。一些国家在用人时将体育经历、拼搏精神作为一个考评标准。因此，可以通过乒乓球运动特有的锻炼方式，对自信、意志顽强、高素质、好品质的全面人才进行培养。

乒乓球运动员具有竞争性、对抗性，练习者在参与过程中其意志品质占有重要地位。在乒乓球比赛中，运动员出现"极点"的现象经常发生，如身体无力，感觉无法继续坚持。这种现象不仅在比赛一方实力强大时会出现，双方势均力敌时，经过长时间的比赛也会出现这种情况。当双方同时出现"极点"，这时考验的就是运动员的耐力和意志了，能够坚持下去的一方获胜的可能性更大。而运动员主要是靠顽强的意志和坚定的信念坚持下去的。即使不是参加比赛，只是日常锻炼，顽强的意志品质也是不可缺少的，否则将达不到预期的锻炼效果，而且也不会产生愉悦感和趣味感。

另外，乒乓球运动教育人要在运动中遵守规则，尊重对手和裁判。这有助于培养人谦虚、豁达的素质，形成正确的世界观、人生观。

（3）娱乐功能。乒乓球是一项健身娱乐活动，练习者在参与这项活动的过程中，通过脚步移动和上肢击球与对方展开对抗，每击出一个好球或赢得一个球时人都会感到兴奋，获得成功的喜悦感。同时，乒乓球运动本身就因为球的快慢、旋转等变化而充满乐趣，可以调节人的心理和情趣，陶冶人的情操，使人的审美能力和创造美的能力得到提升。

此外，乒乓球运动能够使人的生活和工作压力得到缓解，使人的身体免疫力得到提升，精神更放松、心情更舒畅，保持积极健康的精神状态，进而提高生活品质。

（二）乒乓球运动教学课程的具体设置

笔者以体育教育专业为例，对该专业的乒乓球课程进行了设置，具体内容如下：

1.乒乓球课程目标设置

（1）课程总体目标。

①通过教学，学生学习和了解乒乓球运动的基础知识，学会和掌握该项运动的基本攻防技术，培养和激发学生对乒乓球运动的兴趣爱好和锻炼身体的自觉性。

②通过教学培养学生的进取心，磨炼其克服困难的意志品质，增长其才智。

③发展学生的灵敏和柔韧素质，提高专项的反应速度和动作速度。

④使学生了解乒乓球竞赛规则及裁判方法，提高观赏能力、执裁能力和组织比赛的能力。

（2）课程具体目标。

①基本目标。基本目标是根据大多数学生的基本要求而确定的，分为五个领域目标。

运动参与目标：积极参与各种体育活动并基本形成自觉锻炼的习惯，基本形成终身体育的意识，能够编制可行的个人锻炼计划，具有一定的体育文化欣赏能力。

运动技能目标：熟练掌握两项以上健身运动的基本方法和技能；能科学地进行体育锻炼，提高自己的运动能力；掌握常见运动创伤的处置方法。

身体健康目标：能测试和评价体质健康状况，掌握有效提高身体素质、全面发展体能的知识与方法；能合理选择人体需要的健康营养食品；养成良好的行为习惯，形成健康的生活方式；具有健康的体魄。

心理健康目标：根据自己的能力设置体育学习目标；自觉通过体育活动改善心理状态、克服心理障碍，养成积极乐观的生活态度；运用适宜的方法调节自己的情绪；在运动中体验运动的乐趣和成功的感觉。

社会适应目标：表现出良好的体育道德和合作精神；正确处理竞争与合作的关系。

②发展目标。发展目标是针对部分学有所长和有余力的学生确定的，也可以作为大多数学生的努力目标，主要分为五个领域。

运动参与目标：形成良好的体育锻炼习惯，能独立制定适用于自身需要的健康运动处方；具有较高的体育文化素养和观赏水平。

运动技能目标：积极提高运动技术水平，发展自己的运动技能，在某个运动项目上达到或相当于国家等级运动员水平；能参加有挑战性的野外活动和运动竞赛。

身体健康目标：能选择良好的运动环境，全面发展体能，提高自身科学锻炼的能力，练就强健的体魄。

心理健康目标：在具有挑战性的运动环境中表现出勇敢顽强的意志品质。

社会适应目标：形成良好的行为习惯，主动关心、积极参加社区体育事务。

2.乒乓球课程内容及学时设置

笔者对体育教育专业的乒乓球课程内容及学时进行了设置，如表7-4所示。

表7-4 乒乓球课程内容及学时设置

课程类型		课程内容	学时
理论课程		乒乓球运动概述 ①乒乓球运动的起源与发展概况 ②乒乓球运动的特点及锻炼价值 ③乒乓球运动的一般常识 ④乒乓球的常用术语	8
		乒乓球运动基本技术与战术理论 ①乒乓球运动技术的概念与原理 ②乒乓球运动战术的概念与原理	10
		乒乓球运动竞赛与裁判工作 ①乒乓球运动竞赛规则分析 ②乒乓球运动竞赛的组织与编排 ③乒乓球运动裁判方法简介	6
		乒乓球运动教学理论与方法 ①乒乓球运动教学任务与方法 ②乒乓球运动技术教学与练习方法 ③乒乓球运动战术教学与练习方法 ④乒乓球运动教学文件的制定	10
实践课程	基本技术	①乒乓球握拍方法 ②乒乓球的基本步法 ③乒乓球发球与接发球技术 ④乒乓球挡球和推挡球技术 ⑤乒乓球攻球技术 ⑥乒乓球搓球技术 ⑦乒乓球削球技术 ⑧乒乓球弧圈球技术	120
	基本战术	①发球抢攻战术 ②对攻战术 ③拉攻战术 ④削攻结合战术 ⑤搓攻战术 ⑥接发球战术 ⑦团体比赛的出人排阵战术：以己布阵、捉人布阵	100

续 表

课程类型		课程内容	学时
实践课程	身体素质训练	①力量素质：俯卧撑、推小车、背人接力、半蹲跳、跳起摸高、多级跳 ②速度素质：各种姿势的起跑（10/20米）、50/80/100米全速跑、加速跑、30米全速运球跑、接地滚球上篮 ③耐力素质：5/10/15/20/25米折返跑、200米×2次（中强度间歇跑）、800米变速跑、2 000米跑、12分钟跑 ④灵敏素质：各种跑的练习、喊号追人、在快速跑动中根据信号做移动练习 ⑤弹跳素质：单、双脚起跳用手摸篮板，多级跳，跳台阶，在跑动中接从篮板反弹回的球并在空中将球传向篮板 ⑥柔韧素质：颈前屈、侧屈、后屈并绕环、体前屈、侧屈、后屈、站立体前屈下压、跪压正脚背	30
	教学比赛与裁判实习	①临场执裁 ②教学比赛	20

二、羽毛球运动教学课程设置

（一）羽毛球运动概述

羽毛球运动的主要特点如下：

1.不确定性

在进行羽毛球运动时，从击球时的某一单个的击球手法和移动步法来看，是有一定规律的；但是，受对方击球后来球的方向有左有右、来球的角度和弧度有大有小、来球的距离有长有短和来球的力量有强有弱等不定因素的影响，球的落点变化无常。因此，运动中的技术动作没有固定的模式，一切技术、战术都是在"动态"的状况下完成的。同一情况可以用几种不同的方法处理，而且由于对手的状况不同，回击球对自己的影响也是不同的。

羽毛球多变和不确定的运动特点，要求选手具有在场上全方位出击的能力，选手必须在极短时间里，运用交叉步、垫步、跨步、蹬跨步、蹬跳步、起跳等各种步法向来球的方向迅速移动到适当位置，并以发球、前场、中场和后场等手法技术将球击向对方场区。羽毛球运动这种不确定性特点，决定了速度力量和速度耐力素质是这一运动的基础。

2.全身运动

无论是进行正规的羽毛球比赛还是作为一般性的健身活动，都要在场地上不停地进行脚步移动、跳跃、转体、挥拍，合理地运用各种击球技术和步法将球在场上往返对击，从而增大了上肢、下肢和腰部肌肉的力量，加快了锻炼者全身血液循环，增强了心血管系统和呼吸系统的功能。长期进行羽毛球锻炼，可使心跳强而有力，肺活量加大，耐久力提高。

3.爆发性

从羽毛球选手在场上身体运动的动作来观察，选手的上肢运动是通过手臂肌肉运动产生爆发力，并挥动羽毛球拍将球击出；下肢运动是下肢肌肉在力的作用下进行快速移动，使人体在短时间内到达合适的位置，协调上肢完成击球动作。因此，羽毛球运动员需要的力量素质必须与速度紧密联系在一起，是一种动力性的速度力量，即爆发力。这种力量素质要求在短时间内产生强大的爆发性力量。下肢爆发性地起动蹬力，会加速身体的移动速度；上肢爆发性的手指与腕部力量，能使击球动作更加有力。

4.简便性

（1）不受场地的限制。羽毛球活动对设备的基本要求比较简单，只需两个球拍、一个球和一张球网即可。正规比赛场地面积仅有 65～80 平方米，平时进行羽毛球活动只要有平整的空地就可以了。在风不大的情况下，可以在户外进行活动，只要把球网架起来，就可以在一定长度和宽度的空地上画上几条线，双方对练。因此，羽毛球不仅可以在正规的室内运动场进行，还可以在公园、生活小区等处广泛地开展。当它作为户外运动时，还可使锻炼者吸入新鲜空气，受到阳光照射，改善人体的血液循环，加快新陈代谢，同时感受大自然的美丽，在运动中怡心健体。

（2）集体、个人皆宜。羽毛球运动既可两人对练，又可双打练习或三人对三人对练。单人对练时，练习者可以随心所欲地打出任何弧线、任何远度、任何力量、任何速度、任何落点的球。多人对练则可以使练习者养成协调配合的习惯，培养集体主义观念。

（3）不受年龄、性别的限制。羽毛球运动游戏性较强，运动量可大可小。

身强力壮的年轻人可以将球打得又刁又重，拼尽全力扑救任何来球，尽情散发自己的青春气息；年老体弱的练习者可以把球轻轻地击来打去，根据自己的要求变换击球节奏，从而达到锻炼身体、延年益寿的功效，既活动了身体，又娱乐了心情。不同年龄、不同性别以及不同体质的人都能在羽毛球运动中找到乐趣。

（二）羽毛球运动教学课程的具体设置

羽毛球是体育专业学生的必修课，笔者以体育教育专业为例，对该专业的羽毛球课程进行了设置，具体内容如下：

1. 羽毛球课程目标设置

（1）全面锻炼学生身体，促进学生身心和谐发展。通过本课程的教学，发展学生的身体素质与运动能力，提高学生的生理机能，促进学生身心健康发展，增强对挫折的承受力，增强对自然和社会的适应能力与对疾病的抵抗能力。

（2）学习和掌握体育与健康的基础知识、基本技术与技能。通过本课程的教学，学生能够掌握羽毛球运动的基础知识、基本技术与技能，学会运用羽毛球技术、技能科学地锻炼身体的方法，进行自我调控、自我检测和自我评价，促进学生能力的发展，为终身锻炼身体奠定基础。

（3）进行思想品德教育，培养学生健康的心理素质。通过本课程的教学，学生能够树立现代体育意识，把健康和生存、学习和生活与自身的发展联系起来，提高对体育的兴趣和体育比赛的欣赏能力，养成自觉参加体育锻炼的习惯。

（4）在羽毛球课程活动中，培养学生的主体意识和活泼愉快、积极向上、勇于探求以及克服困难的精神；树立顽强拼搏的精神、强化团结合作的意识，能正确对待个人和集体的成功与失败，具有组织纪律性和良好的人际关系，胜不骄、败不馁的作风，以及锲而不舍的意志。

2. 羽毛球课程内容及学时设置

笔者设置的体育教育专业羽毛球课程内容及学时如表7-5所示。

表7–5　羽毛球课程内容及学时设置

课程类型		课程内容	学时
理论课程		羽毛球运动概述 ①羽毛球运动的起源与发展概况 ②羽毛球运动的特点及锻炼价值 ③羽毛球运动的一般常识 ④羽毛球运动场地与器材设备	10
		羽毛球运动基本技术与战术理论 ①羽毛球运动技术的概念与类型 ②羽毛球运动战术的概念与类型	8
		羽毛球运动竞赛与裁判工作 ①羽毛球运动竞赛规则分析 ②羽毛球运动竞赛的组织与编排 ③羽毛球运动裁判方法简介	8
		羽毛球运动教学理论与方法 ①羽毛球运动教学任务与方法 ②羽毛球运动技术教学与练习方法 ③羽毛球运动战术教学与练习方法 ④羽毛球运动教学文件的制定	10
实践课程	基本技术	①基本站位及握拍方法 ②羽毛球步法：上网移动步法、后退移动步法、两侧移动步法、起跳腾空步法、前后场连贯移动步法 ③羽毛球发球技术：正手发高远球、发网前小球、发平高球、平快球 ④羽毛球击球技术：正、反手击高远球技术，击中场球技术 ⑤扣杀球技术 ⑥抽球技术 ⑦挑球技术 ⑧前场技术	120

课程类型		课程内容	学时
实践课程	基本战术	①单打基本战术 a.控制后场，高球压底 b.打四角球，长短结合 c.下压为主，控制网前 d.快拉快吊，前后结合 e.防守反攻，攻守兼备 ②双打基本战术 a.双打攻人战术 b.双打攻后场战术 c.双打后攻前封战术 ③混合双打基本战术	120
	身体素质训练	①力量素质：俯卧撑、推小车、背人接力、半蹲跳、跳起摸高、多级跳 ②速度素质：各种姿势的起跑（10/20米）、50/80/100米全速跑、加速跑、30米全速运球跑、接地滚球上篮 ③耐力素质：5/10/15/20/25米折返跑、200米×2次（中强度间歇跑）、800米变速跑、2 000米跑、12分钟跑 ④灵敏素质：各种跑的练习、喊号追人、在快速跑动中根据信号做移动练习 ⑤弹跳素质：单、双脚起跳用手摸篮板，多级跳，跳台阶，在跑动中接从篮板反弹回的球并在空中将球传向篮板 ⑥柔韧素质：颈前屈、侧屈、后屈并绕环、体前屈、侧屈、后屈、站立体前屈下压、跪压正脚背	30
	教学比赛与裁判实习	①临场执裁 ②教学比赛	20

第八章　其他体育教学课程设置与发展

在高校体育教学中，除了设置有田径、球类等项目课程之外，为了激发学生参与体育运动的兴趣、丰富学生的校园体育文化知识，还开设了其他的体育课程，如健美操、游泳、体操等。本章主要针对健美操、游泳、体操课程的设置与发展进行研究。

第一节　健美操教学课程设置与发展

作为高校体育专业的重要课程，健美操课程的设置与发展情况与学生选修健美操课程、学习健美操知识与技能有着密切的关系。本章重点调查与分析健美操课程设置与发展的基本情况，根据当前健美操课程的发展情况有针对性地制定教学方案，从而有效提高健美操教学质量，促进健美操运动在学校中的发展。

一、健美操概述

健美操是在音乐伴奏下，以身体练习为基本手段，以有氧运动为基础，达到增进健康、塑造形体和娱乐目的的一项体育运动。

健美操起源于传统的有氧健身运动，是有氧运动的一种。它通常徒手或利用轻器械进行练习，是在氧气供应充足的情况下，用人体有氧系统提供能量的一种运动形式。其运动特征是持续一定时间的、中低强度的全身性运动，主要增强练习者的心肺功能，是有氧耐力素质训练的基础。

（一）健美操的类型

健美操运动与其他众多体育运动一样，由大众健身、娱乐兴起，逐步引入表演和竞赛中。根据健美操运动的发展状况和未来趋势，以不同的目的和任务为主要依据，可以将健美操运动分为三大类，即健身性健美操、竞技性健美操和表演性健美操。

1.健身性健美操

健身性健美操，通常被称为大众健美操，是以公民健身、健美、健心为目的而设计的健美操，旨在锻炼身体、增强体质、促进健康，适合于不同年龄、层次练习者的学习与锻炼。健身性健美操的动作内容简单有效，重复动作和对称性动作较多，音乐节奏感强，速度为每 10 秒 20 ~ 24 拍。练习时间、强度可根据个人情况而及时变化，严格遵循"健康、安全"的原则，避免运动损伤的出现，最终达到健身的目的。

健身性健美操是有氧运动的一种，具备健身、娱乐等多种功能，是一项具有群众性和普及性特点的健身运动。人们练习健身性健美操，主要是为了获得健康的体魄和优美的形体。因此，在健身性健美操的练习过程中，练习者可以根据自身的实际情况进行及时的调整和变化。健身性健美操的练习必须坚持安全和健康的原则，其中安全是健身性健美操练习应遵循的基本原则。在练习的过程中，必须注意预防和避免运动损伤。对于练习者来说，只有在保证安全的情况下进行锻炼，才能达到健身的目的。健身性健美操的动作较为简单，运动强度不高，练习的时间也较为自由，可以根据个人的具体时间情况进行安排。同时，健身性健美操具有较强的节奏感，种类也较为丰富，因此不同年龄、性别、职业、身体状况的人都喜欢选择健身性健美操进行锻炼。

现代人对健身的需求越来越大，同时也要求在健身中获得一定的娱乐体验。因此，健身性健美操在发展过程中不断丰富练习形式，出现了各种类型的时尚化的健身操或健身舞。为了满足人们在健身过程中表现和释放自身情感的需求，健美操在发展过程中融入了大量的舞蹈元素，使锻炼者能够在运动过程中充分展现自身的魅力、释放自己的情感。这种特点也使健美操表演具有较高的观赏和娱乐价值，并作为体育节目在各项体育赛事期间或某些活动中进行表演。健美操表演的效果与音乐、队形、动作以及配合等因素有密切关系。只有对这些因素提出较高的要求，才能使健美操表演具有较强的表现力，保证健美操表演的质量。

2.竞技性健美操

竞技性健美操是在有氧健身操的基础上发展而成的一项运动项目，表演者需要在音乐的伴奏下进行动作的展现。竞技性健美操的动作具有高难度、连续性、复杂性等特点。竞技性健美操这一比赛项目展现的是人体的"健、力、美"，在规则上对比赛场地、参赛人数、时间等都有较为严格的规定。竞技性健美操的评分主要是以动作的难度、完成质量以及多样性组合为标准。竞技性健美操要求在动作的设计上体现多样化，避免出现对称性动作和进行重复动作。竞技性健美操的形式主要是根据赛事的规模、项目、参赛者年龄进行划分的。

（1）按赛事规模划分。赛事规模，主要分为国际赛事和国内赛事两种形式。健美操作为一项世界性的运动，具有不少规模较大的世界级赛事，如健美操世界锦标赛等。国内赛事则是在我国国内举行的竞技性健美操相关赛事，如各类健美操冠军赛、锦标赛等。

（2）按项目划分。根据项目类型，竞技性健美操可以划分为男女单人、混合双人、多人等形式。

（3）按参赛者年龄划分。根据参赛者年龄，竞技性健美操可以分为少年组和成年组两种比赛形式。

3.表演性健美操

健美操运动具有一定的表演性和表演价值，因此除了健身性健美操与竞技性健美操之外，还发展出了表演性健美操这一特殊的类型。表演性健美操即在健美操中加入表演成分，借助道具、舞蹈动作等，使健美操的形式得到极大的丰富。表演性健美操通常是团体表演，因此对于表演者来说，不仅自身要具备良好的身体素质和表演能力，还要具有一定的团队合作意识。表演性健美操具有人数不限、时间不限等特点。通过表演性健美操的练习能够达到"表演"的目的。具体来说，就是通过表演展示健美操的魅力、活力和价值，使观众在观赏中陶冶情操、愉悦身心、提高欣赏能力，同时起到宣传和推广健美操的作用。

　　表演性健美操对表演的效果较为重视，因此其对音乐效果、动作设计、队形变化、表演者的动作质量及表现力等有较高的要求。相较于其他两大类的健美操来说，表演性健美操的动作比健身性健美操动作的难度大但比竞技性健美操动作的难度小，对动作风格及表现与音乐风格的协调统一更加重视，因此音乐往往都需要重新制作或进行修改以达到表演要求。

　　表演性健美操成套动作的创编侧重艺术性和观赏性，它在给人以艺术享受的同时，也使人们充分感受健康、活力、自信，同时又因其不受人数、时间、服装、规则、形式等条件的限制，较为灵活自由，所以是一种人们喜爱的、积极向上的且与艺术紧密结合的表演形式。表演性健美操成套动作的时间一般为2～5分钟，内容可根据需要和表演者的特点选择，最常用的有传统健美操、有氧拉丁操、有氧搏击操、健身街舞、踏板操、健身球操等。

　　相较于健身性健美操来说，表演性健美操的动作更加复杂，音乐速度可以内容为依据进行有针对性的选择。一般来说，表演性健身操成套动作较少重复，队形变化迅速而清晰，集体配合动作新颖独特，可以达到烘托气氛、感染观众、增加表演效果的目的。除此之外，为了使良好的表演效果得到有效的保证，可在成套动作中加入更多的队形变化和集体配合的动作。表演者还可以利用轻器械，如花环、旗子等，也可以采用一些风格化的舞蹈动作，如爵士舞、拉丁舞等。在表演性健美操中，以上元素都必须通过表演者的身体语言、表情及眼神表现出来，所以表演性健美操更强调表演者的表现力。表现力是表演者将编者的思想、刚柔相间的肢体语言、音乐的情绪和节奏及同伴之间的默契相融合的一种综合运用能力。这种综合表现力可使健美操取得更好的表演效果。

（二）健美操的特点

1.健身美体的实效性

　　健美操动作及套路设计是根据练习者不同的需求，以人体解剖学、运动生理学、运动心理学、体育美学、运动训练学、体育社会学等多学科的理论为依据，为使练习者保持健康、健美发展而创编的。健美操的动作既丰富多样，又具有针对性，通过锻炼能有效地训练身体各部位的姿态，使练习者的形体更匀称，有利于培养健美的体态和风度，塑造健美的体形。健美操是一项有氧运动，通过练习，练习者的呼吸系统、心血管系统及神经系统都能得到良好的锻炼与改善。健美操在音乐伴奏下完成动作，练习者随乐起舞，能够愉悦身心，消除疲劳、陶冶情操。总之，健美操运动具有健身、健美、健心的实效性。

2. 广泛的适应性

健美操练习形式多样、内容丰富，适合不同年龄、不同性别、不同阶层、不同行业、不同体质的人群，参加的人数可多可少，时间可长可短，运动量可大可小，易于控制，可以在室外、室内、广场、大厅、娱乐场所、健身房，甚至家庭的居室中进行。因此，健美操运动具有广泛的适应性。

3. 鲜明的节奏感和韵律感

节奏是动力在时间、空间上得到合理分配以及客观现象的延续性、顺序性和规律性的反映。健美操的所有动作均在一定的节奏下进行，而且是通过音乐来实现动作的节奏。健美操是在一定的音乐节奏下做出各种动作的，这就使健美操具备了节奏性的特点。对于广大健美操练习者来说，健美操运动吸引他们的原因，不只是健美操自身的锻炼效果，更有健美操在音乐节奏下表现出的活力。在音乐节奏的带动下，健美操的运动节奏、练习者的生理节奏，乃至运动中的时空、灯光等都具有了鲜明的节奏性。健美操练习者就是在这样鲜明而富有活力的节奏下进行健美操锻炼的。对于健美操来说，音乐是其重要的甚至是不可或缺的一部分。健美操的音乐主要来源于迪斯科（disco）等现代音乐以及各类特色的民族音乐。音乐本身的长短、快慢等节奏变化，赋予了健美操运动节奏性，而这些现代音乐也为健美操运动注入了时代的活力。在音乐的配合下，健美操运动具有极强的感染力，能够起到烘托氛围、激发情绪的作用。

4. 健身的安全性

健美操的运动负荷、运动节奏、运动强度等都比较适合一般人的体质。练习时间一般为 30～60 分钟。人们在平坦的地面上，在欢快的音乐声中，跟随快慢有序的节奏进行运动，不仅安全还十分有效。

5. 创新性

创新是健美操运动发展的动力，只有不断创新，健美操才能有存在的依据和生命力。健美操运动具有一定的创新性特征。健美操的创新包括动作的创新、音乐选择的创新、健美操表演的创新、健美操教学的创新等。例如，对于健身性健美操来说，创新的动作编排有利于增强健美操运动对锻炼者的吸引力；对于竞技性健美操来说，创新的动作编排有利于选手在比赛中获得更高的评分；对于表演性健美操来说，创新的动作编排有利于增强健美操的表演性；对于健美操教学来说，教学方式方法的创新有利于提高健美操教学的效果；对于健美操运动来说，正是由于其创新性的特点，使其不断发展并具有充足的活力。

6. 艺术性

健美操这一运动形式融合了体操、舞蹈、音乐，以展现人体的"健、力、美"为目的，这就决定了健美操运动具有艺术性特征。"健、力、美"从古至今都是人类对身体形态的美的最高追求。在健美操运动过程中，锻炼者的"健、力、美"得到了充分的展示，并包含极高的艺术因素。此外，健美操运动的艺术性不仅表现为运动自身的艺术性，还表现为锻炼者在锻炼的过程中；不仅能获得身体素质的提高，还能获得综合艺术素质的提高。

7. 群众性

健美操运动的群众性是指其运动形式多样，要求较低，容易控制，不同年龄、不同身体素质、不同性别、不同时间条件的人都能选择适合自己的形式进行健美操锻炼。例如，对于不同年龄的锻炼者来说，老年人可以选择节奏感较弱、运动强度较低的形式进行健美操锻炼，如有氧健身操；年轻人可以选择节奏感较快、有一定运动强度的形式进行健美操锻炼。健美操在满足人们健身需求的同时，还能起到释放情感、愉悦身心的作用，极大地满足了现代人在体育锻炼中的娱乐需求，因此也受到了群众的广泛欢迎。

8. 观赏性

健美操运动始终以展现人体的"健、力、美"为主要特征，健美操运动还包含舞蹈、音乐的要素，可以说健美操运动是人体美、体育美、艺术美的融合。在健美操运动中，锻炼者可以通过各种动作充分展现自身的美，这也表明健美操具有极强的观赏性。尤其是对于竞技健美操来说，其更是通过较高的难度和专业的锻炼，不断追求着人体的"健、力、美"，而更高的观赏性也是其追求和未来发展的方向。

（三）健美操运动的价值

1. 健美操运动的身体形态改善价值

形体的塑造包括体型和体态两个方面。其中，体型指的是整个身体的状态，包括身体部位间的比例、线条等；体态指的是由体型所表现出的形态。

健美操对体型的塑造主要是通过对肌肉维度的塑造，使锻炼者形成优美的曲线。一方面，通过健美操锻炼，锻炼者的肌纤维可以增粗，从而使锻炼者的肌肉体积增大，通过对肌肉维度的塑造，体现出"力"的美感；另一方面，健美操运动还能有效地消耗脂肪，起到良好的减肥效果，通过对各部位脂肪的消耗，塑造匀称的形体。健美操对体态的塑造主要表现在其对锻炼者站、坐、走的姿态的严格要求。例如，健美操要求锻炼者在站立时保持昂首、挺拔、平视的姿态。在严格的姿态要求下，锻炼者能够有效纠正在日常生活中形成的驼背等不良姿态，改善由不良姿态造成的脊柱侧弯等问题。同时，健康的体态能使锻炼者展现出积极健康的精神状态与气质。

　　2.健美操运动的身体机能提高价值

　　人们早就认识到，生理的健康只是身体健康的组成部分之一。世界卫生组织认为，人体的健康包括生理、心理、社会三个方面，即躯体的生理健康、内心的心理健康、正常的社会适应能力与社会道德。只有这三方面都满足健康状态，才是真正的健康。健美操以有氧运动为基础，其主要的强身健体的功能就是提高锻炼者的心肺功能。在长期的健美操锻炼下，锻炼者的心脏容量能够得到有效的增大，同时血管的弹性得到增强，能够有效提高锻炼者心脏在供氧等方面的能力。健美操的有氧锻炼能够有效增加锻炼者肺部的容量，提高锻炼者的有氧代谢能力。坚持健美操锻炼能使锻炼者有效避免心血管和呼吸系统方面疾病的发生。

　　在健美操运动中，锻炼者的肌肉以及各个部位的身体器官都能得到有效的锻炼，从而使锻炼者的骨密度得到增强，增强锻炼者关节的稳定性。此外，在健美操运动中，锻炼者的腰腹部和臀部也能得到有效的锻炼，从而有效地促进肠胃蠕动，增强锻炼者的消化能力，使锻炼者能有效吸收和利用摄入的各种营养元素。经常参加健美操锻炼可以有效提高锻炼者的身体素质，健美操对人体素质的提升主要包括柔韧、力量、协调性、耐力等方面。例如，在进行健美操运动前，需要进行一定的准备活动，如压腿等。这种伸展性的动作有利于提高锻炼者的柔韧性。健美操的动作需要上、下肢以及躯干的协调配合才能完成，只有做到了身体的协调，动作才会是优美的。因此，在做健美操动作的过程中，锻炼者的协调性能得到锻炼。

　　3.健美操运动的心理健康促进价值

　　随着现代社会的不断发展，人们的生活条件和生活质量不断提高。同时，经济的发展也带来了日益激烈的社会竞争，使现代人承受着较大的精神压力，容易引发一系列的心理疾病。不良的心理状态，还容易引发一些生理方面的疾病。因此，心理健康也成为现代社会关注的一个热点问题。健美操是在有节奏感的音乐的配合下开展的一项健身运动，对缓解锻炼者的精神压力有良好的效果。通过健美操的锻炼，不仅能提高锻炼者身体素质，还能有效释放自身的精神压力，获得精神的放松和愉悦，保持良好的心理状态，从而避免各类心理疾病的发生。

健美操还是一项集体性运动，其能通过锻炼者对健美操的共同爱好，将不同阶层的锻炼者聚集在一起。这也为现代人扩大社会交往范围提供了一个良好的平台。现在人们通常会将健身房作为健美操锻炼的场所，在健身教练的指导下，参与集体性的健美操练习课程。参加集体健美操课程的人来自不同的社会阶层和生活环境，这就使锻炼者能够接触到与自己不同阶层的人群，因而扩大了锻炼者的社会交往范围。在健美操练习中，锻炼者通过相互之间的交往，使自身的视野得到开阔，提高自己的交往和沟通能力；健美操使锻炼者从相对单一的生活环境中解放出来，甚至还能够使其收获珍贵的友谊。交往和友谊，同样也是现代人重要的精神需求和心理需要。

二、健美操教学课程设置

（一）健美操课程目标的设置

为了更好地进行健美操课程教学，培养出社会需要的体育人才，笔者将体育教育专业健美操课程教学目标从理论、技术、能力以及情感领域进行细化定位，具体情况如下：

（1）在理论上，使学生牢固掌握健美操理论基础知识，理解健美操运动的本质属性及其文化特点，能够用专业的术语对健美操运动的技术、技能及一些运动现象进行科学的解释与分析，了解其最前沿的动态和发展趋势，能够进行一定的科学研究。

（2）在技术上，使学生掌握基本技术、技能，达到示范标准，掌握一定的舞蹈技术，对各种不同时尚风格的舞种有所了解和接触，争取专项学生在竞技运动水平上达到三级运动员以上的水平。

（3）在能力方面，首先在教学技能上，使学生能够科学地运用专业知识指导健美操的教学与训练，使学生具备组织教学、讲解与示范、保护与帮助、技术动作的分析、编操与带操、音乐的剪辑与制作、组织竞赛与裁判、开发与利用课程资源以及指导社会大众健身的能力；其次，在个人个性化培养上，培养学生的自学、创新思维和实践等能力，使学生具备感知、鉴赏、创造和表现美的能力。

（4）在情感上，通过健美操专项课程，培养学生团队合作精神、沟通与交流的意识，使学生学会良性竞争、增强沟通等。体验运动队当中的共奋斗的队友情以及整个比赛过程中的情感变化，使之成为适应未来需要的具有厚基础、宽口径和较强创新能力的复合型健美操专项人才。

（二）健美操课程内容及学时设置

笔者设置的体育教育专业的健美操课程内容及学时如表8-1所示。

表8-1　健美操课程内容及学时设置

课程类型	课程内容	学时
理论课程	健美操运动概述 ①健美操运动的概念与分类 ②健美操运动的特点与功能 ③健美操的起源与发展 ④健美操指导员的职业素质	10
	健美操基本动作 ①健美操术语种类 ②健美操术语的运用 ③健美操基本动作 ④健美操基本技术	10
	健美操音乐与编排 ①健美操音乐 ②健美操编排	4
	健美操教学理论 ①健美操教学技能与指导技巧 ②健美操教学方法 ③健美操课的设计与实施 ④健美操课的安全考虑	10
	竞技健美操现行评分规则 ①难度分类以及最低完成标准 ②难度符号记写 ③竞技健美操发展趋势	8

续 表

课程类型		课程内容	学时
实践课程	基本技术	①健美操基本动作训练 ②健美操专项技术训练 ③四类基本难度训练 ④系列校园青春健身操 ⑤啦啦操基本动作训练 ⑥啦啦操专项技术训练 ⑦技巧啦啦操套路组合 ⑧技巧啦啦操成套编排实践 ⑨竞技健美操运动员二级等级成套（六人操） ⑩健美操组合动作的编排实践 ⑪四类难度加难度系数训练 ⑫竞技健美操运动员二级等级成套（混合双人操） ⑬舞蹈啦啦操套路组合（花球风格） ⑭舞蹈啦啦操套路组合（爵士风格） ⑮舞蹈啦啦操难度动作训练 ⑯舞蹈啦啦操套路组合（街舞风格）	240
	身体 素质训练	①速度素质训练：立定跳远、多级跳、行进间单双足跳、小重量快速推举等 ②力量素质训练：俯卧撑、倒立推起、挺举杠铃、跳台阶等 ③耐力素质训练：3～5分钟连续跳绳等 ④柔韧素质训练：静力练习、摆动动作、弹性动作等 ⑤灵敏素质训练："之"字跑、加速跑、互相闪躲练习等	32

三、健美操教学课程的发展策略

在高校健美操课程建设的过程中，加强健美操课程的改革是非常重要的。笔者认为，促进健美操课程发展的策略主要有以下几点：

（一）建立以创新教育为指导思想的新型健美操课程教学体系

现代社会发展的大形势，要求高校必须重视大学生的创新实践能力，要采取必要的手段与措施逐步提高大学生的综合素养。这是新时代发展的要求，也是当前对我国高校人才培养的新要求。因此，当下我国高等教育的主要目标就是培养高素质的创新型人才，这是时代发展与我国社会主义现代化建设的要求。

因此，健美操课程作为高校体育专业的重要内容，也必须结合当前形势加强改革与发展，不断培养学生的健美操创新能力，将学生的创新意识与创新能力培养贯穿整个教学过程之中。在健美操教学中，就是要从当前以传授知识为主的教育理念转变为注重学生创新能力的培养发展，要指导学生发展和提高自己的组织能力、语言表达能力、创编能力以及自我解决问题的能力，使学生发展成为当前社会或者未来社会发展所需要的创新型人才。因此，学生一定要转变旧有的观念，不断增强自己的创新意识与能力。

要想实现高校健美操课程的改革，就必须转变旧有的观念，建立以创新教育为指导思想的新型教学体系，而这种新型的健美操教学体系应具备以下几个特点：

1.课堂教学多样化

健美操课堂教学的多样化，首先是指教学内容要多样化，主要包括理论知识与实践教学两个方面；其次是体育教师要注重示范动作的优美性，帮助学生获得美的感受；最后教师要采取多种教学形式进行授课，以激发学生学习健美操的兴趣。

2.教学方法多元化

在健美操技术教学中，教师可根据学生的实际和教学情况合理选择多种形式的教学方法，其目的都是帮助学生完成教学任务。为此，金字塔法、递减法等教学方法就在健美操教学中得到了广泛的利用。在理论课教学中，教师可以采用电化教学的方式，通过生动形象的动画演示加深学生对知识的理解，激发学生学习的兴趣。

3.学生学习自主化

在健美操教学中，教师要帮助学生建立自主学习的意识，加强学生获取知识、分析和解决问题以及交流与合作能力的培养，使学生能独立自主地解决教学中的各种问题，从而建立自主化学习的渠道。

4.考试成绩综合化

在健美操教学中，还要对学生的学习成绩进行考核与评价。在评价学生的学习成绩时不能只看重期末考试成绩，还要综合学生的平时课堂表现以及进步幅度进行评价，考试内容不能只包括健美操的基本内容，还要考查学生的创新思维与意识。这才是全面的教学评价。

5.教学实践系统化

在健美操课程教学中，教师可以设计一套系统的教学实践课来提高学生的创编能力和组织教学能力，建立一个健全和完善的教学实践系统，提高学生的实践操作能力。

综上所述，在新的时代背景下，高校健美操教学应以坚持创新教育为理念，摒弃不良的传统教学模式，构建一套新型的教学模式，从而有效地促进健美操教学的发展。

（二）优化健美操课程的考核和评价体系

健美操课程教学评价非常重要，发展到现在，构建以创新教育为理念的新型评价体系已成为高校健美操课程改革的重要内容。建立一个新型的健美操课程评价体系必须具备以下几个方面的要求：

1.评价方法多样化

目前来看，我国大部分高校健美操课程评价只涉及学生的期末考试成绩。在考试时，学生运动成绩的评价标准就是与教师的所授内容是否一致，学生为了能够取得高分只会一味地模仿。这对于学生创新意识的培养和能动性的发挥是非常不利的。而新型的健美操评价标准则由学生和教师一起研究制定，注重学生创新能力的考核，更加重视学生学习的过程性评价，使得评价的结果更加客观和公正。

2.考试内容多元化

当前，我国各高校的考试内容比较单一，应增加学生创新意识与能力的内容，注重平时表现与期末考试成绩考核相结合的方法，全面考查学生的综合能力，这样才能有效促进高校健美操教学的发展。

3.实现诊断性评价、形成性评价和总结性评价的有机结合

当前，在大部分高校中，教师对学生的评价大多是采用总结性评价的方式。大量的实践表明，这种评价方式失之偏颇。要想保证教学评价的有效性和客观性，要将诊断性评价、形成性评价和总结性评价结合起来，这样得出的评价结果才具有客观真实性。

（三）加强师资队伍建设

发展到21世纪，高校体育教育不再是传统单一的知识结构，学生要以开

放的眼光来学习健美操知识，并提高健美操运动技能。因此，这就要求教师一专多能，并且还要在教学过程中不断更新自己的知识结构，拓宽知识面，逐步提高自身的综合素质。

（四）加大课程教学设施的投资力度，改善课程教学条件

良好的场地器材设施是健美操课堂基本的硬件，各高校应重视健美操项目的开发与建设，改善学生学习的场地及器械，从而提升健美操教学质量。在改善健美操场地的设施条件时，要注意以下几个方面的要求：

1.遵循科学发展规律

为充分调动学生学习健美操的情绪，健美操场地的照明设施应明亮充足；健美操场馆要保持通风，冬天要保证良好的采暖，要配备好必要的录像、放映等设备，通过利用现代技术手段提高学生的健美操水平。

2.修建和装修场馆时还要考虑到对技术发展的利弊

健美操场地对于参加健美操运动的人而言非常重要。一般来说，地板最好是木地板或塑胶场地，这样会最大限度降低对学生膝关节的冲击，避免运动损伤。另外，健美操场地上还必须要有领操台和镜子墙，这样才能看清教师的示范动作，并通过镜子及时纠正自己的错误动作。同时，还要配备足量的垫子、踏板、哑铃、花球等器材，以便于学生学习与练习健美操。

第二节　游泳教学课程设置与发展

一、游泳概述

（一）游泳运动的分类

游泳发展至今，出现了各种各样的运动名目，其中有的是因模仿动物的动作而得名，如蛙泳、蝶泳、海豚泳等；有的是按人体在水中的姿势而得名，如仰泳、侧泳等；有的是按动作的形象而得名，如爬泳、踩水等。根据游泳活动的直接目的，可以将游泳的内容归纳为竞技游泳、实用游泳和大众游泳三大类，如图8-1所示。

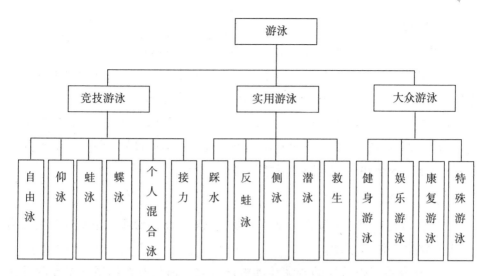

图 8-1 游泳运动的分类

1.竞技游泳

竞技游泳是指具有特定的技术规格，并按游泳竞赛规则进行比赛的游泳运动项目。

在近代竞技游泳出现后的一个世纪以来，竞技游泳的内容不断充实和丰富。目前，根据国际游泳联合会的规定，正式的游泳竞赛项目有自由泳、仰泳、蛙泳、蝶泳、个人混合泳和接力泳六类，每一类又按比赛的距离分成若干个小项目。个人混合泳的泳式顺序依次是蝶泳、仰泳、蛙泳、自由泳。接力泳项目又分为自由泳接力和混合泳接力。混合泳接力的泳式顺序依次是仰泳、蛙泳、蝶泳、自由泳。

大部分游泳竞赛都是在游泳池中进行的。比赛用的标准游泳池有 50 米池（长池）和 25 米池（短池）两种。在两种游泳池中创造的游泳纪录是独立的，都可以得到承认。

世界性游泳大赛，首屈一指的是四年一届的奥运会游泳比赛。除此之外，主要是"世界游泳锦标赛"。世界游泳锦标赛始于 1973 年，目前是两年一届，与奥运会间隔进行。此外，还有两年一届的"世界短池游泳锦标赛"和每年都举行的"世界短池游泳系列赛"。这些重大比赛促进了各国运动员之间的交流，推动世界竞技游泳运动不断向前发展。

2. 实用游泳

实用游泳是指直接为生活、生产或军事服务的游泳技术。

实用游泳是一类专门技能，包括踩水、反蛙泳、侧泳、潜泳和救生等，在泅渡、水下作业、水上救生、水中科学考察等方面有着广泛的应用。

竞技游泳和实用游泳的区分是相对的，蛙泳、爬泳等竞技游泳技术虽不归入实用游泳的行列，但实际上也常被用于实现各种实用目的。例如，泅渡常采用蛙泳；水上救生快速游近溺者时常采用抬头爬泳。

3. 大众游泳

大众游泳是指以游泳动作为基本手段，以增进身心健康、丰富业余生活为直接目的的各种游泳活动。

虽然健身性、娱乐性的游泳活动古已有之，但只有在物质文明高度发达的现代社会，大众游泳才能得以迅速发展，成为现代游泳的重要组成部分。目前，随着社会物质生活水平的提高，人民群众对文化生活、体育锻炼的要求日益增强，游泳在健身、娱乐、康复等方面的功能也越来越广泛地为人们所认识。世界性的"大众游泳热"正在蓬勃兴起，使游泳成为世界上参加人数最多的季节性体育活动项目。

大众游泳包括健身游泳、娱乐游泳、康复游泳等。它不受姿势与速度的限制，不追求严格的技术规范，注重锻炼价值，可以借鉴竞技游泳和实用游泳的各种技术来进行水中活动。大众游泳内容丰富，形式简便，自由自在，情趣盎然，适合男、女、老、幼及不同体质的人群，很容易为人民大众所接受。例如，我国各地广泛开展的冬泳活动，大、中、小学中开展的游泳活动等，都属于健身游泳。目前，我国正在实施全民健身计划，国家大力提倡人民参加游泳活动，还为不同年龄段的人群设立了游泳锻炼的标准。

大众游泳还包括一类特殊游泳活动，它融竞技性、健身性、娱乐性于一体，以游泳为手段，锻炼体魄，检验人体的极限工作能力。这类游泳活动常以创造某项特殊世界纪录为目标，如最长时间潜水、最长时间游泳、最长距离游泳等。此外，世界各地还经常举行一些渡海游泳、渡江游泳、渡湖游泳和环岛游泳等活动，其中最著名的是横渡英吉利海峡的活动。这些活动参加人数或多或少，虽然不是正规比赛，却都要求参加者具有娴熟的游泳技艺、超凡的勇气和坚强的体魄。

（二）游泳的意义

1. 增强心肺功能

经常参加游泳锻炼的人，心脏功能要比一般人收缩有力。一般正常人安静时脉搏在 70 ～ 90 次 / 分，而经常参加游泳锻炼的人只有 50 ～ 60 次 / 分。健康人的心脏之所以能正常地跳动，是靠每次收缩后有一个舒张期，心肌获得休息，下一次收缩才同样均匀有力。心跳越快，心肌获得的休息时间就越短，就越容易产生疲劳。当心跳太快时，舒张期太短，会使回心血液来不及充满心腔，结果使心脏跳动时排出的血液反而减少。而心肌的收缩力只有通过长期的锻炼才能得到改善。经常参加游泳锻炼的人，心脏形态和功能均会发生一系列有利的变化，如心肌发达、肥大、收缩有力，心腔血容量多，回心血量多，心脏出现节省化功能。经常参加游泳锻炼，还能改善人体呼吸和血液循环系统的功能。由于水下的环境特殊，人在水中呼吸要比陆地困难。在水中时，人的胸腔要受到 12 ～ 15 千克力（1 千克力等于 9.8 牛顿）的水压力，游泳时需要大量的氧气，因而通过积极主动地增大呼吸深度来完成呼吸动作。经过长期的游泳锻炼，可使呼吸肌收缩有力。正常人的肺活量为 1000 ～ 3000 毫米水银柱（1 毫米水银柱等于 133.3 帕）。而经常参加游泳锻炼的人肺活量可达 3000 ～ 6000 毫米水银柱。这种能量节省化的呼吸可降低基础代谢率，改善呼吸系统和血液循环系统的功能。

2. 改善体温调节功能

游泳时，水的温度要比人体温度低 10℃～ 15℃，如果是冬泳，温度会更低。人体体温和水温之间的温差会促使人体在游泳锻炼中消耗大量的热能。有研究证明，在 12℃水中停留 4 分钟，人体要消耗 100 大卡（1 大卡等于 4.18 千焦）的热量。[①] 游泳 50 米相当于在田径场跑 400 米所消耗的热量。因此，许多人在游泳后会出现饥饿或疲劳的感觉。经常参加游泳锻炼可以改善人体体温调节功能，增强人体对不同温度的适应能力。

3. 使人身材匀称，皮肤滋润，肌肉富有弹性

经常参加游泳锻炼的人和游泳运动员的皮肤非常光洁、细嫩，富有弹性。这和水的环境有关。水特殊的物理特性可促进皮肤毛细血管中的血液循环和表皮细胞的代谢，因此有人称游泳为"血管体操"。

---

① 徐莉. 游泳 [M]. 广州：华南理工大学出版社，2008：2.

4.增强免疫力

游泳不仅适合健康人群，也适合亚健康人群。这是由于冷水的刺激和游泳时身体特殊的体位要求，促进了全身血液循环，促进了回心血液的增加，促进了机体代谢的加快。而水的阻力作用可使动作缓慢伸展，防止伤病出现。经常参加游泳锻炼可以提高人体免疫机能。有些慢性病患者或患病初愈的人，如高血压、神经衰弱、哮喘、便秘、慢性肠胃病、手术后恢复期的患者以及身体下肢有残疾或疾病而不能行走的患者，都可以通过游泳锻炼达到康复训练的目的。

5.培养吃苦耐劳、勇敢顽强的意志品质

经常参加游泳锻炼，可以在锻炼中培养克服困难的勇气和信心；在江河湖海大自然的怀抱里游泳，可以培养顽强的毅力和吃苦耐劳的精神，同时增添同大风大浪做斗争的乐趣，丰富业余文化生活。

二、游泳教学课程设置

1.游泳课程目标设置

（1）通过游泳实践课的教学，掌握游泳四种泳姿中蛙泳的完整技术，并能运用蛙泳游进一定的距离，提高学生游泳的技术水平，让学生有一定的游泳竞技能力。

（2）通过游泳理论教学，丰富学生的理论知识与游泳裁判知识和游泳竞赛规则，增强学生在游泳竞赛方面的组织能力。

（3）在游泳课的教学中向学生进行安全教育，培养学生的安全意识，进行实用游泳的培训，树立学生的责任感与游泳的救护与自救知识

（4）在游泳教学中通过一些客观因素培养学生不怕困难、吃苦耐劳的精神。

2.游泳课程内容及学时设置

笔者设置的体育教育专业游泳课程内容及学时如表8-2所示。

表8-2 游泳课程内容及学时设置

课程类型		课程内容	学时
理论课程		游泳运动概述 ①游泳运动的起源与发展 ②游泳的分类 ③游泳的意义	10
		游泳的安全与卫生 ①游泳的安全措施 ②游泳的卫生要求 ③游泳中异常现象的预防与处理 ④特殊条件下游泳注意事项	10
		游泳救生 ①安全观察 ②水上救生 ③岸上急救 ④水中解脱	10
		游泳教学与训练方法 ①游泳教学的特点与教学阶段 ②游泳教学的原则 ③游泳教学的组织与进行 ④游泳动作教学方法 ⑤游泳训练的基本方法	4
		游泳竞赛组织与裁判方法 ①游泳竞赛的组织工作 ②游泳竞赛的编排记录工作 ③游泳竞赛裁判方法	10
实践课程	基本技术	①熟悉水性：憋气与换气、水中漂浮、漂浮与站立、水中滑行 ②蛙泳技术 ③反蛙泳技术 ④仰泳技术 ⑤自由泳技术 ⑥蝶泳技术	240

续 表

课程类型		课程内容	学时
实践课程	身体素质训练	①速度素质训练：立定跳远、多级跳、行进间单双足跳、小重量快速推举等 ②力量素质训练：俯卧撑、倒立推起、挺举杠铃、跳台阶等 ③耐力素质训练：3～5分钟连续跳绳等 ④柔韧素质训练：静力练习、摆动动作、弹性动作等	32

三、游泳教学课程的发展策略

（一）增加游泳教师数量，优化师资队伍

体育教师是保障和推动各项体育工作和体育活动顺利开展的主要组织者和执行者。在游泳课程建设的过程中，师资队伍是其中的重要基础。在当今社会飞速发展以及知识快速更新的年代，如果从事游泳课程教学的体育教师不具备较高的专业水准，没有深入了解游泳课程中新增的知识，或者理解不深刻，那么就容易造成学生的学习兴趣不断降低，甚至对游泳课程学习产生抵触和厌烦情绪。这就要求每一位教授游泳的体育教师都要将提升自身的业务水平和专业素质作为首要任务，对游泳知识进行储备和更新。对体育教师来说，通过参加相应的在职培训来更新知识技能是最为有效的途径之一。此外，游泳教师的进修与提高还可以通过参与科学研究活动实现。开展相应的科研活动，进行短期培训，自学或者参与函授课程来进行学习，能够使自身的业务工作能力更加全面，所掌握的知识结构也更加合理，从而以充沛的精力和强健的体魄，全身心地投入游泳课程教学之中。

在游泳课程教学中各个不同的教学阶段，要根据学生具体的游泳基础及呈现出来的特点采用不同的教学手段和方法进行教学。随着现代科技的不断发展，网络多媒体技术在体育教学中得到了非常广泛的应用。针对体育教学中一些比较抽象、复杂并且瞬时的动作过程，采用多媒体技术能够获得非常好的演示效果。

计算机多媒体技术对体育教学中复杂的、抽象的、瞬时的动作过程具有特殊的演示效能。现代技术与游泳教学结合可以把复杂的分解化、抽象的具体化、瞬时的重复化。它可以不受空间和时间的限制，直接表现各种技术动作的轨迹；可以从整体到局部、从局部到整体，使学生反复地、完整地了解技术

动作的全过程。这对加深印象、强化理解、提高学生的学习效果起到了传统教学所不能起到的作用。通过提高游泳教师业务水平和专业知识，加强教学交流，在教学中加入新的知识和教学元素，可以激发学生学习的兴趣，提高教学效果。

此外，游泳运动具有非常明显的季节性，其周期也相对较短，这就对从事游泳教学的体育教师提出了更高的要求。体育教师除了要具备相应的专业游泳教学水平之外，还要一专多能，既能胜任游泳课程教学，同时在非游泳季节还可以从事其他体育课程的教学。近年来，随着我国各地区各个高校的不断扩招，学校中的学生数量已经增加了好几倍，学校师生比例严重失衡。同时，学校在引进教师方面存在困难，使得学校缺少教师，特别是专业的游泳教师。针对当前学校缺乏游泳教师的现状，尤其是缺乏专业的游泳教师，应采用聘用合同制，并引入竞争机制，大力提倡引进具有一专多能的专业游泳教师，扩充学校游泳教师的数量。在重视游泳课程教学安全性的同时，还要不断提高游泳课程教学的质量。

（二）完善游泳课程设置

首先，针对游泳的特殊地位和作用，高校相关部分要制定完善的课程设置模式，加强选修课和必修课的比例设置。有条件的高校应该将旅游设置为必修课程，严格教学和考试。

其次，由于游泳运动有着很强的季节性特点，当处于游泳季节时，要对课程做出必要的调整，在教学的基础上适当地增加游泳课时；当处于非游泳季节时，要适当地减少游泳课时，多安排一些游泳的模拟教学、陆上练习以及相应的基本理论知识教学等。

同时，要对游泳课程的内容进行增设和拓宽，并将游戏引入游泳技术教学之中，促进游泳课程教学更加多样化。在游泳课程教学中，学生能够学到真正想要学习的游泳技能以及内容，为以后进行系统深入的学习奠定终身体育基础。

总之，在设置游泳课程方面要不断进行完善，以促使游泳课程教学更加普及化、规范化和科学化。

（三）开展校内外游泳比赛和交流

游泳是一项健身项目，同时也是一门竞技性运动项目。高校可以通过开展校内外游泳的比赛来宣传游泳项目的价值，提高学生对游泳项目的认知。同时，通过比赛增加游泳项目的竞争性和娱乐性特点，使学生真正喜欢上游泳运动。为了更好地组织校内外比赛和交流，高校可以下放权力，开设游泳社团、游泳协会、游泳健身俱乐部等机构，使游泳健身和组织工作实现学校民间化，真正改变以往官方的管理化模式。当然，学校社团、协会等机构离不开学校的监控和宏观管理。

（四）加强安全保障

游泳是与水密切相关的运动，进行游泳活动必须先了解水情，把安全放在首位。因此，应把安全教育贯穿游泳教学全过程，只有保证安全才能更好地发挥游泳对于增进身心健康的作用。因为人工池馆管理规范，池水经常消毒、排污和过滤，清晰度高，有明显的深浅水等标志，所以游泳的场所尽量选择人工游泳池馆。如果到自然水域进行游泳活动或上课，必须做好考察和布置工作，确保安全；参加游泳学习前做必要的身体检查，了解自己的身体状况是否适合游泳，避免疾病的传染；饭后和饥饿、酒后和疲劳都不能游泳；游泳前要做好准备活动，可提高神经系统的兴奋性，增强心血管系统和呼吸系统的功能，加快血液循环和新陈代谢等；掌握简单的自救知识，一旦遇到危险可以进行解救，或给他救争取更多的时间。

第三节　体育舞蹈教学课程设置与发展

体育舞蹈包含体育、音乐、舞蹈等丰富的内容，对于提升人们的身体素质、个人修养以及交际能力等都有积极的意义。正因如此，体育舞蹈课程在高校中受到学生的普遍欢迎。体育舞蹈融合了观赏性和艺术性，因此高校可以通过开展体育舞蹈课程进一步实施素质教育。总而言之，高校开展体育舞蹈课程非常有意义。本章主要对高校体育舞蹈课程设置现状与发展进行分析与探讨。

一、体育舞蹈概述

（一）体育舞蹈的分类

体育舞蹈按舞蹈的风格和技术结构，分为摩登舞和拉丁舞两大类。按竞赛项目可分成三类，即摩登舞、拉丁舞和团体舞。其中，摩登舞包括华尔兹、探戈、狐步、快步和维也纳华尔兹五种舞；拉丁舞包括桑巴、恰恰、伦巴、斗牛舞和牛仔舞五种舞；团体舞是摩登舞或拉丁舞的混合舞，由八对选手组成，借助音乐的引导，将五种舞蹈在变化莫测的队形变动中编织出丰富多样的图案，它将音乐、舞姿、队形、图案和选手们的和谐配合融为一体，达到了完美的统一，使体育舞蹈的风格特点得到了更为鲜明的表现。

（二）体育舞蹈的艺术特点

体育舞蹈每一舞种的风格都是与发源地的历史条件、地理环境、生产方式、民俗风情、审美观念密切联系的，是受其传统文化影响而形成的。每一舞种展示的人体美都具有鲜明的民族性特征，都具有强烈感人的艺术表现力和鲜明独到的艺术风格，其舞蹈特点如表 8-3 所示。

表8-3　体育舞蹈的舞种及特点

舞类	舞种名称	起源点	舞蹈特点
摩登舞	华尔兹	德国	舞姿雍容华贵、高雅大方，舞步委婉流畅、周旋轻飘、起伏跌宕
	探戈	阿根廷	舞姿刚劲顿挫、潇洒奔放，舞步节奏爽快流畅、动静交织
	狐步	英国	舞姿平稳大方、温柔从容，舞步悠闲轻松、富有流动感
	快步	美国	舞姿轻松欢快，舞步跳跃转动、灵活动人
	维也纳华尔兹	奥地利	舞姿华丽优雅，舞步潇洒流畅
拉丁舞	伦巴	古巴	舞姿柔媚动人、甜美含蓄，舞步涓涓柔媚
	桑巴	巴西	舞姿活泼动人、甜美生动，舞步风吹摇曳
	恰恰	墨西哥	舞姿花哨利落，舞步欢快爽朗
	斗牛舞	法国	舞姿威猛，激昂、刚劲有力，舞步坚定、夸张

续　表

舞类	舞种名称	起源点	舞蹈特点
拉丁舞	牛仔舞	美国	舞姿豪放、开朗，舞步自由多变、节奏快捷

（三）体育舞蹈的价值

体育舞蹈运动是一项新兴的体育项目，是体育与舞蹈的结合，具有运动与艺术的双重性。因此，体育舞蹈富有时代气息，具有健身价值、欣赏价值和社会价值。

1.健身价值

经常参加体育舞蹈锻炼，进行形体训练，可以对人的形体进行"生物学"改造，使体形符合一定的健美标准。例如，男士宽肩细腰、身材匀称、体格魁梧、四肢结实有力，扇形身段显示出一种阳刚之美；女士则身材苗条、柔软、细小的腰围，丰满的胸围，结实上挺的臀部，修长的四肢，呈现出曲线流畅、此起彼伏的波浪，显示出一种阴柔之美。

2.观赏价值

体育舞蹈不仅成为人们建立友谊、陶冶情操、锻炼身体、提高技艺的良好形式，而且具有独特的艺术表演价值，给舞蹈者与观赏者以美的享受，提高人们的艺术修养和审美情趣。

（1）人体美。体育舞蹈作为健与美有机结合的表现形式，要求男女选手以精湛的舞蹈技艺、默契的相互配合、精心的组织编排去表现这一感人艺术。由于人体具有形状、线条、比例、透视、颜色、光泽、质感、对称、动态等一系列可审视的条件，因此欣赏体育舞蹈选手的表演，可使人意识到人体的美丽，发现蕴藏于这项运动中丰富动人的人体美。

（2）运动美。动、静造型的交相辉映赋予体育舞蹈丰富的表现手段。运用动作造型全面展示各舞种的艺术风格是体育舞蹈重要的审美特征。锻炼者以人体为媒介，通过面、头、颈、肩、臂、手、胸、腰、胯、臀、膝、足及躯干和四肢的动作配合，按照多变的节奏和丰富的韵律，构成点与线的移动和静与动的结合的各种造型。这种造型具有爆发性、对比性、转折性、整体性，进而给人以特有的瞬间美、过程美、变化美和立体美的享受。

（3）音乐美。音乐是体育舞蹈的灵魂，体育舞蹈是音乐具体化和形象化的外在表现。音乐的基本手段是旋律和节奏，音乐通过自身的旋律增加了体育舞蹈的情感和表达能力，它与体育舞蹈自身的节奏融合在一起，更增强了体育舞蹈的美感和艺术表现力。音乐和体育舞蹈都是以节奏作为运动的基础，音乐表现体育舞蹈的抽象方面，揭示体育舞蹈的悠闲或艰巨，进或退，强或弱，激动或平静、严肃或愉快等，都可以通过不同节拍、速度和旋律来表达，并唤起各种程度和性质的感觉状态。体育舞蹈选手的节奏同步和谐、动作轻快流畅、旋转优美飘逸、舞技娴熟高超的体现都是基于音乐节奏的引导和指挥，舞伴之间、舞蹈动作与音乐韵律之间的协调统一，都给人以和谐之美。

（4）服饰美。体育舞蹈服饰有特殊要求。摩登舞要求男士穿黑色燕尾服和专用舞蹈皮鞋，女士穿华丽富贵的鸵鸟毛大摆长裙和相应软底高跟鞋。男士绅士打扮，风度翩翩，女士温情脉脉，给人以高雅、庄重、华贵、大方的感觉。而拉丁舞的服饰要有拉美风格，强调要以快节奏衬托出热情奔放的拉丁精神。因此，要求男士穿紧身衣裤，体现肌肉的力度与线条，女士穿浪漫、裸露、自由、随意的短裙装，并在衣服上镶嵌水钻、羽毛等，体现背、腰、臀、胯、腿部动作的优美组合与浪漫风格和女士形体美。

（5）礼仪美。在摩登舞中的礼仪性审美倾向体现在男士的衣着庄重，体态端庄挺拔，即使在轻快跳跃性舞步的变化中也不失高雅风采。由于礼仪性审美取向决定了风度的重要性，因此形成高雅风度的首要条件则是体态的挺拔，挺拔的体态标志着健康、尊重、有教养、有礼貌，给人以愉快、振奋、富有青春活力的感觉。这些不仅是体育舞蹈风格的要求，也是对观众的尊重。又如男士挽手女士进场，引导舞伴做急速旋转后向观众致意；女士则是向四周观众行古典的屈膝大礼。舞蹈结束后，男女舞伴同样要向观众行大礼。男士挽手女士，面带微笑，行为举止气度不凡，给人以美的享受与回味，体现了礼仪美。

3. 社会价值

体育舞蹈是帮助人们交流思想、抒发情感、消除障碍、相互沟通的运动形式之一。它和人们现实生活有着密切的联系，良好的情感交流会互相受到感染，甚至使人产生相互依恋的情结。体育舞蹈不仅是民间友谊的纽带，还是沟通不同国家、不同民族情感的一种形体语言，是任何语言无法替代的艺术。优美的舞蹈韵律能够增进友谊，丰富生活。

伴随着社会的发展，人们对精神文明与文化体育生活十分渴求。在紧张的工作、学习和生活之余，表现出一种强烈的参与意识和欲望，力求在社会交往中寻求友谊和理解。体育舞蹈是人们乐于接受的一种有益活动，一首优美的舞曲，能把不同阶层、不同年龄、不同性别、不同健康状况、不同运动水平的人融合在共同的舞蹈之中。它是一种"有节奏的散步"，是一种"伴着旋律的锻炼"。若经常参与，持之以恒，将受益终身。

二、体育舞蹈教学课程设置

1.体育舞蹈课程目标设置

结合体育教育专业学生培养的要求，笔者对该专业体育舞蹈课程的目标进行了设置，内容如下：

（1）结合教学全过程树立科学的世界观，热爱体育教育事业，培养学生良好的思想品德和美学修养，为成为社会需要的合格人才打下良好的基础。

（2）通过理论教学加深学生对体育舞蹈运动的理解，较系统地掌握专项理论知识。通过实践课教学，教授体育舞蹈十个舞种的基本舞步、舞姿组合和规定动作组合，培养学生良好的身体姿态和协调性，提高身体素质及专项技术，使其能较好地掌握体育舞蹈各舞种的基本风格和动作规范，培养学生分析问题、解决问题的能力，以及组织教学与训练的能力、动作创编能力。

（3）使学生了解体育舞蹈教学特点及方法，基本胜任中、高等学校体育舞蹈教学与训练工作，承担体育舞蹈比赛的组织和裁判工作。通过技能训练，力争达到体育舞蹈国家一级教师的基本要求。

2.体育舞蹈课程内容及学时设置

笔者对体育教育专业的体育舞蹈课程内容及学时进行了设置，如表8-4所示。

表8-4　体育舞蹈课程内容及学时设置

课程类型	课程内容	学时
理论课程	**体育舞蹈概述** ①体育舞蹈的起源与发展 ②体育舞蹈的分类与特点 ③体育舞蹈的价值	10

续　表

课程类型		课程内容	学时
理论课程		体育舞蹈术语 ①体育舞蹈基本术语 ②各种识记符号的记写	10
		体育舞蹈的教学 ①体育舞蹈的教学特点 ②体育舞蹈的教学方法 ③中学体育舞蹈教材内容	10
		体育舞蹈的竞赛与组织 ①体育舞蹈竞赛的形式与特点 ②体育舞蹈的竞赛规则 ③体育舞蹈竞赛组织方法 ④体育舞蹈竞赛裁判工作	4
		体育舞蹈创编及训练方法 ①体育舞蹈的创编 ②体育舞蹈的训练方法	10
实践课程	基本技术	①体育舞蹈基本步伐 ②原地动作论 巴舞原地动作组合（参考铜牌动作难度） 恰恰舞原地动作组合（参考铜牌动作难度） 桑巴舞原地动作组合（参考铜牌动作难度） 牛仔舞原地动作组合（参考铜牌动作难度） 华尔兹舞原地动作组合（参考铜牌动作难度） 探戈舞原地动作组合（参考铜牌动作难度） 快步舞原地动作组合（参考铜牌动作难度） 狐步舞原地动作组合（参考铜牌动作难度） ③铜、银、金牌动作 伦巴舞铜牌、银牌、金牌动作 恰恰舞铜牌、银牌、金牌动作 桑巴舞银牌、金牌动作 牛仔舞铜牌、银牌、金牌动作 斗牛舞金牌动作 华尔兹舞铜牌动作 探戈舞铜牌动作 快步舞铜牌动作 狐步舞铜牌动作	240

续　表

课程类型		课程内容	学时
实践课程	形体 与 体能 训练	①形体训练：芭蕾舞五个脚位、柔韧性练习、协调性练习等 ②体能训练：身体姿态、控制能力、动作力度、舞蹈表现力、专项柔韧素质等	32

三、体育舞蹈教学课程的发展策略

（一）加强体育舞蹈课程资源开发

加强体育舞蹈课程资源的开发对于促进体育舞蹈课程的发展非常重要。在体育舞蹈课程资源开发的过程中需要讲究一定的方式和方法。常用的资源开发方法主要有以下几种：

1. 改造法

改造法是指根据体育舞蹈课程具体实施对象与实施条件等的不同而对原有体育舞蹈课程内容资源的某个构成要素进行适应性修改、加工的方法。这一方法在体育舞蹈课程资源开发中非常常用。

例如，在学生学习并熟练掌握了基本的体育舞蹈动作后，体育教师可以采用模拟比赛、表演、测验等教学方法，通过刻意缩小场地、为学生施加压力、设立临时比赛规则等手段来提升学生的反应能力、心理抗压能力等。这就是为了培养学生适应比赛和表演需要而进行的改造。需要注意的是，虽然改造后的体育舞蹈课程无论在内容上还是在形式上都保留了原先的元素和特征，但是性质却发生了一定的改变。体育舞蹈课程资源的这一改造过程可以说是一个资源开发、创新与重构的过程。在体育舞蹈课程资源开发的过程中，体育教师一定要利用好这一方法。

2. 筛选法

筛选法是指开发主体按照一定的标准从大量的体育舞蹈课程内容资源中选择出适合体育舞蹈课程的内容的方法。体育舞蹈课程的内容资源非常丰富，仅竞技体育舞蹈就有团体舞、拉丁舞五个舞种和国标舞五个舞种，存在着"教师教不完""学生学不完"的情况。因此，如何更好地筛选体育舞蹈内容资源就成为一个重要的课题。

体育舞蹈课程内容资源的筛选不能盲目进行，要有一定的标准，在筛选时需要考虑各种因素，如社会发展需求、国家的教育政策、学校的体育指导思想、体育舞蹈教材、学生的基础条件、具体课程安排等，这些因素将对体育舞蹈课程资源的筛选产生至关重要的影响。因此，筛选法就成为体育舞蹈课程资源开发的一种重要方法。这一方法运用起来相对简单，具有很强的操作性。

3.整合法

整合法是指将各种体育舞蹈课程内容资源的某些要素进行组合、整理，使之有机结合成新的体育舞蹈课程内容的方法。这也是一种体育舞蹈课程资源开发的重要方法。整合法的应用范围非常广泛，也有着多种多样的方式。主要包括以下几种类型及方式：

（1）同一类型体育舞蹈课程资源的整合，如身体练习资源之间的整合、知识资源之间的整合、动作技能资源之间的整合等。

（2）不同类型体育舞蹈课程资源的整合，如身体练习资源与知识资源之间的整合、知识资源与经验资源之间的整合等。

（3）体育舞蹈课程与其他体育课程之间的整合，如体育舞蹈与健美操之间的整合、体育舞蹈与瑜伽之间的整合等。

（4）体育舞蹈与其他非体育课程之间的整合，如体育舞蹈与音乐之间的整合、体育舞蹈与摄影之间的整合等。

（二）广泛开展体育舞蹈活动

1.校园体育舞蹈活动

高校中，一些学生对体育舞蹈非常感兴趣，求知欲很强，因此只通过课堂教学是无法满足其学习需求的，其需要更多的机会与平台来深入学习体育舞蹈，并将自己所学的技能展示给他人。这就要求高校在课余时间开展有关体育舞蹈的活动。

（1）组织舞会。高校应多组织一些舞会，使学生有机会将课堂所学技能在实践中加以运用，提高学生的实践与应用能力，并以奖励的方式来提高学生参与的积极性。

（2）成立俱乐部。体育舞蹈俱乐部能够为喜欢体育舞蹈运动的学生提供更多的学习与交流的机会。学生也可以通过这一平台来自发地对有关体育舞蹈的课余活动进行组织，这对于广泛宣传体育舞蹈运动非常有效。

（3）举办辩论会或竞答活动。高校通过组织有关体育舞蹈知识的辩论会或有奖竞答等活动，也能够非常有效地宣传体育舞蹈。通过组织这些活动，学生会对体育舞蹈的相关理论知识进行主动的了解与学习，从而丰富自己的知识，提高自身对体育舞蹈的认知水平。

2.开展社会实践活动

一些高校教师认为，高校体育舞蹈课程发展受限的一个主要因素在于开展这项运动所需的经费比较多。调查发现，高校不注重举办体育舞蹈的相关活动，这样就使得学生所学的技能无处运用和施展。要想使学生学有所用，更好地实现自我价值，就需要为学生提供良好的社会实践机会，如定期举办稍具商业性质的大型舞会或者演出等活动，这样不但可以解决学而无用的问题，还能够使学校经费紧张的问题得到缓解，从而为体育舞蹈课程的发展提供基本保障。

（三）加强教学场馆建设

体育舞蹈运动中，健身性体育舞蹈对场地的要求比较低，而竞技性体育舞蹈则对体育场地的要求较高。通常，学生参与健身性体育舞蹈只需一块普通平坦的室内场地就可以。高校领导应高度重视体育舞蹈课程的开设，认识到开设这一项目课程对学生全面发展和落实素质教育的重要性，从而增加资金投入，建设一些专业的体育舞蹈场地，确保体育舞蹈课程教学活动与课余活动顺利开展。

（四）加强师资队伍建设

体育舞蹈课程的发展直接受体育舞蹈教师专业水平的影响，因此推动体育舞蹈课程发展的一个关键问题在于提高体育舞蹈教师的专业教学能力，具体可以从以下几个方面着手。

1."引进来，走出去"

通过"引进来，走出去"的途径能够有效促进体育舞蹈教师的专业素养的提高。

"引进来"指的是高校可聘请国内外知名体育舞蹈专业人士和优秀体育舞蹈运动员来校开展讲座，对体育舞蹈教师进行专业培训。

"走出去"是指学校要为体育舞蹈教师外出培训提供充足的机会与条件，让教师及时了解体育舞蹈的最新相关动态、最新技术动作以及未来发展，从而不断促进体育舞蹈教师专业知识和技能的更新，提高其专业水平。

2.举办学术研讨会和比赛活动

高校可以定期举办体育舞蹈学术研讨会和体育舞蹈比赛等活动，使体育舞蹈教师之间能够展开业务交流与学术交流。学校还需要积极表扬和鼓励在学术中、舞蹈比赛中表现突出的体育舞蹈教师，以此来激发其技术创新、学术创新的热情。

（五）加强课程教材的建设

当前社会上出版的体育舞蹈理论著作由于专业性很强，内容太深，因而对普通高校的体育舞蹈课程教学不太适用。因此，各普通高校之间应加强交流与协作，尽快对符合普通高校体育舞蹈教学现状的教材进行有针对性的统一编制，以确保体育舞蹈教师和学生能够尽早拥有共同学习与讨论的课程资源。

（六）加强体育舞蹈课程内容的改革

体育舞蹈课程内容包括两个部分，即理论和实践。笔者在调查中发现，注重实践教学而忽视理论传授的问题在很多高校都普遍存在，这也是学生不太了解体育舞蹈文化的主要原因。学生通过对自身身体形态的利用，能够以何种方式来诠释体育舞蹈，直接由其了解体育舞蹈文化的程度决定。由此可知，学生了解体育舞蹈文化是对学生开展实践教学的基础。因此，改革体育舞蹈课程内容不能仅从实践入手，还要兼顾理论，促进理论与实践的有机结合，从而更好地达到加强体育舞蹈课程建设的效果。

1.理论方面的改革

在体育舞蹈课程理论教学方面，要增加与体育舞蹈文化相关的内容。调查发现，学生学习体育舞蹈后，在技能方面的收获比较明显，而对体育舞蹈文化知识的了解还是比较少。这主要是因为高校一味注重实践技能的教学，而没有将理论教学重视起来。学生在体育舞蹈课堂中，大部分时间都是在不断练习舞蹈技术动作，却不知道自己跳舞是为了什么。这就体现了体育舞蹈文化教育的缺失。体育舞蹈是一项通过肢体舞动来健美体魄、陶冶情操、净化心灵、增加友谊的运动，高校开设这一课程的最终目的是使学生全面发展。因此，高校在设置体育舞蹈课程时，一定要将理论与实践结合起来，不仅要使学生懂得如何跳，还要使其清楚为何跳。学生只有对体育舞蹈的意义有了真正的了解，才能通过肢体舞动将体育舞蹈的"魂"表达出来。而如果学生不了解体育舞蹈的意义，那么即使他（她）能够非常熟练地展现舞蹈动作，也无法真正吸引观众。

2. 实践方面的改革

在体育舞蹈实践教学内容的改革中要注意两点：一是多设置一些舞种项目；二是按照难易程度对体育舞蹈课程进行级别的划分。

（1）增设舞种。笔者通过调查发现，高校开设的体育舞蹈课程主要集中在恰恰、华尔兹两个舞种上，开展其他舞种的高校比较少，有些舞种在大部分高校几乎都没有涉及。体育舞蹈有十个舞种，不同舞种有不同的风格，而且其所蕴藏的文化与风土人情也各有区别。如果只简单开设一两个舞种，那么会影响学生学习体育舞蹈课程的兴趣。因此，高校在体育舞蹈课程开设中须以本校实际情况为依据多进行一些舞种的教学，使学生能够多一些选择。增设舞种需要高校引进专业的体育舞蹈教师，这样才能保障各舞种教学的顺利开展。

（2）难易等级划分。一些高校无法开设体育舞蹈课程的原因在于体育舞蹈难度较大。这就要求体育舞蹈教师以学生的舞蹈基础及接受能力为依据，按照难易程度划分体育舞蹈的等级，一般可分为三个级别，即初级、中级和高级。编排体育舞蹈动作时随意性比较大，对于不同的人群，可以自由地对不同的舞蹈套路动作进行创编，对体育舞蹈课程进行等级划分，能够取得良好的教学效果。

此外，高校还要注意一个非常重要的问题，即增加体育舞蹈课程教学的课时。改革体育舞蹈教学内容须以增加课时为前提，只有这样，学生才有充足的时间来学习、掌握体育舞蹈知识与技能。体育舞蹈舞种比较多，因此学生需要花费大量的时间才能充分掌握这项运动。而当前高校的体育舞蹈课时数普遍较少，因此学生只能粗略地学习一些基本知识和技能，根本不可能实现"学细、学精"的教学效果。为了保证体育舞蹈课程的顺利开展和促进教学效果的提高，高校应适当增加课时数，使学生深入了解体育舞蹈文化，充分掌握舞蹈技能。

参考文献

[1] 刘振忠. 京津冀协同创新创业型体育人才培养研究 [M]. 上海：复旦大学出版社，2020.

[2] 黄涛. 体育教育专业人才培养模式研究与构建 [M]. 北京：中国纺织出版社，2019.

[3] 刘周敏. 协同创新理念下高等体育院校人才培养模式的优化研究 [M]. 长沙：湖南师范大学出版社，2019.

[4] 许冬明. 竞技体育后备人才培养与可持续发展研究以安徽省为例 [M]. 长春：吉林人民出版社，2017.

[5] 周建梅. 区域经济发展与体育人才培养竞技体育后备人才培养的温州模式研究 [M]. 北京：北京体育大学出版社，2007.

[6] 雷涛. 产学研背景下体育专业人才培养模式的改革与创新 [M]. 长春：吉林出版集团股份有限公司，2020.

[7] 薛文忠. 当代武术与民族传统体育专业人才培养模式 [M]. 长春：东北师范大学出版社，2017.

[8] 黄涛. 体育教育专业人才培养模式研究与构建 [M]. 北京：中国纺织出版社，2019.

[9] 王芹. 新时代高等体育院校本科专业人才协同培养研究 [M]. 济南：山东大学出版社，2019.

[10] 刘大维，胡向红. 新时代高校体育教育专业人才培养模式理论和实践研究 [M]. 成都：四川大学出版社，2019.

[11] 李月华. 社会体育专业人才培养研究 [M]. 青岛：中国海洋大学出版社，2018.

[12] 李磊，段宗宾，张春超．高校体育教学及其专业人才培养研究 [M]．北京：中国农业出版社，2022．

[13] 唐中伟．当代体育舞蹈专业人才培养教程 [M]．北京：中国纺织出版社，2016．

[14] 杨景元，董奎，李文兰．体育教学管理与教学现状 [M]．长春：吉林人民出版社，2019．

[15] 谢宾，王新光，时春梅．高校体育教学与运动训练研究 [M]．长春：吉林人民出版社，2021．

[16] 安基华，李博士．体育教学理论与实证研究 [M]．长春：吉林人民出版社，2019．

[17] 夏越．现代高校体育教学研究 [M]．北京：北京理工大学出版社，2019．

[18] 杨艳生．体育教学改革与创新实践研究 [M]．长春：吉林人民出版社，2021．

[19] 曹垚．现代体育教学理论与实践训练探索 [M]．长春：吉林人民出版社，2020．

[20] 李婷婷，刘琦，原宗鑫．现代学校体育教学理论与方法 [M]．长春：吉林人民出版社，2020．

[21] 廖建媚．高校公共体育教学环境研究 [M]．厦门：厦门大学出版社，2019．

[22] 沈建敏．体育教学创新与运动训练研究 [M]．北京：新华出版社，2018．

[23] 贾振勇．体育教学改革与实践应用探究 [M]．北京：新华出版社，2018．

[24] 马鹏涛．高校体育教学改革创新与科学化训练研究 [M]．北京：新华出版社，2018．

[25] 周春娟．高校体育教学的影响因素分析与改革探索 [M]．青岛：中国海洋大学出版社，2018．

[26] 孙洪祥，杨东亚，兰玉，等．高校"四维协同"大体育人才培养体系实践探究：以北京邮电大学为例 [J]．北京教育（高教），2022（11）：53-54．

[27] 郑玉霞．素质教育理念下高校体育教学实践研究 [J]．田径，2022（8）：70-72．

[28] 梁红霞，王哲．新时代高校体育教学内容体系建设的价值取向及实现路径 [J]．当代体育科技，2022，12（13）：13-17．

[29] 徐焕喆，赵勇军．新时代我国高校体育教学改革任务及措施 [J]．体育文化导刊，2022（2）：98-103．

[30] 钟珉，唐鹏．"十四五"规划背景下高校体育教学改革研究 [J]．外语教育与应用，2021（0）：124-130．

[31] 何轶，黄先锋."互联网+"视域下高校体育课程的建设研究[J].当代体育科技，2022，12（6）：14-16.

[32] 张力.基于OBE理念的高校体育类在线课程建设研究[J].体育学刊，2021，28（3）：106-111.

[33] 马忠颖.健康中国背景下的高校体育课程建设[J].高教学刊，2020（25）：56-59.

[34] 苟定邦，林华，聂东风，等.我国普通高校体育课程建设与改革的现状分析及思考[J].天津体育学院学报，2005（4）：19-21.

[35] 陈佩辉.普通高校体育课程建设与改革的现状分析及思考[J].西安体育学院学报，2007（4）：114-117.

[36] 丁素文.高校体育课程设置的改革构想[J].体育学刊，2002（1）：66-67，70.

[37] 徐延丽，刘春燕.我国高校体育教育专业课程设置发展经验、困境及对策[J].体育文化导刊，2022（8）：8-13.

[38] 许占鸣，李晓慧.我国体育院校体育教育专业田径课程设置与实施情况的对比研究[J].中国学校体育（高等教育），2015，2（10）：48-55.

[39] 刘义峰，赵赟昀，关辉，等.我国体育教育训练学篮球方向硕士研究生课程内容设置研究[J].哈尔滨体育学院学报，2016，34（3）：58-63.

[40] 张旭昌，谭刚，姚辉波.高校体育教育专业排球课程设置现状及影响因素分析[J].河北体育学院学报，2009，23（2）：64-66，86.

[41] 张诚，王兴泽.动作学习视野下校园足球课程设置研究及案例教学分析[J].北京体育大学学报，2017，40（5）：73-80.

[42] 葛志强.普通高校竞技体育人才培养模式研究[D].南京：南京体育学院，2019.

[43] 张志华.我国高校竞技体育人才培养的理论与实践研究[D].北京：北京体育大学，2014.

[44] 张朝杰.国内外竞技体育人才培养模式比较研究[D].西安：陕西师范大学，2014.

[45] 王向宏.我国竞技体育人才培养体系优化整合研究[D].长春：东北师范大学，2011.

[46] 吴芳.大数据应用背景下高校体育教学评价体系构建探索[D].太原：中北大学，2019.

[47] 于洪. 学分制背景下北京普通高校体育课程设置的研究 [D]. 北京：北京体育大学，2013.

[48] 古佳玉. 体育专业院校田径普修课课程设置合理性研究 [D]. 西安：西安体育学院，2021.

[49] 王倩倩. 山西省体育专业田径课程的优化研究 [D]. 太原：山西大学，2019.

[50] 赵红. 我国普通高校公共体育田径课程设置现状调查与研究 [D]. 北京：北京体育大学，2007.

[51] 赵毅砥. 广州市高职院校公共体育课程篮球项目教学现状与改革对策研究 [D]. 广州：广州体育学院，2021.

[52] 罗智敏. 新疆高校体育教育本科专业篮球课程设置与教学模式的研究 [D]. 西安：陕西师范大学，2008.

[53] 刘征兵. 广西普通本科高校排球运动开展现状及发展对策研究 [D]. 桂林：广西师范大学，2018.

[54] 王俊鹏. 呼和浩特市高等职业类院校排球课程设置及实施情况的调查分析 [D]. 北京：北京体育大学，2012.

[55] 冯梦娇. 陕西省高校体育教育专业健美操专修课程设置及内容优化研究 [D]. 延安：延安大学，2016.

[56] 李德伟. 云南省高校体育教育专业健美操专项课程设置及改革思考 [D]. 昆明：云南师范大学，2015.